suhrkamp nova

Zu laut, zu viel, zu dumm, niemand hört mehr zu, niemand ist mehr beweglich oder offen oder im Geringsten wohlwollend. Gebäudeenergiegesetz, deutsche Staatsräson, Agrardiesel, Einwanderung …

Bei vielen Themen finden sich Beispiele für den dysfunktionalen Status quo politischer Kommunikation, für die Unmöglichkeit, ergebnisoffener öffentlicher Meinungsbildung. Das ist gemeinhin der Befund: Die Debattenkultur in Deutschland ist in einem desolaten Zustand. Aus beteiligter Expertensicht analysieren die Politikwissenschaftlerin Julia Reuschenbach und der Radiojournalist Korbinian Frenzel unsere Debattenfähigkeit. Sie ordnen das breite Tableau beteiligter Akteure, sie untersuchen, wer welchen Illusionen zum Opfer fällt. An welchen Defekten das Diskurssystem krankt, welche neuartigen Herausforderungen sich stellen. Um schließlich einen Ausweg aus der Misere zu skizzieren, um Ideen, Lösungen, konkrete Handlungsvorschläge einzubringen.

Julia Reuschenbach, geboren 1988, forscht als Politikwissenschaftlerin an der Freien Universität Berlin vor allem zu Parteien und politischer Kommunikation. Sie wird regelmäßig als klarsichtige Expertin zum Aufstieg der AfD befragt, u. a. im Podcast *Lage der Nation*, in den *Tagesthemen*, im Politikteil der *Zeit* oder auf *Spiegel Online*.

Korbinian Frenzel, geboren 1978, moderiert das reichweitenstärkste Format auf *Deutschlandfunk Kultur*, in seiner Sendung »Studio 9 – Der Tag mit …« fordert er täglich sich und Gäste wie Annalena Baerbock, Harald Schmidt, Olaf Scholz, Luisa Neubauer, Friedrich Merz, Juli Zeh oder Robert Habeck heraus.

Julia Reuschenbach
Korbinian Frenzel

DEFEKTE DEBATTEN

Warum wir als Gesellschaft besser streiten müssen

Suhrkamp

Klimaneutral
Druckprodukt
ClimatePartner.com/14438-2110-1001

Erste Auflage 2024
suhrkamp taschenbuch 5438
Originalausgabe

Umschlaggestaltung: Brian Barth, Berlin,
unter Verwendung zweier Motive von Shutterstock
Satz: Satz-Offizin Hümmer GmbH, Waldbüttelbrunn
Druck und Bindung: CPI books GmbH, Leck
Printed in Germany
ISBN 978-3-518-47438-9

www.suhrkamp.de

Inhalt

DEFEKTE DEBATTEN

1 Demokratie in der Depression

Was ist nur los? Warum dieses Unbehagen? Warum lassen sich, wie es Wolfgang Schäuble in seinem letzten Lebensjahr sagte, wahrscheinlich ganze Regalmeter* füllen mit Analysen und Kommentaren, die das Bild eines politischen Systems im Verfall zeichnen? Haben wir ein ernstes Problem? Oder haben wir mittlerweile zu sehr Gefallen daran gefunden, die Krise herbeizuschreiben und herbeizureden – eine Art Beschäftigungstherapie im Ennui etablierter Gesellschaften? Ist die Substanz unserer demokratischen Gesellschaften im Grunde gut – und das Gemecker einfach unverhältnismäßig laut?

Ein klassisches Henne-Ei-Dilemma: War erst die Krise und dann das Reden darüber? Oder schaffen wir durch die permanente Krisenbeschreibung das Problem in dieser Dimension nicht erst selbst? Ohne Frage gibt es eine Wechselwirkung. Die Omnipräsenz der besorgten Analysen, warnenden Kommentare und mahnenden Zwischenrufe hat mittlerweile – wie Schäuble zu Recht kritisch anmerkte – eine Eigendynamik, um nicht zu sagen eine eigene Krisendiskursökonomie geschaffen.

Es schadet nicht, diesen Gedanken als kritischen Prüfauftrag mitzunehmen: Wo dient die Krisendiagnostik dem Ziel der Erklärung und idealerweise dem Aufzeigen von Auswegen? Wo steckt darin möglicherweise eher ein Nachplappern eingeübter Diskursschleifen? Im harmloseren Fall mag Denkfaulheit dahinterstecken. Im weniger harmlosen Fall ist es das bewusste Heraufbeschwören von Problemlagen, um daraus politisch Kapital

* Die Analysen und Überlegungen dieses Buches greifen auf Äußerungen, Studien, Daten, Interviews und weiterführende Texte zurück. Um ein flüssiges Lesen dieses Buches zu erleichtern, verwenden wir keine Fußnoten. Alle Belege und Verweise sind entlang den Kapitelüberschriften durch Textmarken in Kombination mit der jeweiligen Seitenzahl in den Anmerkungen ab S. 288 aufgeführt. Wann immer wir also auf Zitate oder Informationen zurückgreifen oder verweisen, lohnt sich ein Blick in den Anmerkungsteil.

zu schlagen. Es wäre verlockend, aber leider zu einfach, die aufgeregten Debatten unserer Zeit nur als ein Phänomen allgemeiner Aufregung zu begreifen. Als eine Art Bühnenshow (manchmal vielleicht eher ein Schmierentheater), während im Hintergrund alles seinen gewohnten Gang geht. Krise? Welche Krise?

Laute und aufgeregt geführte Debatten müssen nicht per se darauf hindeuten, dass wir es mit tiefgreifenden Herausforderungen oder Krisen zu tun haben. Auch frühere Zeiten waren geprägt durch zum Teil heftige Debatten und politische Polarisierungen, von der Frage der Wiederbewaffnung, über 68 und die aufgewühlten und gleichzeitig bleiernen 1970er Jahre, vom Bonner Hofgarten bis weit in die 1990er reichenden Großkonflikten, von Schocks wie dem Mauerbau, dem Terror der RAF oder der Katastrophe von Tschernobyl: Unsere Demokratie hatte schon immer mit Krisen zu kämpfen. Sie war beileibe nicht harmonisch und zimperlich im Umgang. Und doch ist heute etwas anders.

Neu ist die geballte Ladung, durch die die Politik und zunehmend auch wir alle mit verschiedensten Konflikten und Herausforderungen konfrontiert sind. »Polykrise« ist der Begriff, den Wirtschaftshistoriker Adam Tooze etabliert hat, um diese Überlagerung zu beschreiben. Krisen lösen sich nicht ab, sie gehen gleichsam nahtlos ineinander über, finden parallel zueinander statt, verstärken sich dabei mitunter gegenseitig. Von innen zerrt der Populismus an den Nerven einer demokratischen Gesellschaft, von außen gibt es wieder Feinde in einem ganz klassischen Sinne, als wäre das 20. Jahrhundert mit all seinem Schrecken und seinem noch größeren Schreckenspotential zurückgekehrt. Währenddessen erhitzt sich der Planet in einem Tempo, das den Klimawandel, lange die große abstrakte Gefahr, sehr konkret macht.

Die Gegenwart der Krisen ist das »neue Normal«. Diese Erkenntnis hat sich als Binsenweisheit etabliert. Aber sie kann nur schlecht darüber hinwegtäuschen, dass wir für dieses »neue Normal« noch keinen zufriedenstellenden Umgang gefunden haben: Wie verhandeln wir gesellschaftliche und politische Fragen, wenn permanent Ausnahmezustand herrscht? Wie funktioniert gesellschaftlicher Diskurs, wenn die Hauptaufgabe der Politik Krisenmanagement ist, also eben häufig Ad-hoc-Politik, die eigentlich keine langwierigen Debatten und das vorsichtige Wiegen von Für und Wider zulassen kann?

Haben wir denn überhaupt noch die nötigen Verschnaufpausen zwischen den Krisen, um diese Fragen ernsthaft zu diskutieren, geschweige denn sie zu beantworten? Offensichtlich nicht. Die Polykrise führt so unweigerlich zu einer Krise der Debattenkultur. Zu defekten Debatten.

Ein gehöriger Anteil der Krisenwahrnehmung unserer Zeit dürfte allein darin begründet liegen, dass wir dauernd gefordert sind. Es gibt seit geraumer Zeit keine Phasen mehr, die so etwas wie einen gesellschaftlichen Normalbetrieb darstellen. Was wir bräuchten, wäre eine Resilienz, eine Widerstandsfähigkeit gegenüber den Widrigkeiten der permanenten Krise. Was wir dagegen konstatieren, ist eine für die demokratische Kultur gefährliche Entwicklung: Aus der Erschöpfung wird oftmals Frust. Man könnte meinen, das Problem wächst vor allem an den politischen Rändern. Menschen, die abgehängt sind oder sich so fühlen. Die die Politik als unfähig oder zumindest untätig empfinden. Die in einer immer komplexeren Welt auf der Suche nach einfachen Antworten sind, die ihnen die Populisten nur allzu gerne geben. Doch der Frust hat nicht nur die politischen Ränder erfasst, sondern sich bis in den Kreis der an sich Wohlmeinenden in der politischen Mitte hineingefressen.

Zunächst wird es darum gehen, die Phänomene zu beschreiben, die dazu führen, dass unsere Debatten Schaden genommen haben. Neben dem Frust, der aus der Erschöpfung erwächst, schauen wir genauer auf die Reaktionsmuster – in der Politik, aber auch bei uns allen. Mangelt es an Ernsthaftigkeit, mit dieser ernsten Situation umzugehen? Wir finden dafür leider viele Belege. Dazu kommen neue Unübersichtlichkeiten: Immer mehr Komplexität, immer mehr Player auf dem Debattenspielfeld und immer mehr »Ich« statt »Wir«.

Erschöpfung

Noch nie – seit 1949! – sahen die Menschen so wenig hoffnungsvoll auf die nächsten 12 Monate wie zu Beginn des Krieges Russlands gegen die Ukraine.

Das ist angesichts der Dramatik der Nachrichten, dieser für fast alle neuen Begegnung mit der in Europa überwunden geglaubten Idee, Krieg sei ein Mittel der Politik, nachvollziehbar. Und es beschreibt auch die Grenzen der Macht demokratischer und ziviler Politik des eigenen Landes, wenn andere die Mittel des Krieges und der Gewalt wählen. Es ist nicht übertrieben zu sagen, dass auch den in der ersten Linie politisch Verantwortlichen ein Moment der Ohnmacht anzumerken war. In einem positiven Sinne kann das sogar demokratieverstärkend sein, in gewisser Weise war die politische Elite mit der Bevölkerung in dem Gefühl der Überforderung und Erschöpfung vereint. Gleichzeitig verstärkt es natürlich das Problem: Wenn die Entscheidungsträger nicht mehr in der Lage sind zu reagieren, selbst also kaum den Eindruck vermitteln, den Lauf der Geschichte verändern zu können, wie soll jeder Einzelne den Glauben daran aufrechterhalten?

»Dagegen-Debatten«

Wir sind erschöpft angesichts einer Vielzahl von Krisen und vor uns liegenden Herausforderungen. Erschöpfung macht dünnhäutig. Wer erschöpft ist, wird schneller laut, hat weniger Ressourcen, um zuzuhören, mitzudenken, sich aktiv einzubringen oder sich auf Neues vorzubereiten und einzulassen. Das bleibt nicht ohne Auswirkungen auf das Debattenklima: Es ist im Verlauf der letzten (Krisen-)Jahre rauer und destruktiver geworden.

Viele Menschen haben subjektiv den Eindruck, dass die Politik ihre Probleme nicht kennt, nicht lösen will oder sie nicht als wichtig genug erachtet. Und wenn sie es doch tut, dann sind die Lösungen zu langsam, zu wenig oder zu spät. Die Teilnahme an Debatten beschränkt sich dann häufig auf ein »Dagegen-Sein«, auf die Artikulation von Frust, Wut, Unmut und zunehmend auf Hass und Hetze. »Wir sind das Volk, und der Staat kann uns mal« fasst es der Historiker Andreas Wirsching pointiert zusammen. Wir erleben also bei einer wachsenden Anzahl von Bürgerinnen und Bürgern die grundsätzliche Verweigerung des Diskurses in der Sache – aus Überforderung, aber eben auch aus dem Gefühl heraus, in der eigenen Perspektive ohnehin keine Anerkennung zu finden. Die stattdessen an den Tag gelegte Diskurshaltung lässt sich am besten mit dem ausgestreckten Mittelfinger beschreiben: eine grundsätzliche Skepsis gegenüber den politischen und medialen Eliten, ein grundsätzliches Misstrauen gegenüber dem, was als das »Richtige, das Gebotene, das Unabdingbare« identifiziert wird. Ein Phänomen, das in der Euro-Krise in aller Deutlichkeit sichtbar war. Während es in der Bevölkerung breite Mehrheiten gegen den als alternativlos dargestellten Euro-Rettungskurs gab, fand sich diese Skepsis kaum repräsentiert in den Parlamenten oder in der medialen Öffentlichkeit. (Man sollte in diesem Zusammenhang nicht vergessen: das – und nicht ausschließlich Migrationsfragen – war der Geburtshelfer eines erfolgreichen politischen Populismus in Deutschland.) In jüngerer Zeit sehen wir die Dagegen-Haltungen in Folge der Corona-Pandemie, sicherlich nicht als breites gesellschaftliches Phänomen, doch dafür umso lauter und teils radikaler. Die Skepsis und Ablehnung von Impfungen stehen dafür exemplarisch, die Aluhüte symbolisch.

Es scheint ein wiederkehrendes Muster zu sein: Politik, die über ihre schiere Notwendigkeit und Dringlichkeit begründet wird, wird allein deshalb zum Angriffspunkt. Das, was eben noch »common sense« war, etwa ein entschlossenes und schnelles Handeln, um die Pandemie zu stoppen, wird so polarisiert und emotionalisiert. Möglicherweise rutscht die Klimapolitik gerade in dieses Muster der Alternativlosigkeit und ruft allein dadurch Widerstände hervor.

Die Krisen der jüngeren Zeit haben gezeigt, dass es bei diesem »Dagegen« kein kohärentes Bild entlang politischer Denkrichtungen gibt. Skepsis gegenüber der Euro-Rettung konnte mit einer Spur Antikapitalismus gut von links begründet sein, ebenso wie nationalistisch-rechts. In der Corona-Krise machte der Begriff der »Querdenker« deutlich, welches ideologische Sammelsurium die Proteste nährte.

Es wäre verkürzt, das wachsende »Dagegen-Sein« nur an den Rändern zu diagnostizieren. In gewisser Weise war es dort – als Ausdruck einer grundsätzlichen Skepsis gegenüber dem »System« – schon immer zu Hause. Verweigerungshaltungen sind aber auch zunehmend weiter in den Debattenraum vorgedrungen. Ohne die jeweilige Legitimität der Forderungen hier diskutieren zu wollen: Die radikalen Klimaprotestler haben mit ihren Blockade-Aktionen für eher sachlich moderate Forderungen wie die Einführung eines Tempolimits radikale Protestformen gewählt, die zunächst nicht wie eine Einladung zum Dialog wirken. Ähnliches zeigt sich bei Protesten von Landwirten, Handwerkerinnen oder Spediteuren, bei denen man fast den Eindruck haben könnte, sie haben sich, während sie im von der »Letzten Generation« verursachten Stau standen, die Protestformen der Klimaaktivisten sehr genau abgeschaut.

Interessanterweise – die letzten Auseinandersetzungen haben es erneut gezeigt – »funktioniert« der Verweigerungsansatz, ebenjene »Dagegen-Debatten«, um im politischen Diskurs Beachtung zu finden, für manche Positionen und Perspektiven weitaus besser als die gesittete Teilnahme an den Sachdebatten.

Es wird lauter auf den Straßen. Aber auch in den Parlamenten. Studien zeigen, dass der Einzug der AfD in den Bundestag und in die Landesparlamente die Verrohung im politischen Diskurs verstärkt hat. Die Zahl von Beleidigungen, parlamentarischen Provokationen und Enthemmungsversuchen hat erheblich zugenommen. Die Zahl der Ordnungsrufe ist so hoch wie nie seit der Wiedervereinigung. Spitzenreiter: die AfD, während das Parlament um sie herum weitestgehend hart in der Sache, aber doch verbindlich im Ton miteinander debattiert. Der Trend setzt sich fort. Allein im Jahr 2022 gab es so viele Ordnungsrufe wie in der gesamten vorherigen Legislaturperiode von 2017 bis 2021. Auch früher wurde im Bundestag intensiv gestritten. Doch vom Spitzenwert in der Legislaturperiode zwischen 1983 und 1987, in der es insgesamt 156 Ordnungsrufe hagelte, hatte sich das Parlament weit entfernt. Klar, Ordnungsrufe sind nicht alles. Doch wie Politiker miteinander verhandeln und umgehen, wie sie debattieren, nimmt Einfluss auf die politische Kultur. Damals war es kein zufälliger Rekord gewesen, denn 1983 zogen die Grünen neu ein in den Bundestag – und mit ihnen unkonventionelle Töne: Joschka Fischer, der den Bundestagspräsidenten mit den Worten »Mit Verlaub, Herr Präsident, Sie sind ein Arschloch!« beschimpfte und der noch zuvor dem Bundestag attestiert hatte, eine »unglaubliche Alkoholikerversammlung« zu sein, die »teilweise ganz ordinär nach Schnaps stinkt«.

Generell stellt sich die Frage: War die Debattenkultur denn überhaupt jemals wirklich besser? Es fällt nicht schwer, in der Vergangenheit Beispiele dafür zu finden, dass man sich in der Politik gegenseitig hart, wenig konstruktiv und oft unter der Gürtellinie anging. Herbert Wehner, der den Parlamentarischen Geschäftsführer der Union, Philipp Jenninger, beispielsweise als »Geschwätzführer« verunglimpfte. Oder Franz-Josef Strauß mit legendären Aussprüchen wie »Wenn's schon kein Hirn haben, dann halten Sie's Maul wenigstens«. Durch die Parlamentsbank beliebt waren auch historische Analogien: »roter Faschist«, »Mini-Goebbels« oder »Obernazi«. In den 2010er Jahren knüpfte CSU-Generalsekretär Alexander Dobrindt an die lange Tradition der derben Sprache an, als er den Koalitionspartner FDP als »Gurkentruppe« bezeichnete.

Und heute? Auch in der gegenwärtigen politischen Mitte begegnen sich einzelne Gruppen und Akteure – nicht nur im Parlament – konfrontativ. Wir sind oft weit entfernt von den, nennen wir sie mal »Gütekriterien« einer zivilisierten und konstruktiven Debatte. Wechselseitige Schuldzuweisungen und Vorwürfe an eine vermeintlich durch Ideologie getriebene Politik der jeweils anderen Seite sind nur zwei Spielarten, die sich bei Industriebossen, über Bauernverbände, in Parteien, am Stammtisch, in aktivistischen Gruppierungen von links der Mitte bis rechts der Mitte finden lassen und die am Ende jenen Auftrieb und Bestätigung geben, die die Demokratie und ihre Institutionen ohnehin verachten und infrage stellen.

Also alles nichts Neues? Vielleicht doch. Im Unterschied zu den Debatten vor 30 oder 40 Jahren ist unsere Gesellschaft heute dem beschriebenen toxischen Mix aus Krisenerfahrungen, Vertrauensverlust und Zukunftsunsicherheit ausgesetzt. Wir befinden uns nicht länger im Kokon der zwar nicht krisenfreien, aber doch ökonomisch wie politisch-gesellschaftlich stabilen Strukturen der alten Bundesrepublik. In vielen Fragen der aktuellen Transformationen ist offen, wer Gewinner und wer Verlierer sein wird.

Und wir sind angesichts dessen tatsächlich sensibler und dünnhäutiger geworden. Das schlägt sich nicht unbedingt beim Blick auf die eigenen Lebensumstände nieder, wie es Umfragen immer wieder zeigen. Wohl aber beim Blick auf die Gesamtgesellschaft, die wirtschaftliche Lage des Landes und dessen Zukunftsaussichten. Es bleibt paradox.

Konstant zeigen demoskopische Daten, dass die Menschen in Deutschland ihre eigene wirtschaftliche Situation auch in Krisenzeiten in weiten Teilen als stabil oder gut bewerten, während sie das Land insgesamt im Abwärtstrend verorten und sorgenvoll betrachten. Schon seit Längerem zeigt sich dabei besonders auffällig, dass sich unter jenen, die skeptisch in die Zukunft schauen, besonders viele AfD-Anhänger finden. Sie sind damit klar die größte Gruppe, während die Anhängerschaften anderer Parteien (mit Ausnahme des BSW) deutlich kleinere Teile dieser Gruppe ausmachen.

Die verstärkte Krisenwahrnehmung kommt nicht von ungefähr. Denn heute gibt es vermehrt politische Kräfte, die bewusst Verschärfung betreiben. Die Soziologen Steffen Mau, Linus Westheuser und Thomas Lux nennen sie »Polarisierungsunternehmer«. Aus destruktivem Streit, Angst und Unsicherheiten versuchen diese gezielt Kapital zu schlagen. Das bleibt nicht ohne Folge für den Diskurs: Wie bei einem Erdbeben schlägt der Debatten-Seismograf inzwischen täglich aus. Unsere Debatten sind nicht nur lauter, sondern rauer und aggressiver geworden.

Politiker, die auf Demonstrationsplakaten in Sträflingskleidung gezeigt werden, scheinen dabei noch die harmlose Variante, wenn im Unterschied dazu auf Plakaten bei Demonstrationen gegen die Waffenlieferungen an die Ukraine zu lesen ist: »Grüne an die Ostfront« oder im bayerischen Wahlkampf 2023 »Jagt diese Grünen Volksverräter aus unserem Land«. Wenn andere Akteure diesen Polarisierungsunternehmern wiederum mit Polarisierung begegnen, verstärkt sich der Effekt nochmals.

Vor diesem Hintergrund beobachten wir derzeit leider wenig überraschend eine starke Zunahme von Gewalt gegen Politikerinnen und Politiker. Der SPD-Europapolitiker Matthias Ecke wurde in Leipzig beim Plakatekleben krankenhausreif geschlagen. Bundestagsvizepräsidentin Kathrin Göring-Eckardt konnte den brandenburgischen Oderbruch nach einer Bürgerveranstaltung nur nach Anforderung zusätzlichen Polizeischutzes verlassen. Ähnlich erging es dem aus dem Urlaub zurückkehrenden Robert Habeck im Hafen von Schlüttsiel oder Ricarda Lang, der Grünen-Co-Chefin, die beim Politischen Aschermittwoch 2024 in Biberach bedroht wurde. Es trifft zuallererst die

Grünen, direkt dahinter sind es aber Politiker der AfD, die angegriffen werden, und insgesamt vor allem viele Kommunalpolitikerinnen und -politiker.

Woher viele dieser Verschärfungen kommen, ist klar zu benennen: von den politischen Extremen. Sie haben Populismus und teils offen vorgetragenen Rassismus in Teilen der Politik etabliert. Auch hier muss man natürlich fragen: War das früher anders? Nein, nicht grundsätzlich. Erinnerungen an Äußerungen früherer Bundestagsabgeordneter wie Alfred Dregger (CDU) (»Die Türken ... sind nicht zu assimilieren ... sie sind auch nur schwer zu integrieren.«), an SPD-Kanzlerkandidat Oskar Lafontaine, der im Wahlkampf 1990 gegen »Scheinasylanten« wetterte, oder an die sogenannte »Stahlhelm-Fraktion« innerhalb der CDU machen das deutlich.

Im Unterschied zu heute standen rechtspopulistische und rechtsextreme Parteien damals jedoch nahezu mit leeren Händen da. Sie positionierten sich als sogenannte »Single-Issue-Parties«, also als Ein-Thema-Parteien mit einem klaren Fokus auf Asyl- und Migrationspolitik. Keine Partei konnte sich dauerhaft als parlamentarische Kraft etablieren. Viele der heute sagbaren Positionen wurden damals, wenn überhaupt, hinter vorgehaltener Hand geäußert. Heute kann man in »Sammys Shirt Store« über Amazon ein T-Shirt mit der Aufschrift »Nun bin ich halt gesichert rechtsextrem. Na und?« kaufen. Willy Brandts in der Vergangenheit vielzitierte lakonische Reaktion auf solche Vorfälle – »Wir waren schon mal weiter« – hat angesichts des erstarkten Rechtspopulismus und Rechtsextremismus heute einmal mehr einen ernsten Unterton. Der AfD ist es gelungen, nicht länger nur als Ein-Themen-Partei wahrgenommen zu werden. Sie positioniert sich in vielen Politikfeldern, bündelt Protestpotenziale und mobilisiert in den Kernthemen rechtspopulistischer Parteien: Migration und Innere Sicherheit.

Mit den »Dagegen-Debatten« unserer Zeit hat sich die AfD als »Dagegen-Partei« etabliert. Sie steht symptomatisch für viele Verhärtungen und Zuspitzungen, die unsere Debatten polarisieren. Aber es wäre zu viel der Ehre, all diese Phänomene dem geschickten Agieren einer neuen Partei zuzuschreiben. Denn: Politik ist damals wie heute ein Spiegel der Gesellschaft. Ist etwas politisch sagbar und vertretbar, muss es auch innerhalb der Bevölkerung dafür einen gewissen Resonanzraum geben. Wahrscheinlich ist heute vieles sichtbarer, was früher wenig offensiv öffentlich diskutiert, sicherlich aber nicht minder gedacht wurde. Unzweifelhaft hat die Verbreitung sogenannter sozialer Netzwerke einen Anteil daran, dass heute jede und jeder mit wenig Mühe und häufig ohne den eigenen Namen zu nennen Hass, Wut und Ressentiments in die Welt kommentieren und tippen kann. Ungefiltert alles mitkriegen, sofort kommentieren. Es sind Verstärkereffekte und Herausforderungen für unsere Erregungsdemokratie.

Die Übernahme spalterischer Sprache und populistischer Forderungen, insbesondere – aber nicht nur – durch konservative Parteien und Akteure, hat in den letzten Jahren dazu geführt, dass rechtspopulistische und in Teilen rechtextremistische Positionen ein »Mainstreaming« erfahren haben. Es hat einerseits erheblich zum Erfolg dieser Parteien beigetragen und andererseits unsere Debattenkultur massiv in Mitleidenschaft gezogen. Doch das allein ist es nicht. Es ist vielmehr die Kombination aus dieser Normalisierung und einem andauernden »politischen Aschermittwoch« zwischen den Akteuren der politischen Mitte. Es ist eben nicht mehr die Ausnahme, dass, wie bei den traditionellen Veranstaltungen in Passau, Vilshofen, Biberach üblich, derbe und populistische, teils indiskutable Äußerungen über den politischen Gegner fallen. Sondern inzwischen ist »jeden Tag Aschermittwoch«.

Wie konnte das passieren? Was hat unsere Debattenkultur bloß so ruiniert? Es ist interessant, dass diese Entwicklung vielfach so wahrgenommen wird, als liege in ihr fast so etwas wie eine Zwangsläufigkeit. Mit Blick auf andere Länder, etwa die USA, Frankreich oder Großbritannien, könnte man zu dem Schluss kommen, die liberalen und demokratischen Gesellschaften seien geradezu dazu verdammt, sich selbst immer stärker zu polarisieren. Aber die um sich greifenden »Dagegen-Debatten« entstehen nicht automatisch. Sie speisen sich aus der gesellschaftlichen Mitte, genährt vom Frust über die Funktionsdefizite von Politik.

Wenn die Wohlmeinenden nicht mehr wohlmeinend sind

Seitdem es die Demokratie als Staatsform gibt, sind Extreme und Radikale ihre größten Feinde. Gruppen und Akteure, die die Demokratie ablehnen, die sie aktiv bekämpfen und dazu selbst vor dem Einsatz von Gewalt nicht zurückschrecken. Solche Feinde der Demokratie hatte auch die Bundesrepublik in ihrer Geschichte schon immer. Mit zahlreichen Maßnahmen ist die Demokratie diesen Extremisten aktiv begegnet. Rechtlich mit der Definition der freiheitlich-demokratischen Grundordnung des Grundgesetzes, in den 1970er Jahren mit dem hoch umstrittenen Radikalenerlass oder mit der – zu Recht mit hohen Hürden verbundenen – Möglichkeit von Parteiverbotsverfahren. Gegenwärtig diskutieren wir angesichts des erstarkenden und in den Reihen der AfD immer offener zutage tretenden Rechtsradikalismus einmal mehr über die Chancen und Risiken solcher Verbotsverfahren, die es im Übrigen in zahlreichen anderen Ländern gar nicht gibt. Die vielbeschworene wehrhafte Demokratie muss sich wehren können. Aber sie braucht dafür nicht nur rechtliche oder politische Instrumente, sondern sie braucht vor allem ihre Freunde. Verteidiger der Demokratie, die zum Beispiel an Demonstrationen teilnehmen, Demokratieförderprojekte unterstützen oder sich zivilgesellschaftlich in Vereinen, Gewerkschaften oder Parteien für sie einsetzen und engagieren. Die frühere Bundesverfassungsrichterin Gertrude Lübbe-Wolff hat zu Recht darauf hingewiesen, dass die besten Instrumente des Staates im Werkzeugkoffer der »wehrhaften Demokratie« nicht ausreichen, wenn die Demokratie nicht von kundigen Demokraten verteidigt wird.

Wenn wir auf die Debatten und die politische Kultur des Landes schauen, geht es inzwischen nicht mehr nur um die schon überzeugten Anhänger einer in weiten Teilen rechtsextremen Partei und all jene, die mit dieser sympathisieren. Vielmehr hat sich in den letzten Jahren schleichend ein weiteres Problem entwickelt. Es besteht darin, dass die Demokratiekrise, die wir gegenwärtig inmitten der großen »Polykrise« ausmachen, maßgeblich durch Erosionen in der Mitte unserer Gesellschaft gekennzeichnet ist.

Menschen, die wir bislang zu den »Wohlmeinenden« gezählt hätten. Menschen, gar nicht zwingend politisch aktiv, aber doch interessiert, die sich selbst vermutlich als überzeugte Demokratinnen bezeichnen würden, bekommen Zweifel. Ein diffuser und unterschwelliger Frust wächst. Damit ist nicht gesagt, dass sie antidemokratische Einstellungen vertreten oder die Demokratie ablehnen. Im Gegenteil. Aber diese Mitte, so beschreibt es Andreas Wirsching, sei angesichts von Statusunsicherheiten und Zukunftsängsten besonders anfällig für rechtspopulistische und rechtsextreme Versprechen. Es geht eben nicht nur darum, dass man diese Menschen an rechtspopulistische und rechtsextreme Kräfte verlieren könnte, sondern vielmehr darum, dass sie auch für eine gute Debattenkultur als aktive Verteidiger der Demokratie gebraucht werden. Der Historiker Christopher Clark hat es im Deutschlandfunk Kultur vor Kurzem treffend beschrieben: Die Demokratie droht, fernab ihrer Feinde, ihre Freunde zu verlieren. Nur mit diesen Freunden lösen wir Defekte in unseren Debatten und kommen zu einer besseren Streitkultur.

Es geht also um uns alle. Alle, die punktuell oder auch schon darüber hinausgehend das Vertrauen in das Funktionieren, in die Prinzipien und die Institutionen der Demokratie verlieren oder zu verlieren drohen. Menschen, die also im Grunde Vertrauen haben, aber langsam den Glauben verlieren. Es geht dabei nicht um die Demokratie als Staatsform, sondern vor allem um ihr Funktionieren. Es sinkt das Vertrauen darin, dass Politik in der Lage ist, Probleme (trotz guten Willens und ernster Absichtserklärungen) wirklich zu lösen. Dass Politik in der Lage ist, über Legislaturperioden hinweg vorausschauend im Sinne aller Generationen zu agieren, Wohlstand zu sichern, sozialen Ungleichheiten zu begegnen und Politik sozialverträglich zu gestalten.

Spricht man über diesen Vertrauensverlust, hagelt es Beispiele: die Bahn, die Bürokratie, die Digitalisierung. Letztere ist vielleicht das bedrückendste Beispiel in dieser Hinsicht. Eine Herausforderung auf so vielen staatlichen Ebenen, die zu meistern sich im Grunde alle relevanten politischen Kräfte dieses Landes verschrieben haben – und zwar seit mindestens einer Dekade. Es gibt im Grunde keinen Streit um dieses Thema (wie bei so vielen weiteren Themen), es herrscht weitgehend Konsens in der Problemanalyse, dass Deutschland in diesem Feld im europäischen und internationalen Vergleich weit hinterherhinkt.

Hinzu kommt, dass sich der Staat auf nahezu allen Ebenen intensiv mit dem Thema beschäftigt und handeln will. Teils massive Etats wurden aufgestellt, etwa allein für die Digitalisierung der Schulen fünf Milliarden Euro aus Bundesmitteln. Und dennoch sind viel zu wenige Ergebnisse sichtbar. Einfache staatliche Dienstleistungen erfordern nach wie vor fast immer die physische Präsenz in einem Bürgeramt. Schulen haben heute vielleicht häufiger digitale Whiteboards statt Kreide und Tafel, aber sind in der Breite weit davon entfernt, digitale Lernorte zu sein.

Politik liefert nicht. Und zwar nicht gemessen an zu hohen Erwartungen der Öffentlichkeit. Sondern sie scheitert häufig gemessen an ihren eigenen Zielen und Versprechungen. Der geschulte Bürger wie auch die fleißige Zeitungsleserin ahnen im Zweifel sogar, warum: Kompetenzgerangel zwischen Bund, Ländern und Kommunen, gepaart mit fehlenden Plänen, die aus Etats tatsächlich politische Konzepte machen. Plus Fachkräftemangel, plus parteipolitische Befindlichkeiten. Im Ergebnis bleibt ein ungutes Gefühl und die bangen Fragen: Wir haben so viel geschafft, warum schaffen wir das nicht? Und: Wie lange können wir uns das so noch leisten?

Das Problem verstärkt sich dadurch, dass diese Zweifel an der staatlichen Leistungsfähigkeit und der Problemlösungsfähigkeit von Politik vorgedrungen sind in die Institutionen samt ihren Protagonisten: Beamte, die vor den nicht zu bewältigenden Aufgaben kapitulieren, Lehrerinnen, die gegenüber Eltern offen bekennen, unter den Bedingungen, die sie vorfinden, keine gute Bildungsarbeit leisten zu können. Polizisten, die – wie es in einer Studie der Hochschule der Polizei heißt – frustriert sind durch »Vergeblichkeitserfahrungen durch Unzufriedenheit mit dem Justizsystem«. Man darf getrost übersetzen: oft genug sehen, dass ihre Ermittlungsarbeit folgenlos bleibt.

Es ist einerseits eine große Errungenschaft freier und offener Gesellschaften, dass von denen, die den Staat repräsentieren, keine falsche Loyalität eingefordert wird.

Aber wie sollen Bürger andererseits in die Handlungsfähigkeit eines Staates vertrauen, wenn die, die ihn repräsentieren, kaum noch Vertrauen in ihre eigene Handlungsfähigkeit haben?

Die Erosion des Vertrauens in der Mitte wird durch weitere Faktoren verstärkt: Etwa dadurch, dass gerade die Informierten erkennen, wenn in der Politik statt echter und leider eben komplexer Problemlösung Politiksimulation betrieben wird. Hochstilisierte Konflikte um Gendersternchen in der Sprache erzielen auf dem Meinungs- und Aufmerksamkeitsmarkt kurzfristig möglicherweise bessere Renditen als Konzepte zum Wohnungsbau. Langfristig hinterlassen sie bei Vielen das schale Gefühl, dass viel gestritten und wenig erreicht wurde. Wir alle kennen das beschriebene Gefühl aus dem Privaten. Schleichend stellt sich die Erkenntnis ein, dass ein über lange Zeit verlässlicher Freund irgendwie abhandenkommt. Man beginnt seine Verlässlichkeit in Frage zu stellen, Misstrauen nimmt zu. Schon im Jahr 2010 sagten 76 Prozent der Befragten in repräsentativen Umfragen, dass sie die Fähigkeit der Politik, die aktuellen Probleme der Menschen zu lösen, als »eher niedrig« oder »sehr niedrig« einschätzen. Auf die Frage, welcher Partei die Befragten derzeit am ehesten zutrauen, die wichtigsten politischen Probleme zu lösen, antworteten im Februar 2024 im Rahmen einer Forsa-Umfrage 59 Prozent der Befragten mit »keiner Partei«. Platz eins belegte unter den Parteien die CDU mit 17 Prozent Kompetenzzuschreibung, während SPD, Grüne und AfD jeweils 7 Prozent erreichen, die FDP 1 Prozent.

Wenn die Wohlmeinenden zweifeln und hadern, woher soll dann die Kraft kommen, sich im Sinne der Sache konstruktiv zu streiten oder gegen Antidemokraten aktiv Position zu beziehen?

Nur wer das Gefühl hat, mit seinen Problemen und Anliegen gehört zu werden, ernst genommen zu werden, hat Interesse an einer konstruktiven Debatte. Aussichtslosigkeit, Frust und Ratlosigkeit sind Gift für den Wunsch nach produktivem Streit und nach demokratischem Engagement. Gehört zu werden meint nicht, keinen Widerspruch zu erfahren. Auch so ein Phänomen unserer Zeit. Meinungsfreiheit ist keine Widerspruchsfreiheit. Gleichwohl ist »Gehörtwerden« eine Voraussetzung dafür, um einer voranschreitenden Normalisierung von populistischen und extremistischen Positionen in der politischen Mitte vorzubeugen.

Immer ist irgendwas

Wahrscheinlich ist König Charles mit dem ihm bei seiner Krönung zugeschriebenen Satz »Immer ist irgendetwas« die lebensnahste Übersetzung der »Polykrise« gelungen.

Immer ist irgendwas. Und diese Ereignisse, Krisen und Kriege führen dazu, dass Antworten nicht klarer, Lösungen nicht einfacher und die Weltsortierung nicht weniger komplex wird.

Diese Aussage allein ist natürlich schon ein sehr grober Versuch der Komplexitätsreduzierung, um nicht zu sagen eine Binsenweisheit. Gerade in der Politik hat der Verweis auf die Komplexität eine gewisse Konjunktur, liegt darin so etwas wie eine Generalabsolution, eine Art Entlastung sowohl in faktischer als auch rhetorischer Hinsicht: Angesichts der allgemeinen Komplexität ist es nahezu unmöglich, sowohl kohärente Lösungen zu finden als auch Erreichtes zu vermitteln. Der Verweis auf die Komplexität ist in diesem Sinne die dankbarste Vereinfachung.

Und doch trifft es ja zu. Es gibt eine faktische Zunahme der Komplexität, das zeigt sich nicht nur durch die Permanenz von Krisen und den damit aufkommenden neuen Fragen. Es zeigt sich auch dort, wo Politik gemacht wird, wo also Antworten auf die Herausforderungen gefunden werden müssen. Unübersichtlichkeit entsteht beispielsweise schon bei der Frage, auf welchem Wege politische Entscheidungen zustande kommen. Beginnend bei der Unklarheit, welche politische Ebene (EU, Bund, Land, Kommune) überhaupt zuständig ist (oder sein sollte und es aber de facto nicht ist), gefolgt von der Zunahme des »technokratischen Momentums« von Politik, also der notwendigen Detailtiefe politischer Entscheidungen, bis hin zur Frage, ob »die Politik« überhaupt noch steuerungsfähig ist.

Komplexität kann jeden noch so guten Willen schnell zunichtemachen. Unsere Aufmerksamkeitsspannen nehmen in Folge medialer und technologischer Entwicklungen ab, während sie gerade für politische Themen zunehmen müssten, damit wir die geballte Komplexität zwischen Wärmepumpen, Klimawandel, Geopolitik, Künstlicher Intelligenz, neuen Lebensmodellen und Transformationserfordernissen verstehen.

Und die Komplexität macht auch vor der Politik nicht Halt. Die Abgeordneten im Deutschen Bundestag haben vermutlich kaum genügend Zeit und personelle Ressourcen, um alle Gesetzesentwürfe, Anträge, Gutachten, Stellungnahmen und dergleichen mit der angemessenen Ruhe und Detailtiefe durchzuarbeiten. Auch für sie kommen ständig neue Themen dazu, auch wenn sie sich auf die Zuarbeit aus Fachressorts verlassen können und schon immer verlassen mussten. Doch wenn das nicht stattfindet, nicht mehr stattfinden kann, wer soll dann in öffentlichen Debatten in der Lage sein, den Inhalt der Gesetze zu erklären? Hinzu kommt, dass zumindest seit Amtsantritt der Ampelkoalition vielfach Unmut darüber laut wurde, dass die Abgeordneten für das Studium von Gesetzesvorlagen der Regierung viel zu wenig Zeit erhielten. Dabei trifft die Komplexitätszunahme die Regierung selbst nicht weniger. Handwerkliche Fehler – man denke nur an die Gesetzesentwürfe zum Gebäudeenergiegesetz oder den Plan zur Einführung einer Gasumlage – sind die Folge.

Unter diesen Entwicklungen leidet auch das Interesse an Politik und das Informationsverhalten der Menschen. Nicht wenige sind auf diesem Weg schon anders abgebogen. »News Avoidance« ist hier das Stichwort. Laut »Digital News Report« des Reuters Institute for the Study of Journalism wollen immer mehr Menschen keine Nachrichten mehr konsumieren. Die Zahl der Vermeider, also der Menschen, die versuchen, Nachrichtenkonsum aktiv zu umgehen, ist stark angestiegen. Unter den Befragten bis Mitte dreißig bezeichnet sich weniger als ein Drittel als »äußerst oder sehr« an den täglichen Nachrichten interessiert. Bei den Ü-55-Jährigen sind es immerhin noch rund drei Viertel.

Ernsthaftigkeit

Komplexe Zeiten erfordern eigentlich ein hohes Maß an Ernsthaftigkeit und Verantwortungsgefühl. Ein umsichtiges, vorsichtiges Prüfen, wie und wo man selbst konstruktiv eine Rolle einnehmen müsste. Eine Phase, in der gerade auch den politisch Verantwortlichen die Aufgabe zukommt, Gräben nicht noch zu vertiefen, Konflikte nicht hochzupeitschen, sondern ihrer Verantwortung als Führungselite gerecht zu werden. Wir bräuchten angesichts der sich häufig schnell ändernden Problemlagen eine Kultur, die offen ist für die Korrektur eingeschlagener Pfade.

Leider sind wir davon weit entfernt. Zu unserer Erschöpfung tritt die Verweigerung von Ernsthaftigkeit. Das manifestiert sich im Fehlen einer Fehlerkultur, mit massiven Auswirkungen auf die Debattenfähigkeit.

Der innere Stammtisch: Elite by day, Volk by night

Vielleicht gibt es in unserem Land bei all den Verwerfungen und Grabenkämpfen eine Gemeinsamkeit über viele politische und lebensweltliche Grenzen hinweg. Etwas, das mehr ein Raunen ist, ein kollektives Kopfschütteln, ein Gefühl: dass »die« es irgendwie nicht hinkriegen. Wer über den Gartenzaun ein Gespräch führen will und ahnt, es könnte politisch schwierig werden, würde sich im Zweifel auf diesen gemeinsamen Nenner zurückziehen: die Unzufriedenheit mit der politischen Klasse, das Naserümpfen über sinnlose Rituale und das Klein-Klein im Streit bei gleichzeitiger offensichtlicher Erfolglosigkeit.

Es gibt dieses Schimpfen in jeder politischen Couleur und auch intellektuell durchaus abgestuft. Das plumpe »Die da oben«, die man möglicherweise sogar für korrupt, in jedem Falle für unfähig hält, befindet sich am extremen Ende der Skala.

Befeuert von Populisten, publizistisch sekundiert durch Teile der Presse, vor allem in den Echokammern sozialer Medien. Am wohlmeinenden, anderen Ende der Skala stehen die Leitartikler und Feuilletonistinnen, die manchmal nicht sehr gut verbergen können, dass sie es im Zweifel besser machten als die Politiker, in jedem Fall aber genau wissen, warum es so, wie es ist, nicht gut ist. Linksliberale bashen die FDP. Die Grünen stehen dem besitzstandsbesorgten Bürgertum fürs Schimpfen zur Verfügung. Die Christdemokraten müssen erleben, wenig trennscharf unter dem Wort »rechts« subsummiert zu werden. Im Zweifel einigt man sich darauf, dass Scholz viel sagt, zu wenig sagt, das Falsche sagt – im Zweifel ohne etwas zu sagen. Genau: Diese Politik.

Dieser Geist erfasst uns alle irgendwann einmal: diese eingespielte Praxis in modernen freien Gesellschaften, umso kritischer zu sein, je mächtiger (und dabei gleichzeitig vermeintlich unfähig) das Gegenüber erscheint. Es ist unser demokratisches Grundrecht, zu meckern. Und darin liegt eine sehr begrüßenswerte Emanzipation: Diejenigen, die politisch steuern und entscheiden, sind »Gewählte, keine Erwählten«. Ehrfurcht und Ergebenheit gegenüber der Obrigkeit sind lange passé.

Nur, ist dabei möglicherweise auch der Respekt verloren gegangen? Oder in einem Maße verrutscht, dass viele von uns den Ton nicht mehr richtig treffen, wenn wir über Politik – und vor allem über Politiker – reden? Es scheint ein schleichender Respektverlust aus der Mitte heraus zu sein, aus dem Kreise derjenigen, die selbst sehr häufig aus eigenen Verantwortungsbereichen wissen, wie komplex die Dinge sind, die sich aber offenbar mit dem Schimpfen und Kopfschütteln über Politik ein handlungsentlastendes Ausgleichsventil geschaffen haben. Eigentlich sind wir doch viel klüger. Eigentlich ist unsere Gesellschaft zu viel besseren öffentlichen Debatten in der Lage, als wir sie de facto weitgehend erleben.

Woher nehmen wir diese Zuversicht? Weil so viele es täglich

im beruflichen, familiären und sozialen Umfeld zeigen. Unser tägliches Leben ist für die Allermeisten hochkomplex. Was früher möglicherweise »einfache Berufe« waren, Tätigkeiten mit schnell erlernten Abläufen und Routinen, ist heute einer Facharbeiter-Logik gewichen. Wer heute Autos repariert, ist nicht mehr nur Mechaniker, sondern fast schon Informatiker. Wer heute eine Schule leitet, ist mindestens so sehr Manager wie Pädagoge. Was fürs Arbeitsleben gilt, gilt auch im Sozialen. Feste soziale Regeln sind einer großen Flexibilität gewichen, wie wir leben (können).

Was macht das mit uns? Manche mag diese Freiheit und Verantwortung stressen. Viele bewegen sich aber mit Bravour durch diese Welt. Mit Interesse. Mit Neugierde. Und mit einem hohen Verantwortungsgefühl in ihrem direkten Umfeld: Die Lehrerin tut ihr Bestes für die Schüler entgegen allen Widrigkeiten. Der Bahnmitarbeiter repariert die Weiche, bis die Züge wieder fahren können, auch wenn er vielleicht weiß, dass ganz andere Stellschrauben gedreht werden müssten.

Heute finden sich so viel mehr Menschen in solchen Verantwortungspositionen. Sie treffen Entscheidungen und wissen daher auch um die Notwendigkeiten (fauler) Kompromisse und Widrigkeiten. Jeder, der in seinem Arbeitsbereich Veränderungen voranbringen wollte, weiß um die Behäbigkeit von Systemen und deren selten allzu große Veränderungsbereitschaft. Jede, die Personalverantwortung hat, weiß, dass ein Team immer auch schwächere Kollegen kennt. Wer sich um die Finanzen kümmert, sei es im Betrieb oder auch ehrenamtlich im Verein, kennt das Phänomen unerwarteter Ausgaben oder ausbleibender Einnahmen. Nicht wenige Menschen dürften bei Elternabenden die Erfahrung gemacht haben, dass Mitbestimmung langwierig und ermüdend sein kann – und nahmen dennoch die Wahl zum Elternsprecher an.

Aber leider verharren viele in Bezug auf die Politik in einer Haltung, die man als »Elite by day, Volk by night« bezeichnen könnte. In den Worten des Literaturkritikers Ijoma Mangold: Es ist der »innere Stammtisch«, der allzu oft hochkommt. Es scheint ein existenzielles Bedürfnis zu sein, mit einfachen Maßstäben auf die Welt zu schauen und sich selbst von »denen da oben« abzugrenzen. Selbst wenn man eigentlich irgendwie zu »denen da oben« gehört. Für die Debattenkultur ist das eine große Bürde. Denn in der Konsequenz führen wir Debatten unterkomplex und unter Niveau.

Vielleicht steckt in alldem ebenfalls der Ausdruck einer latenten Überforderung: Haben wir noch genug Kraft, neben den Verantwortlichkeiten des eigenen Lebens Energie aufzubringen für die Diskurse und Debatten der Gesellschaft? Gibt es den Moment, in dem man einfach mal nicht engagiert sein und sich der Komplexität entledigen möchte? Für unsere Debattenfähigkeit wäre es wichtig, dass gerade Eliten diese Fragen reflektieren. Und zugeben, wie entlastend es sein kann, auf diese Weise Komplexität zu reduzieren.

Gleichwohl geht es uns nicht darum, ein »Zuviel« an Kritik anzuprangern. Es ist immer notwendig und legitim, politische Fehlentwicklungen, Missmanagement oder das Nichterreichen von Zielen zu thematisieren. Dass eine Stimmung gegen »die da oben« in dieser Massivität aufkommen kann, liegt natürlich auch an ganz konkreten Unzulänglichkeiten.

Problematisch wird es dann, wenn die Grundhaltung verrutscht. Wenn ein grundsätzliches Unvermögen konstatiert, eine Unfähigkeit unterstellt wird. Und daraus im schlimmsten Falle eine sehr tiefgehende Skepsis gegenüber den handelnden Personen und dem politischen System insgesamt erwächst. Darauf zu zielen, ist zentraler Bestandteil der Definition von Populismus. Die Sprache ist bei alledem das erste Einfallstor. Wir bewerten Politik oftmals in einer Tonlage, die uns in ihrer Schärfe im sozialen Leben, in der Familie oder bei der Arbeit selten in den Sinn kommen würde. Man stelle sich eine Konferenz vor, bei der ein Unternehmensvertreter einer konkurrierenden Firma unterstellen würde, ihre Produkte seien schädlich oder gar eine Bedrohung für das Land. Was, wenn Teilnehmer eines wissenschaftlichen Kongresses einander wechselseitig nur noch höhnisch auslachten? Würde in einer Schulkonferenz der Elternvertreter der Schulleiterin zurufen: »Sie können es nicht!«?

Leider liefert der politische Betrieb selbst genau solche Vorlagen. Wir kennen die Reden, die ohne Worte wie »Offenbarungseid«, »Kapitulation« oder »Gefahr«, ohne ein Set aus dramatischen Warnungen niemals auskämen. Wenn Politiker sich selbst gegenseitig unterstellen, der jeweils andere setze die Zukunft des Landes aufs Spiel, darf man sich eigentlich nicht wundern, dass die Öffentlichkeit nicht konzilianter auf ihr politisches Personal schaut.

Elitenversagen in der Politik

In gewisser Weise geht die Einladung zur Respektlosigkeit gegenüber der Politik also aus ihr selbst hervor. Das gilt vor allem für die erstarkenden populistischen Kräfte, deren Kerngeschäft genau darin besteht: das rhetorische Sturmreif-Schießen der Demokratie. Es liegt aber auch am Politikstil innerhalb der etablierten, an sich konstruktiven Kräfte, die den Debattenstil mit Theaterdonner geprägt haben.

Auch hier stellt sich einmal mehr die Frage: Ist uns das einfach so »passiert«? Ist die spürbare Schärfe und Polarisierung in der Politik schlicht ein Spiegel gesellschaftlicher Veränderungen? Verschieben sich die Grenzen des Sagbaren, weil sie sich in der Gesellschaft verschoben haben? Haben wir hier einen demokratischen Bottom-up-Prozess, also eine Übertragung von Stimmungslagen in der Bevölkerung auf die Politik?

Wäre es so, ginge die Polarisierung der Debatte vom Volk aus. Aber könnte es nicht möglicherweise auch andersherum sein? Es gibt verschiedene Untersuchungen der jüngeren Zeit, die nahelegen, dass Polarisierungsprozesse eher top-down stattfinden. Parteien sind – das ist wichtig – keine reine Wähler-Membran. Sie gestalten Politik, sie setzen Themen und die Tonalität, in der über sie gesprochen wird.

Das Soziologen-Trio Steffen Mau, Thomas Lux und Linus Westheuser untermauert mit Daten, dass in wichtigen Grundfragen keine tiefen Trennlinien in der Bevölkerung verlaufen, beziehungsweise zwangsläufig verlaufen müssten. Die Rede von der weitreichenden Spaltung der Gesellschaft trifft in diesem Ausmaß nicht zu. Konflikte sind kein sozialer Fakt, der einfach nur gegeben ist. Sie werden entfacht, getriggert und angespitzt. Und zwar von jenen, die dieses Geschäft bewusst oder zumindest unbewusst betreiben: die erwähnten Polarisierungsunternehmer. Zugleich hat die Einigkeit innerhalb der Bevölkerung laut der Autoren auch ihre Grenzen. Immer dann, wenn »gelernte Gleichheitsnormen« umgewertet werden, wenn es also zu einer Umwertung gesellschaftlicher Verhältnisse kommt – womöglich mit juristischen Folgen oder einer Politisierung des Themas verbunden –, gehen Menschen auf die Bremse.

Der US-amerikanische Politikwissenschaftler Larry M. Bartels kommt bei einer breiten Untersuchung politischer Stimmung in Europa nach der Euro- und Corona-Krise zu einem ähnlichen Ergebnis: Die Bürger zeigten sich demnach nicht signifikant empfänglicher für Rechtspopulismus als vor den Krisen. Der Schlüssel liegt der Untersuchung zufolge vielmehr bei den politischen Eliten. Sie sind der Ausgangspunkt für Diskursverschiebungen und wie in Ungarn oder Polen auch für substantielle Transformationen in Richtung illiberaler Demokratien.

In vielen anderen Ländern ließen sich weniger gravierende, doch von der Stoßrichtung ähnliche Entwicklungen ausmachen, gerade in (einstmals) konservativen Parteien der Mitte. In Großbritannien haben sich die Tories nicht erst seit dem Brexit-Votum in Programmatik und Rhetorik radikalisiert. Ähnliches gilt in Frankreich für die Republikaner, ganz zu schweigen von den Erben der italienischen Christdemokratie, vor allem in der Forza Italia. In vielen europäischen Ländern haben sich Kräfte der Mitte entschieden, rechtspopulistische Parteien über Tolerierungsmodelle indirekt oder durch Koalitionen direkt an der Regierungsmacht zu beteiligen. Damit einher und oft voran geht eine Veränderung des Diskurses hin zu mehr Schärfe und Polarisierungen einerseits und eine Normalisierung und Aufwertung rechtspopulistischer Kräfte und Positionen andererseits.

Vor dieser Kulisse erscheinen die deutschen Verhältnisse geradezu wie eine Zeitreise in eine frühere, stabilere Epoche. In Deutschland sind die klassischen konservativen Kräfte der Mitte, namentlich CDU und CSU, noch deutlich entfernt von diesem massiven Wandel nach rechts. Aber natürlich sind längst hier und dort erste Versuche und Verlockungen zu erkennen. Wenn der CDU-Vorsitzende Friedrich Merz von »Sozialtourismus« spricht oder die Bevorzugung von Asylbewerbern beim Zahnarzt beklagt, ohne diesen Aussagen programmatische Ideen folgen zu lassen, handelt es sich möglicherweise nicht nur um unbedachte Äußerungen, sondern um politische Testballons. Noch weitreichender ist das »Blinken nach rechts«, wenn in einzelnen Landesverbänden offene Sympathiebekundungen für die AfD oder in Parlamenten Abstimmungen mit ihr stattfinden.

Wenn auch zweifellos konservativen Parteien in der Einhegung des Rechtspopulismus eine größere Aufgabe und Verantwortung zufällt, wäre es allerdings verkürzt, diese Kritik nur auf Politik rechts der Mitte zu beschränken. Die Verlockungen der Zuspitzung und Polarisierungen finden auch mittelinks statt. Zur europäischen Einkreisung dieser These sei auf die Entwicklung der Labour Party unter Jeremy Corbin verwiesen, eine ähnliche Verschiebung weg aus der Mitte (und in die Bedeutungslosigkeit) gingen die französischen Sozialisten nach der Präsidentschaft François Hollandes. Hier wie auch in Griechenland wurden die alten, klassischen sozialdemokratischen Parteien letztlich abgelöst durch die radikaleren linken Kräfte um Jean-Luc Mélenchon und Alexis Tsipras. Rechts wie links der Mitte gilt, dass die Strategie einer »Accomodation« gegenüber rechtspopulistischen Parteien keine Erfolgsstrategie darstellt. Europäisch-vergleichend angelegte Studien zeigen klar, dass es sich für die Parteien nicht auszahlt. Sie stärken zumeist das Original und verlieren im Worst case (»loose loose«) in der politischen Mitte selbst einstige Wähler, die den Kurs nach rechts nicht unterstützen.

Dazu gibt es ein weiteres Phänomen: mitte-links-Kräfte, die sich rechtspopulistische Erzählungen und Politiken aneignen, wie etwa die dänischen Sozialdemokraten. In Deutschland ist auch hier das Bild noch nicht klar zwischen einer SPD, die in ihrer Innen-, Asyl- und Migrationspolitik dänische Züge annehmen könnte, einer klassischen »Linken« und der neuen Partei um Sahra Wagenknecht, deren populistisches Momentum größer ist als im etablierten Parteienspektrum.

Die Migrationspolitik ist unzweifelhaft die Mutter aller populistischen Verlockungen und sie ist eine große Bühne für Scheindebatten und politisch fahrlässige rhetorische Spielereien. Unrühmliches Beispiel: der *Spiegel*-Titel mit Bundeskanzler Scholz unter der weitbekannten Überschrift »Wir müssen endlich im großen Stil abschieben«. Suggeriert wird, dass Abschiebungen der Befreiungsschlag für die zuvor diskutierte Überlastung von Kommunen sind und so endlich eine Lösung für das »Migrationsthema« bieten. Auch in der CDU finden wir Beispiele dieser Art, wenn etwa der Vize-Fraktionsvorsitzende Jens Spahn in einem Post bei »X« fordert, die Bundesregierung müsse angesichts anhaltender Migrationsbewegungen die Grenzen schließen. Solche Scheindebatten sind in großem Umfang geeignet, Vertrauensverlust und Frust nochmals zu verstärken. Denn die Wahrheit ist: Es gibt keine einfache, allumfassende »Lösung« für das Thema. Im Gegenteil. Es ist kleinteilig, komplex, mühsam und langwierig.

Dass der politische Wille da ist, um dem Thema mehr Aufmerksamkeit zu geben, rückt auf diese Weise in den Hintergrund. Für die Debattenkultur ist aber entscheidend, wie dieses »Mehr« an Thematisierung aussieht. Ist es geprägt von solchen Scheindebatten? Von der Übernahme populistischer Positionen? Oder findet eine inhaltliche Auseinandersetzung mit konkreten, faktenbasierten Vorschlägen und Argumenten statt – hart in der Sache, aber verbindlich im Ton? Letzteres sind zwei zentrale Gelingensbedingungen einer guten Debatte.

Europa hat mit dem Brexit ein Paradebeispiel dafür erlebt, wie mangelnde Ernsthaftigkeit und politische Spielereien massive und dauerhafte Auswirkungen haben können. Problematisch war dabei weniger das Verhalten seit Jahrzehnten hör- und sichtbarer Brexiteers, sondern vielmehr das jener unentschlossenen Konservativen, die möglicherweise nur in Hinblick auf eigene politische Aufstiegschancen mit dem Feuer gespielt haben. David Cameron, als er aus innerparteilichem Kalkül ein Referendum über den Austritt Großbritanniens versprach, und noch mehr Boris Johnson, der an die Spitze des Leave-Lagers wechselte, um Premierminister zu werden. Man muss befürchten, dass beiden die Tragweite ihrer politischen Launen nicht hinreichend bewusst war.

Jenseits der Bewertung einzelner Positionen geht es uns an dieser Stelle vor allem um folgende Beobachtung: Es gibt ein hohes Maß an Verantwortung in der Politik dafür, wie Debatten geführt werden. Politikerinnen sind nicht nur Getriebene, sie sind auch Treiber dieses Prozesses. Entscheidend ist dabei die Frage: Wie lauter sind die Motive hinter den politischen Zuspitzungen? Steckt dahinter das große Aufbäumen gegen die »Postpolitik« der 1990er und 2000er Jahre, die Phase also, die Colin Crouch als ein Zeitalter der Alternativlosigkeit markiert hat? Geht es also in einem guten Sinne darum, politische Alternativen wieder sichtbarer zu machen?

Der Lackmustest liegt in der Frage, inwieweit faktenbasierte politische Konzeptionen und umsetzbare Angebote die Rhetorik untermauern. Wie kohärent ein politisches Auftreten ist. Wie langfristig Aussagen ihre Gültigkeit behalten oder doch nach Stimmungslagen schwanken: der schmale Grat zwischen einem politischen Kompass ohne Dogmatismus und einem allzu sehr opportunistischen Politikstil. Ein anderer wichtiger Gradmesser liegt in der Auswahl der Themen. Setzen Politiker selbst auf Themen, die jenseits von Relevanzaspekten vor allem das eigene Lager mobilisieren?

Die Mechanismen sind bekannt: Mit einer flammenden Rede gegen Gendersternchen oder Veggie-Days lassen sich Bierzelte schneller warm reden als mit Ausführungen über die Gesundheitspolitik. Andersherum funktioniert der Hinweis auf den Privatjet eines Friedrich Merz oder Christian Lindners Jagdschein oder seine Hochzeit auf Sylt, um im »juste milieu« den Applaus anzufachen.

Ja, auch diese Mechanismen gehören seit jeher zur Politik. Und doch bleibt ein schales Gefühl. Sind die Zeiten nicht zu ernst für diese »Spielchen«? Kommen die Krisen nicht zu geballt? Vergiften damit nicht diejenigen, die am Ende am meisten darauf angewiesen sind, ein konstruktives Debattenklima in diesem Land für schnöde kurzfristige Geländegewinne im Klein-Klein der Aufmerksamkeitsökonomie?

Immer diese Selbstverständlichkeiten

Wir zehren vom Speck. Noch. Vom Speck der guten Jahre der Nachkriegszeit. Dass in nur wenigen Jahrzehnten der Wohlstand im rasanten Tempo wachsen konnte, sozialer Aufstieg für viele möglich wurde und dazu gesellschaftliche Liberalisierungen, die das enge Korsett bürgerlicher Lebensbeschränkungen sprengte. In Belgien erinnert man sich an diese Zeit mit dem Ausspruch »the sky is the limit«, in Frankreich spricht man noch heute von den *trente glorieuses*, den glorreichen 30 Jahren nach dem Krieg, als alles nur aufwärtszugehen schien. Wunderbarerweise verband sich all das mit der in Westdeutschland wiedergewonnenen Demokratie. »Wirtschaftswunderjahre« – der Brückenschlag des politischen Systems und seiner wirtschaftlichen Grundordnung mit der sozialen Marktwirtschaft.

Wir haben uns in der Demokratie behaglich eingerichtet und Jahrzehnte voller vermeintlicher Selbstverständlichkeiten erlebt: Frieden in Europa, wirtschaftliche Stabilität, sogar Prosperität. Zumindest für den größeren Teil des Landes.

Aber auch im wiedervereinigten Deutschland gab es trotz Dämpfern und Enttäuschungen Stabilitätsmerkmale: Ein weiterhin recht überschaubares Parteiensystem, Deutschland als Spätzünder beim Aufwärtstrend rechtspopulistischer Parteien und deren Erfolgsgeschichten. Verlässlichkeit in den langen Kanzlerschaften Helmut Kohls und Angela Merkels, ebenso während der Amtszeit Gerhard Schröders trotz der Sozialreformen – in der Breite herrschte das Gefühl, »es läuft doch weitestgehend«.

Heute findet der ehemalige Präsident des Bundesverfassungsgerichts, Andreas Voßkuhle, drastische Worte: »Es kann durchaus sein, dass sich unsere westliche Demokratie nur als eine kurze Phase in der Geschichte der Menschheit erweist.« Einer der führenden Verfassungsjuristen des Landes hält es für möglich, dass »danach wieder die dunkle Zeit des Totalitarismus zurückkehrt«. Was ist passiert, dass wir und so viele andere aus der Zeit der Selbstverständlichkeiten in eine Phase so großer Ungewissheiten eingetreten sind?

Im Rückblick gilt: Natürlich, hier und da hakte es, es gab nicht wenige Krisen – gerade in den jüngeren Jahren. Aber – so möchten wir konstatieren – nach der Wiedervereinigung und bis weit in die 2000er Jahre hinein hatten wir wenig Anlass und Notwendigkeit, die Essentials unserer Demokratie verteidigen zu müssen.

Im Gegenteil: Solide und selten schwierige Koalitionsbildungsprozesse, Wahlergebnisse mit klarem Schwerpunkt in der politischen Mitte und weitestgehend ohne Extreme haben für uns die Demokratie und damit ihre Prinzipien in eine Routine verwandelt. Diese Ritualisierung ist als Gewöhnung einerseits wertvoll, sie schafft ein solides Fundament. Andererseits schafft sie auch Risiken im Sinne von Gleichgültigkeit, Unwissenheit und Unsicherheiten, die im Fall der Fälle der aktiven Verteidigung demokratischer Prinzipien im Weg stehen.

Schaut man dieser Tage auf die Debattenkultur des Landes, kann man in diesem Punkt zwei Dinge feststellen. Erstens haben wir offenbar die Grundprinzipien der Demokratie nicht mehr ausreichend erklärt. Zweitens haben wir zugleich das Wissen um und über diese Selbstverständlichkeiten leichterdings als selbstverständlich vorausgesetzt, was aber gesamtgesellschaftlich keineswegs der Fall ist. An beidem nimmt die Debattenkultur Schaden.

Daten des Instituts für Demoskopie Allensbach aus dem Mai 2023 zeigen am Beispiel der damals im Deutschen Bundestag mit den Stimmen der »Ampel-Koalition« beschlossenen jüngsten Wahlrechtsreform, dass es eine große Unsicherheit und Unwissenheit über zentrale Grundlagen unseres Staatswesens gibt: Was ist die 5-Prozent-Hürde? Wie genau wählt man und wer wählt eigentlich wen? Wundern wir uns vor dem Hintergrund solcher Befunde darüber, dass viele Menschen gar nicht erst in Debatten einsteigen? Wie häufig suggerieren wir womöglich über Schlagwörter wie »politische Partizipation« und »Teilhabe« eine Augenhöhe, die de facto aus verschiedenen Gründen so nicht existiert?

Wir gehen davon aus, dass eine in der gesellschaftlichen Breite verankerte Debattenfähigkeit essentieller Bestandteil einer Demokratie ist. Wenn wir über die mangelnde Verteidigung und Erklärung von demokratischen Selbstverständlichkeiten sprechen, hat dies zwei Adressaten. Einerseits die Breite der Bevölkerung selbst, die aufgefordert ist, sich mit politischen Prozessen zu befassen und sich über diese zu informieren. Andererseits die unmittelbar politisch Handelnden und die sie umgebenden Systeme wie Medien, Kultur und Wissenschaft, die über unterschiedliche Kanäle und Formate (politische) Kommunikation betreiben und politisches Wissen zu transportieren versuchen.

Die beschriebenen Selbstverständlichkeiten sind vielgestaltig: Ein Beispiel: In jüngster Zeit waren wir mehrfach – national und international – mit der Frage konfrontiert, wie Parteien und politische Akteure mit den Ergebnissen von Wahlen umgehen. Donald Trump behauptete in den USA, die letzte Wahl sei gestohlen worden, man habe ihn um den Wahlsieg betrogen. Diese Erzählung ist haltlos, entbehrt jedweder Fakten und hat dennoch dazu geführt, dass Menschen aufeinander losgingen, Symbole der amerikanischen Demokratie, wie das Kongressgebäude, angegriffen wurden. Zur Debatte fähig ist an dieser Stelle niemand mehr.

Auch in Deutschland haben wir Debatten dieser Art in Ansätzen erlebt. Nach der Bundestagswahl 2021 warf die SPD, die mit Olaf Scholz knapp die Wahl gewonnen hatte, der CDU und ihrem Kandidaten Armin Laschet vor, es sei nicht angebracht, von einem zweiten Platz aus den Versuch der Regierungsbildung zu unternehmen. Im Februar 2023 musste in Berlin die Wahl zum Abgeordnetenhaus wiederholt werden, die 2021 gemeinsam mit der Bundestagswahl stattfand. Als am Wahlabend die zweitplatzierte SPD mit der bis dahin amtierenden Regierenden Bürgermeisterin Franziska Giffey signalisierte, dass sie versuchen werde, von Platz zwei aus ein Bündnis zu schmieden beziehungsweise die bisherige Koalition fortzusetzen, warf der Generalsekretär der Berliner CDU ihr vor, dies sei unredlich. Armin Laschet bezeichnete das Vorgehen als »politisch nicht anständig«. Von der Erzählung eines »Wahlklaus« war man da nicht mehr weit entfernt.

Solche Vorgehensweisen schaden der Debattenfähigkeit und der Demokratie. In Rede stand hier das Mehrheitsprinzip als zentrales Merkmal der Demokratie. Wer in unserer Demokratie regieren möchte, muss Mehrheiten finden, in den meisten Fällen Koalitionen bilden. Es gibt keinen Automatismus, dass der Wahlsieger am Ende an der Regierung beteiligt ist. Zumal sich angesichts der Tatsache, dass sich heutzutage nur noch im absoluten Ausnahmefall eine absolute Mehrheit für eine Partei entscheidet, schon die Frage stellen ließe, wen man als »Wahlgewinner« betrachtet. Ist es die Partei mit den meisten Stimmen? Oder aber die mit den größten Zuwächsen?

Dafür, dass nicht die zahlenmäßig stärkste Partei automatisch die Regierung anführt, gibt es auf der Bundes- und Landesebene in Deutschland zahlreiche Beispiele. Natürlich erscheint es logisch, dass, wer vorne liegt, auch den Versuch unternimmt, eine Regierung zu bilden. Doch entscheidend ist, wie wir über diese Vorgänge sprechen. Es macht einen Unterschied, ob Parteien und ihre Vertreter das Mehrheitsprinzip anerkennen, erklären und im Zweifelsfall auch zu eigenen Lasten verteidigen, oder ob der Eindruck erweckt wird, solche Vorgänge seien undemokratisch.

Denn was passiert in diesem Moment? Man öffnet Tür und Tor für jene, die mit diesen Prinzipien ohnehin nichts anfangen können. Was würden Vertreter der AfD in diesen Ländern wohl sagen, wenn sie trotz deutlicher Wahlsiege am Ende nicht an den Landesregierungen beteiligt sind? Wie würde man hier differenziert debattieren wollen, wenn man im Grunde die Steilvorlage für die Argumentation der AfD selbst geliefert hat?

Doch es geht nicht allein um die Verteidigung demokratischer Prinzipien bei Wahlen oder Koalitionsbildungsprozessen. Vom Mehrheitsprinzip über unser Wahlsystem bis hin zur Großzügigkeit und zu den Grenzen von Meinungsfreiheit – es geht um das Grundverständnis demokratischer Strukturen und Regeln. Nicht nur die Politik, auch Menschen im wechselseitigen Miteinander sind dazu aufgerufen, diese gemeinsame Geschäftsgrundlage unseres Gemeinwesens immer wieder auf die Tagesordnung zu setzen und in Erinnerung zu rufen.

Die Erwartungshaltung ist dabei nicht, dass jeder und jede ständig und immerzu über alle politischen Vorgänge informiert sein und Bescheid wissen muss. Im Gegenteil: Für einen großen Teil der Gesellschaft hat Politik keine Priorität im eigenen Alltag. Umso entscheidender ist es, dass wir die Debattenfähigkeit der Gesellschaft stärken, indem wir diese Grundprinzipien und Essentials und das Wissen über sie immer wieder zum Gegenstand von Gesprächen, Debatten und Bildungsformaten machen.

Vom Fehlen der Fehlerkultur

Die Tatsache, dass sehr viele Politikerinnen und Politiker, aber auch die Gesamtgesellschaft Fehler weder gern zugeben noch gut mit ihnen umgehen, belastet unsere Debattenkultur. Ein »Aufstieg mit Fehlern« scheint in Deutschland weiterhin fast unvorstellbar. Fehler sind in einer Leistungsgesellschaft seit jeher nicht gerne gesehen. Dabei geben alle Krisen, alle Erfordernisse situativen, unerwarteten und ad hoc notwendigen Handelns uns hinreichend Grund, daran etwas zu ändern und nicht länger mit alten Logiken auf neue Herausforderungen reagieren zu wollen.

Viele Stichworte prägen die Debatten um eine Fehlerkultur. Die meisten lassen sich aufs Politische wie aufs Persönliche anwenden. Warum sollten die Anforderungen an den persönlichen Umgang mit Fehlern im Beruflichen und Privaten auch andere sein? Zweierlei Maß scheint hier unangemessen, und doch wird regelmäßig mit ihm gemessen.

Denken wir etwa an den früheren Bundesverkehrsminister Andreas Scheuer von der CSU. Darin, dass Politikerinnen und Politiker sich für gravierende Versäumnisse im Rahmen ihrer

Amtsführung häufig nicht verantworten müssen, machen wir einen alten beziehungsweise fortbestehenden Fehler aus. Die Verschwendung von Steuergeldern, wie sie Scheuer im Zuge seiner Pläne zur Einführung einer PKW-Maut betrieb, lassen Vertrauen in Politik erodieren. Sie verstärken Anti-Establishment-Erzählungen von »den Politikern«, die »eh mit allem durchkommen«, und verhärten Lager und Fronten innerhalb unserer Debatten. 243 Millionen Euro kostete die geplatzte PKW-Maut den Bund. Das Ministerium prüfte Regressforderungen und entschied am Ende, nicht gegen Scheuer zu klagen, weil es Zweifel an der Durchsetzbarkeit der Ansprüche gab. Wir wollen den Fall an dieser Stelle nicht juristisch bewerten, wohl aber betonen, dass Scheuer nicht etwa durch einen Rücktritt zumindest die politische Verantwortung für das Debakel übernahm, sondern vielmehr schlicht durch die Abwahl der Union bei der Bundestagswahl 2021 sein Ministeramt verlor.

Ein anderes Stichwort: Nonpology, also Nicht-Entschuldigung. Ist die Entschuldigung für etwas aufrichtig und glaubwürdig, dann steht jemand für gemachte Fehler gerade. Formuliert man hingegen, dass einem etwas nur dann leidtue, wenn es womöglich jemand anderen gekränkt oder verletzt habe, findet de facto keine Entschuldigung statt. Vielmehr stellt man damit eigentlich klar, dass man die ursprüngliche Aussage grundsätzlich für richtig hält und im Gesagten eben gerade keinen Fehler erkennt.

Beispiele für diese Strategie der Nonpology gibt es viele. Der CDU-Vorsitzende Friedrich Merz, der für die Verwendung des Begriffes Sozialtourismus »in aller Form um Entschuldigung« bittet, »wenn meine Wortwahl als verletzend empfunden wird«. Die FDP-Politikerin Marie-Agnes Strack-Zimmermann, als sie sich für den Vorwurf an Bundeskanzler Scholz entschuldigt, er zeige »autistische Züge«, allerdings nicht bei ihm, sondern bei von Autismus Betroffenen. Der bayerische Ministerpräsident Markus Söder (CSU) für seinen Vergleich von Bundesumweltministerin Steffi Lemke (Grüne) mit der früheren DDR-Ministerin Margot Honecker, den er nicht wiederholen wolle, weil sich einige davon verletzt fühlten.

Ausweis einer unzureichenden Fehlerkultur ist aus unserer Sicht zudem, dass es in vielen Bereichen immer noch zu wenig Interesse daran gibt, die Effektivität und Wirksamkeit von Entscheidungen und Maßnahmen wirklich kritisch zu überprüfen, also zu evaluieren. Dabei geht es selten um die Frage, ob eine Maßnahme fortgesetzt wird oder nicht, sondern häufig darum, ob Modifikationen notwendig sind, was bei einer Fortsetzung noch besser gemacht werden könnte und welche Lerneffekte aus dem bisherigen Politikformulierungsprozess für die Zukunft abgeleitet werden können. In der Policy-Forschung der Politikwissenschaft ist diese »Phase« im Modell des Policy-Cycle fester Bestandteil von Politikformulierungsprozessen. Der Blick auf die politische Praxis zeigt zwar, dass Evaluationen (während und zum Ende von Aktivitäten) erheblich zugenommen haben (nachdem es sie sehr lange nahezu gar nicht gab), deren Ergebnisse jedoch häufig nicht aufgegriffen werden. Auch die Politisierung von Evaluationsprozessen stellt eine große Herausforderung dar. Und dies, obwohl Evaluationen einen entscheidenden Schlüssel für den Aufbau von Resilienz darstellen.

Unübersichtlichkeit

Bei aller Krisendiagnostik ist jetzt auch kurz Zeit für eine gute Nachricht: Es steht an sich gar nicht so schlecht um die Demokratie. Wahrscheinlich wurde niemals mehr Demokratie gewagt in der deutschen Geschichte als jetzt. Das Problematische: Genau darin liegen neue Unübersichtlichkeiten und Herausforderungen. Denn mehr Demokratie heißt nicht unbedingt bessere Debatten. Wenn mehr »Player« am Start sind, wird das Spielfeld unübersichtlich. Wie strukturiert sich die Öffentlichkeit angesichts dessen neu? Oder sind es schließlich nur noch Teilöffentlichkeiten einer Gesellschaft, in der die Individualisierungsbedürfnisse immer größer werden?

Demokratisierungsgrad

»Hätte man vor 100 Jahren, in den frühen 1920ern, relevante Theoretiker und Praktiker nach der Zukunft der liberalen Demokratie gefragt, so hätten sie ihr keine großen Zukunftsaussichten eingeräumt«, vermutet der Rechtswissenschaftler Christoph Möllers und verweist auf die damals viel attraktiver erscheinenden Alternativen wie Faschismus und Bolschewismus. Nicht dass Europa und die Welt diese vermeintlich attraktiv erscheinenden Alternativen nicht erleben und durchleiden mussten. Nach diesen Versuchen jedoch hat sich genau diese liberale Demokratie in weiten Teilen der Welt durchgesetzt. Wer heute von der Krise oder gar dem »Ende der Demokratie« spricht, muss sich dieses Auf und Abs der Demokratiegeschichte bewusst sein. Mit Blick auf die Bundesrepublik Deutschland dürfte man getrost die Gegenfrage stellen: Wie viele Momente in der deutschen Geschichte gab es, in denen die Demokratie gefestigter erschien als heute?

Formal muss man feststellen, dass wir wahrscheinlich einen Demokratisierungsgrad wie nie zuvor konstatieren können.

Das gilt für die ganz formalen und formellen Übungen der Demokratie: Wahlen finden auf allen politischen Ebenen regelmäßig statt, sie sind allgemein, frei, gleich und geheim – und wenn es mal nicht gelingt, wie in Berlin 2021 oder in Hamburg 1991, funktionieren die Kontrollmechanismen unabhängiger Gerichte, und Wahlen werden komplett oder teilweise wiederholt. Das ist natürlich ärgerlich und Grund für Unzufriedenheit bis hin zum Misstrauen in die Funktionsfähigkeit des Staates. Aber mehr als ärgerlich, nämlich demokratiegefährdend wäre, es gäbe solche Kontrollmechanismen nicht.

Wie stabil dieses Grundgerüst der Demokratie ist, zeigt sich auch daran, dass Wahlergebnisse anerkannt werden. Das galt bislang für Wahlgewinner genauso wie Wahlverlierer, auch wenn man – wie beschrieben – auch in Deutschland schon nah an den Erzählungen eines »Wahlklaus« vorbeigeschrammt ist. Selbst die Parteien, deren populistisches Hauptgeschäft darin besteht, Fakten zu drehen und Institutionen in Frage zu stellen, haben (bisher) nicht die grundsätzliche Richtigkeit von Wahlergebnissen in Deutschland in Frage gestellt.

Wir haben offenbar trotz aller Polarisierungen gegenwärtig noch den Konsens: Wahlergebnisse werden anerkannt. Das klingt so selbstverständlich in der Theorie, aber der Blick rund um die Welt zeigt: In sehr vielen Ländern, die ihre Bürger zur Wahl bitten, ist die bange Frage nach Schließung der Wahllokale, ob das Ergebnis eine breite Akzeptanz findet.

Demokratie lebt, und das nicht nur alle vier, fünf Jahre. Schon länger haben alle politischen Ebenen unterhalb des Bundes Möglichkeiten direkter Demokratie eingeführt. Volksentscheide haben die Schulpolitik ganzer Bundesländer auf den Kopf gestellt, Flughäfen zu Parks gemacht, der Politik den Auftrag gegeben, große Wohnungseigentümer zu enteignen, oder Bienen zu retten versucht. Noch dazu gibt es weitere neue Beteiligungsformen, seien es Bürgerräte, in denen Fachfragen wie etwa zur Ernährung von per Losverfahren ausgewählten Bürgerinnen beraten werden, um den Parlamenten Vorschläge zu unterbreiten. Wie sehr solche Instrumente nicht nur formal ein Mehr an Demokratie ausmachen, sondern auch qualitativ Ergebnisse liefern, darf getrost hinterfragt werden. Fest steht allerdings, dass aus diesen Wegen zunächst einmal mehr Beteiligungsmöglichkeiten erwachsen.

Als Willy Brandt sein Versprechen von »mehr Demokratie wagen« gab, bestimmten gerade einmal drei Parteien das politische Spektrum. Heute gibt es mindestens ein halbes Dutzend politische Angebote in den Parlamenten. Wir sind oft und schnell geneigt, dies als Zeichen der Fragmentierung der Gesellschaft negativ zu betrachten. Zunächst einmal ist es aber vor allem eine breitere politische Auswahl, eine idealerweise passgenauere politische Repräsentanz unterschiedlicher Interessen, die sich hier dokumentiert.

Und auch die Parteien haben innerparteiliche Demokratisierungsprozesse durchlaufen: nicht nur die CDU, einst bekannt als »Kanzlerwahlverein«, hat mittlerweile mehrfach direkt ihre Mitglieder befragt, etwa bei der Suche nach einem neuen Parteivorsitzenden und bei der Entwicklung eines neuen Grundsatzprogramms. Auch die SPD hat dieses Instrument angewandt und damit die klassische Funktionärslogik zwar nicht ersetzt, aber doch entscheidend ergänzt. In beiden Fällen war es übrigens die Ratlosigkeit und eine Art Unvermögen der etablierten Parteiführungsstrukturen, die Elitenerneuerung aus sich selbst heraus vorzunehmen, also eine innerparteiliche Demokratisierung qua Krise.

Andere Parteien wie die Grünen haben ihre Mitglieder direkt befragt auf der Suche nach Spitzenkandidaten bei den Bundestagswahlen 2009 und 2017. Zwar haben gerade die beiden ehemaligen Volksparteien heute deutlich weniger Mitglieder als in den 1970er Jahren, diejenigen, die dabei sind, haben allerdings offensichtlich mehr Möglichkeiten der innerparteilichen Mitbestimmung. Alles andere wäre heutzutage schwer zu vermitteln. Denn das ist für die Lebensrealität der meisten der entscheidende Punkt, wenn wir konstatieren, dass wir einen wahrscheinlich noch nie so hohen Demokratisierungsgrad hatten: Wir leben »Demokratie« ja fast in allen anderen Alltagsbereichen in einem größeren Maße als früher. Klassische Autoritätslogiken sind in der Familie genauso in Frage gestellt wie bei der Arbeit. Weder Väter bestimmen heute unwidersprochen, noch können sich Unternehmenschefs leisten, von oben herab zu führen – was nicht heißen soll, dass es nicht immer wieder noch genau auf diese Art versucht und umgesetzt wird. Denn natürlich darf man sich keine Illusionen machen über real existierende Machtstrukturen, die in Familien, in Vereinen oder vor allem im Berufsleben tiefer verankert sind, als dass allein ein freundliches »Du« zwischen Chef und Angestellten dies schnell überwinden würde. Was sich allerdings tiefgreifend geändert hat, ist die Notwendigkeit, Entscheidungen zu vermitteln, zu diskutieren, zu erklären. Also Grundrüstzeug anzuwenden, das wir in der Demokratie eben auch auf höchster Ebene verwenden und das für gute Debatten so wichtig ist.

Bleiben wir weiter beim Positiven: Wer hat etwas zu sagen in den öffentlichen Debatten? Wer wird gehört? Auch hier erleben wir seit den ersten Gehversuchen der attischen Demokratie im antiken Griechenland eine beständige Ausweitung der Beteiligten. Sicherlich darf man heute keinen Applaus mehr einfordern für die Tatsache, dass Frauen wählen dürfen. Aber gerade die letzten Jahrzehnte, im Besonderen die letzten Jahre, haben den Debattenraum und die möglichen Mitspieler erweitert. Seit den 1960er Jahren waren es die neuen sozialen Bewegungen, die die Frage danach, wer mehr Gehör finden müsste, vor allem als Klassenfrage betrachtet haben.

In jüngerer Zeit helfen wahrscheinlich am ehesten Hashtags wie #MeToo oder #BlackLivesMatter die Veränderungen zu beschreiben, wer heute an öffentlichen Debatten teilnimmt und phasenweise deren Agenden bestimmt. Man könnte sagen: Das einstige »politische Elitenhobby« Demokratie ist mittlerweile Breitensport: Gruppen, die bisher marginalisiert waren, spielen endlich mehr mit. Zugleich sehen wir, dass auch politische Überzeugungen Repräsentanz finden, die stigmatisiert und in einer von klassischen Gate-Keepern strukturierten öffentlichen Debatte und in einer alten Parteienwelt kaum Repräsentanz gefunden haben.

»Too many players«?!

Die Demokratie hat sich demokratisiert. Was für ein Fest könnte das sein. Aber die Party bleibt aus. Im Gegenteil: Je größer die demokratischen Möglichkeiten geworden sind, je mehr Akteure auf dem Spielfeld der Demokratie mitspielen, desto größer scheint der Frust zu sein. Leider gibt es eine Wechselwirkung, leider ist es kein Zufall, dass mehr Demokratie auch mehr Friktion mit sich bringt. Denn was Raum greift, sind gleich drei Gefühlslagen: Unsicherheit, Unübersichtlichkeit und Unzufriedenheit.

Das Gefühl der Unübersichtlichkeit ist die wahrscheinlich weniger überraschende Beobachtung. Mehr Debattenteilnehmer schaffen geradezu zwangsläufig ein Mehr an Stimmen, ein Mehr an Perspektiven, Fragestellungen und Bedürfnissen in den Debatten dieses Landes. Das erweitert zunächst einmal die Liste der als relevant empfundenen Themen: Die neuen sozialen Bewegungen der 1970er und 1980er haben Umwelt-, Frauen- und Friedensthemen auf die Agenda gebracht, seit den 1990ern haben wir in den Debatten eine in Wellen wiederkehrende Auseinandersetzung um die Anerkennung ostdeutscher Erfahrungen und Perspektiven.

Die letzten großen Erweiterungen des Debattenraums kamen durch die lange vernachlässigte (post)migrantische Perspektive, aber auch durch neue Geschlechterfragen jenseits klassischer heteronormativer Gleichberechtigungsfragen, also entlang all dessen, was an non-binären und queeren Lebensvorstellungen einen selbstverständlichen Platz einfordert. Aber auch das gehört zu dieser Beschreibung: Der demokratische Debattenraum hat sich spätestens seit Phänomenen wie Pegida und seit dem flächendeckenden Einzug der AfD in das politische Leben dieses Landes um eine neue Präsenz und Selbstverständlichkeit von rechtspopulistischen bis rechtsextremen Positionen erweitert.

Die schöne neue Welt, in der viele, die früher nicht repräsentiert waren, Gehör finden oder es sich zu verschaffen versuchen, hat also ihre Ambivalenzen. Enttabuisierung ist ein Prozess, der emanzipatorisch-progressiv wirken kann. Aber eben auch Dämonen befreit, die durch eine Diskurshegemonie der Eliten und durch die integrative Wirkung kollektiver Institutionen eingehegt waren. Man könnte es banal als Preis neu gewonnener Freiheiten bezeichnen. Oder vielleicht nochmal an Willy Brandt denken. Warum nutzte er eigentlich das Wort »wagen«? War ihm, dem Widerstandskämpfer und Exilanten, der den demokratisch selbst gewählten Niedergang der ersten deutschen Republik erleben musste, stets bewusst, dass mehr Demokratie in diesem Sinne ein Wagnis sein kann?

Für unsere Debattenkultur kommt ein weiteres, ganz konkretes methodisches Problem hinzu: Wir lernen die schöne neue Debattenwelt mit ihren neuen Akteuren und ihrer neuen Vielfalt leider meistens ex negativo kennen. Wurde wieder ein wichtiger Blickwinkel nicht berücksichtigt? Blieb eine Gruppe außen vor, die in dieser Frage dringend Gehör verdient hätte? Haben wir (wieder) jemanden vergessen? Wurden wir (wieder) vergessen? Was damit zugleich passiert, veranschaulicht die Ambivalenzen des Debattenraums: Im Fokus stehen häufig nicht mehr der Inhalt, also der Kern der Debatte, sondern die skizzierten Fragen über und nach den Debattenteilnehmern.

Und so paaren sich zur Unübersichtlichkeit die Unzufriedenheiten, die daraus erwachsen können. Für die, die früher weitgehend alleine das Debattenspektrum bespielt haben, bringt jede Erweiterung um neue Player zuallererst einen Verlust an Deutungshoheit oder noch direkter: an Macht. Wobei Statistiken, ganz egal ob wir über Frauen in Dax-Vorständen sprechen oder über Journalisten mit Migrationsgeschichte in Chefredaktionen, den alten Herrschaftszirkeln erst mal helfen könnten, den Puls der Verlustangst zu senken. Noch immer hat hier die alte Ordnung ihre Dominanzen.

Was sie aber schon in größerem Maße verloren hat, ist die Deutungs- und Debattenhoheit. Man könnte auch sagen: Während sich in faktischen Machtverhältnissen nur sehr langsam substantielle Veränderungen konstatieren lassen, bewegen sie sich umso mehr im Atmosphärischen. Die hier beschriebene Erweiterung des Debattenraums findet in großem Maße auf einer semantischen Ebene statt. Es ist eine neu eingeforderte Sensibilität, die vor allem eine andere Sprache verlangt, andere Begriffe und Perspektiven. Ein kritisches Infragestellen der eigenen Sprecherposition gehört nun zum guten Ton.

Man kann es auch andersherum beschreiben: Das Stresslevel steigt, weil überall Fettnäpfchen warten. Falsche Begriffe, überkommene Selbstverständlichkeiten bis hin zum sträflichen Vernachlässigen von Betroffenenperspektiven bilden eine Trias, aus der Shitstorms erwachsen können. Das ist in gewisser Weise eine gesunde Verunsicherung der allzu Selbstsicheren. Gerade für die Debattenkultur erwachsen daraus aber eben auch Unsicherheiten unterschiedlichster Ausprägungen: manche verstummen, andere verschließen sich oder verbarrikadieren sich in Abwehrhaltungen.

Aber auch für die bisher ungehörten und unterrepräsentierten neuen Player im Meinungsraum gibt es Frustpotential. Denn vielfach finden zwar ebendiese Perspektiven erstmals Gehör, aber machen dadurch auch deutlich und sichtbar, wie unterrepräsentiert andere Gruppen weiterhin sind. Wer einmal auf den Geschmack gekommen ist, nicht nur stumm am Rande zu stehen, sondern endlich mitspielen zu dürfen, mag sich mit Brosamen der Beteiligung nicht mehr so leicht zufriedenstellen lassen. Konkret sichtbar wird dies bei der Fremd- und Selbstwahrnehmung der verschiedenen Einwanderergenerationen in Deutschland.

Bei der zweiten und vor allem dritten Generation mit Migrationsgeschichte, also den Menschen, die laut offiziellen Bekundungen ganz selbstverständlich »zu Deutschland gehören«, ist eine Erwartungshaltung geweckt, die oft nach wie vor konträr steht zu realen Diskriminierungserfahrungen, die deutlich machen, wie weit sie von einer selbstverständlichen Repräsentanz und Beteiligung entfernt sind. Die Negativerfahrungen der ersten »Gastarbeiter«-Generation mögen nicht minder, wahrscheinlich sogar größer gewesen sein. Vor dem Hintergrund, dass es weder ein ausgesprochenes politisches Versprechen noch eine schon lange etablierte Selbstverständlichkeit gab, Teil dieser Gesellschaft und damit auch ihrer Debatten zu sein, entstanden wohl weniger Reibungspunkte.

Es ist schließlich eine Frage der Aufmerksamkeitspotentiale im Diskurs: Wer findet wie viel Gehör? Und wer wird dabei in seiner Rolle voll anerkannt. Um im Bild des Spielfeldes zu bleiben: Wie oft habe ich (noch) die Chance, den Ball zu kriegen? Und wie selbstverständlich ist es für die anderen Mitspieler, dass ich überhaupt auf dem Spielfeld bin?

Öffentlichkeit vs. Öffentlichkeiten

Mit dem steigenden Demokratisierungsgrad ist der Debattenraum breiter und diverser geworden und wir haben mehr Teilnehmer im Meinungswettstreit der Öffentlichkeit. Oder müsste man besser den Plural benutzen und von Öffentlichkeiten sprechen? Denn ganz offenbar gerät das Konzept der einen gemeinsamen Öffentlichkeit nun an seine Grenzen. Die Idee einer universellen Öffentlichkeit also, in der idealtypisch alle Gruppen, Perspektiven und Positionen auf dem Marktplatz der Meinungen zusammenkommen und Konflikte mehr oder minder unter gleichen Bedingungen miteinander aushandeln. Oder um es mit Jürgen Habermas zu sagen: Das Ideal einer politischen Öffentlichkeit, in der sich Bürger als Gleiche über allgemeine Interessen verständigen und staatliches Handeln an einen Austausch vernünftiger Argumente rückgebunden wird.

In der griechischen Polis versinnbildlichte die Agora diese Idee, also ein realer Fest- und Versammlungsplatz, der ein ganz konkretes Zusammenkommen der Beteiligten ermöglichte. Funktioniert hat diese Form der demokratischen Willensbildung durch die konkrete Begegnung, durch ein Set an allgemein akzeptierten Regeln und Konventionen und schließlich durch eine gewisse Homogenität. Im Umkehrschluss kann man es auch so sagen: Funktioniert hat sie vor allem über den konsequenten Ausschluss aller, die die Einheit dieser meritokratischen Männer-Demokratie hätten stören können: Frauen, Sklaven und Metöken, also eben der »Ausländer«, wobei es sich auch hier – die Parallele zur Gegenwart ist erstaunlich groß – um Menschen handelte, die schon lebenslang Teil der Gemeinschaft waren, denen aber die »richtige« Herkunft fehlte, die also letztlich geduldet, aber eben nicht anerkannt wurden.

Moderne Demokratien passen schon lange nicht mehr auf einen Marktplatz, sie sind komplexer und vielschichtiger. Und doch folgten sie lange einer ähnlichen Logik, nämlich der Vorstellung von der einen Öffentlichkeit. Jede Erweiterung der demokratischen Mitspieler folgte dabei der Idee, dass sich der Debattenraum im Zuge der gesellschaftlichen Ausdifferenzierung schlicht um weitere Spieler erweitern lässt. Um Arbeiter, um Frauen, um bisher Marginalisierte. Um Spieler, die sozusagen nur in größerer Anzahl auftreten, aber die häufig ganz selbstverständlich die Regeln des bereits etablierten Austausches und Aushandlungsmodells beherrschen und akzeptieren, nicht selten aber auch selbst Regeln verändern oder auf Veränderung drängen. Während der Wirtschaftswunderjahre ist dies erstaunlicherweise häufig gelungen. Zwar war die entstehende Mittelstandsgesellschaft keineswegs so nivelliert, dass sie sich ihrer sozialen (und kulturellen) Widersprüche entledigt hätte. Es gelang aber, durch den umfassenden sozialen Aufstieg breiter Bevölkerungsgruppen, durch den ökonomischen Fahrstuhl nach oben, Klassenidentitäten abzuschleifen. Konkret: Es gelang die Kleinbürgerisierung des Proletariats. Der »Marsch durch die Institutionen« war in gewisser Weise die soziokulturelle Kapitulation der 68er-Generation vor den herrschenden Verhältnissen – und damit ihr strategisch größtmöglicher Coup, um auf diesem Wege an die Schalthebel der Macht zu gelangen.

Ist es allein die Nostalgie und Verklärung (zumal in einer alternden, durch Boomer dominierten Gesellschaft), dass unsere Gesellschaft bis in die 1990er Jahre weniger zerrissen und gespalten wirkte? Es wurde ja heftig und teils viel grundsätzlicher und ideologischer gestritten als heute. Was ist schon ein Gesetz, in dem es um den Einbau von Wärmepumpen geht, gegen die grundsätzliche Frage der Wiederbewaffnung oder Ostpolitik? Wie tiefgreifend waren die Auseinandersetzungen um die Atomkraft? Wie sehr stellte eine junge, tendenziell langhaarige Generation das politische System an sich in Frage, wenn sie ironisch distanziert von der »FDGO« sprach, der freiheitlich-demokratischen Grundordnung, und am Bauzaun von Brokdorf oder an der Startbahn West das Gewaltmonopol des Staates in Frage stellte? Oder handelt es sich hierbei um einen weitreichenden Denkfehler? Lösen gerade Gesetze über die Wärmewende im Gebäudesektor viel mehr Debatte aus, weil sie unmittelbarer in die Lebenswelt des Einzelnen hineinragen? Weil sie subjektiv mehr persönliche Relevanz haben, als es etwa die Startbahn in Frankfurt oder die Ostpolitik hatten?

Doch sosehr auch gestritten wurde, hatte dieser Streit nicht nur im wärmeren Lichte der Erinnerung oftmals einen anderen Charakter. Warum? Weil all diese Konflikte weitgehend in einer Öffentlichkeit, auf einem gemeinsamen Marktplatz der Republik ausgetragen wurden: durch Parteien, die in sich noch größere Bindekräfte hatten. Durch ein Mediensystem, das durch Massenmedien und weniger Ausdifferenzierung und Spezialisierung gekennzeichnet war.

Und letztlich dadurch, dass die grundsätzliche Berechtigung der Existenz der jeweils anderen Perspektive gar nicht zur Debatte stand. Wobei zu fragen wäre, ob dies als ein Ausdruck größerer Toleranz zu werten oder schlicht der Tatsache geschuldet ist, dass insbesondere in den vordigitalen Debattenräumen ein Sich-Entziehen und Nicht-Begegnen schlicht schwieriger und weniger denkbar war. Der Debattenraum damals war so übersichtlich, dass man sich nicht aus dem Weg gehen konnte.

Ein verlockend einfacher Erkläransatz! Die Idealisierung aber hat ihre Grenzen, denn auch in früheren Zeiten prägten Milieus und Weltanschauungen unsere Debatten, trafen sich nicht alle ständig miteinander und längst nicht auf Augenhöhe auf dem »Marktplatz der Republik«.

In der Debattenwelt von heute zeigen sich andere Strukturen. Ein Zerfallen in unterschiedliche Öffentlichkeiten, die ihre eigenen Logiken, Begrifflichkeiten und letztlich auch Zugangsbeschränkungen haben. Das ist an sich erst mal ein nachvollziehbarer Prozess. Schon die Frauen in der 68er-Bewegung merkten schnell, dass die verbale Aufgeschlossenheit ihrer männlichen Mitstreiter mit der gleichzeitigen Verhaltensstarre einherging, machohaftes Verhalten nicht nur in der Theorie zu beenden, sondern auch in der gelebten Praxis. In der Konsequenz bildeten sich Frauengruppen an nahezu allen Universitäten als geschlossene, geschützte Räume. Es gibt insofern gute Gründe, warum sich Teilgruppen erst einmal in sich selbst organisieren. Sie tun dies nicht nur mit dem Wunsch nach geschlossenen, geschützten Räumen, sondern auch mit dem Ziel von mehr Selbstbestimmung und selbstbewusster Sichtbarkeit. Jüngere Beispiele finden sich etwa bei der Black-Lives-Matter-Bewegung. Hier gab es bei den Demonstrationen im Jahr 2020 vielfach den Wunsch, weiße Teilnehmer mögen bitte nicht in den vorderen Reihen mitmarschieren – ganz offenbar aus dem Bedürfnis heraus, hier einmal nicht auch optisch wieder in eine Minderheitenposition versetzt zu werden. Zugleich aber auch verbunden mit dem Anspruch, dass die Teilnahme an einer Demo keinen Absolutionscharakter haben darf und das Erfordernis eine kritische Auseinandersetzung keineswegs aufhebt.

Sich in kleineren Gruppen zu finden, zu konstituieren und seiner selbst zu versichern, ist eine gelebte Praxis auch in etablierten gesellschaftlichen Strukturen. In Parteien finden sich Gruppen häufig auch erst mal unter sich, sei es der Wirtschaftsflügel in der CDU, die Christen innerhalb der Grünen, die Jungsozialisten innerhalb der SPD. Sie funktionieren, wie die Gesamtparteien selbst, idealerweise als Vorräume für Debatten, bieten also Möglichkeiten, vor der großen Bühne die kleine zu bespielen, Dinge auszuloten, integrativ zu wirken und Positionen zusammenzubringen, bevor diese in den großen politischen Raum getragen werden.

Problematisch wird es dann, wenn diese Vorräume (nicht nur in Form der Parteien) gar nicht mehr verlassen werden (sollen) – und damit anderen auch die Möglichkeit verwehrt wird, sich an den Debatten zu beteiligen. Wenn Gruppen sich dem Diskurs verschließen, indem sie über verschiedene Zugangsbarrieren Debattenräume exklusiv machen. Wenn es also gar kein Interesse mehr gibt, auf dem Markt der demokratischen Möglichkeiten in den Austausch zu treten und anderen mit eigenen Perspektiven, Ideen oder Vorschlägen zu begegnen oder von diesen überzeugt zu werden.

Es gibt subtile Barrieren: das Beherrschen der »richtigen Sprache« zählt dazu, gemeint als Wissen um Begrifflichkeiten, Sprachcodes, die Do's und Don'ts. Es gibt offensive Barrieren:

dass Menschen grundsätzlich die Teilhabe an Debatten verweigert wird, weil sie gesetzte Voraussetzungen nicht erfüllen. Zuallererst handelt es sich dabei um ein Kriterium: eigene Betroffenheit. Die diverse und heterogene Gesellschaft stößt auf eine Struktur der Öffentlichkeit, die in ihren Funktionsweisen nach wie vor weitgehend in den Logiken einer homogenen (oder homogen erscheinenden) Gesellschaft der Nachkriegswelt stecken geblieben scheint. Sie ist mit ihrem Bedürfnis nach Homogenität sowohl in der sozioökonomischen Realität an ihr Ende gekommen ist als auch in dem kulturellen Wunsch der Distinktion (der »Singularitäten«).

Man könnte zugespitzt sagen: die Beteiligungsillusion am demokratischen Prozess, die idealisierte Vorstellung, jeder könne barrierearm teilnehmen, ist aufgeflogen.

Daraus erwächst zwangsläufig eine größere Divergenz der Lebensrealitäten und der Perspektiven, die aufeinandertreffen. Alte Bindungsmuster sind loser als früher, Milieus in einem klassischen Sinne sind schon lange einem schleichenden Auflösungsprozess ausgesetzt. Politik und Betroffenheit von Politik hat sich insofern auch individualisiert. Der Fokus verschiebt sich in Richtung der Frage, welche Auswirkungen Entscheidungen konkret für den Einzelnen haben, weniger für ein ganzes Milieu. Gleichzeitig erleben wir auf eine diffuse Art neue Gruppenbildung, die sich entlang ganz unterschiedlicher Kriterien konturiert. Im gesellschaftlichen Diskurs sind dabei sozioökonomisch bedingte Faktoren in den letzten Jahren eher leiser, vor allem beschreibend verhandelt worden. Die Tatsache, dass wir durch die Etablierung eines Niedriglohnsektors auch in Deutschland mit dem Phänomen der »working poor« konfrontiert werden, dass generell der soziale Stempel qua Geburt kaum abzulegen ist, wird nicht zuletzt unter dem Begriff des Klassismus seit einiger Zeit wieder stärker kritisiert. Allerdings ohne die Wucht, die Debatten in anderen Feldern entwickeln. Etwa in allem, was sich unter dem Stichwort Identitätspolitik fassen ließe.

Es ist kaum möglich, dieses Phänomen zu beschreiben, ohne selbst bereits in die Debatten-Gewitter um die Frage von Herkunft, Selbst- und Fremdzuschreibungen zu gelangen. Wenig umstritten dürfte die Beobachtung sein, dass Identitätsfragen eine größere Rolle spielen und viele Debatten der jüngeren Zeit aufgeladen haben. Manche sehen hier vor allem einen Prozess des Empowerment. Nach der Fremdzuschreibung und den damit häufig verbundenen Diskriminierungen steht dieser Ansatz vor allem für einen Prozess der Selbstvergewisserung. Oder um es mit Francis Fukuyama zu sagen: »Eigentlich gibt es an der Identitätspolitik als solcher wenig zu bemängeln – sie stellt eine natürliche und unvermeidliche Reaktion auf Ungerechtigkeiten dar.« Andere sehen Anflüge einer »Refeudalisierung« im Zuge der Identitätspolitik, wenn also Merkmale, die unveränderbar sind, striktere Gruppenzugehörigkeitslogiken hervorbringen als etwa soziale Klassenfragen. Die Philosophin Susan Neiman spricht von einem »Stammesdenken« und warnt, die identitätspolitischen Ansätze negierten die zentralen linken Prinzipien Universalismus, Gerechtigkeit und Fortschritt.

Ohne hier zu sehr in die Untiefen wenig fruchtbarer Debatten der letzten Jahre abzutauchen, müssen wir feststellen: Identitätspolitik hat in einer sich individualisierenden Gesellschaft neue Allianzen etabliert. Auf einer ersten Ebene im Sinne der Identifizierung unterschiedlicher Identitäten. Auf einer zweiten Ebene aber auch allein durch die Tatsache, wie man sich selbst in dieser Debatte verortet. Ironischerweise könnte man feststellen: Die Frage, wie man zur Identitätspolitik steht, hat mittlerweile identitätsprägende Züge angenommen. So oder so ist sie debattenprägend geworden.

Interessant ist dabei ein weiteres Phänomen: Es wachsen neue Solidarisierungslogiken und -allianzen. Gerade wenn es um unterschiedliche Formen von Diskriminierungen wie Rassismus, Sexismus oder Klassismus geht, gibt es Schnittpunkte und Überkreuzungen, die nicht nur akademisch unter dem Begriff der Intersektionalität betrachtet werden, sondern durchaus auch als politische Interessenallianzen wirken.

Hierin liegen für die Debattenkultur große Herausforderungen. Kann es gelingen, eine in diesem Maße strukturierte Gesellschaft »am großen Lagerfeuer« zu versammeln? Oder beschreibt dieser Gedanke bloß einen besonders deutschen Fetisch, die Überbetonung der Idee vom gesellschaftlichen Zusammenhalt, wie der Politikwissenschaftler Jan-Werner Müller konstatiert. Steckt dahinter – bewusst oder unbewusst – ein im Endeffekt bürgerlich-elitäres Konzept, das zwar idealtypisch die Teilnahme aller am Diskurs in einem universalistischen Sinne preist, allerdings außer Acht lässt, dass materielle und kulturelle Voraussetzungen erfüllt sein müssen, damit man reale Zugangsmöglichkeiten hat. Ein Ansatz also, der ein Gleichheitspostulat hochhält, ohne sich der Ungleichheit der Gesellschaft ausreichend bewusst zu sein.

Wie aber kann es gelingen, die universalistische Idee, alle Menschen als Individuen und damit auch als für sich sprechende Debattenteilnehmer zu sehen, fortzuschreiben, wenn Identitätsfragen in den Vordergrund treten?

Individualisierungsbedürfnisse

Der Philosoph Jan Skudlarek würde darauf wohl mit dem Titel seines im Jahr 2023 veröffentlichten Buches antworten: *Wenn jeder an sich denkt, ist nicht an alle gedacht.* Er beschreibt in dieser einzelnen Textzeile seiner selbsternannten »Streitschrift für ein neues Wir« eine gesellschaftliche Entwicklung, die wir seit vielen Jahren beobachten können und die die Lagerfeuerromantik eintrübt.

Wir vereinzeln uns. Weniger Engagement in Kirchen, Vereinen oder anderen Institutionen. Rapide Rückgänge bei den Mitgliederzahlen aller Parteien, mit wenigen und zumeist nur phasenweisen Ausnahmen. Es ist – um es mit den Worten des

Soziologen Andreas Reckwitz zu sagen – die »Krise des Allgemeinen«, die hier Ausdruck findet. In seinem Buch *Die Gesellschaft der Singularitäten* hat er eindrucksvoll nachgezeichnet und analysiert, wie wir seit den 1970er Jahren eine »Explosion des Besonderen« erleben. Also ein Streben nach Einzigartigkeit und Außergewöhnlichkeit, das aber nicht nur einem subjektiven Wunsch entspringt, sondern dem auch paradoxe gesellschaftliche Erwartungen zu Grunde liegen. Der schon erwähnte Soziologe Mau beschreibt diesen Prozess als einen von einer Klassengesellschaft hin zu einer »Wettbewerbsgesellschaft von Individuen«. Wer sich verbessern oder verändern wolle, tue das für sich selbst, man organisiere sich nicht länger als gesellschaftliche Klasse. So entstünde ein Gegeneinander nicht mehr wie früher im »unten« gegen »oben«, sondern wechselseitig auf einer gemeinsamen Ebene.

Eine umfassende und die Diskussion prägende Analyse hat der amerikanische Soziologe Robert Putnam bereits im Jahr 2000 vorgelegt. Schon der Titel *Bowling Alone* steht symptomatisch für die Entwicklung: In den USA gingen zwar nicht weniger Menschen zum Bowling, sie taten es aber immer häufiger allein. So wie sich hier vertraute Strukturen, die bis dahin über Bowling-Runden und damit verbundene Verabredungen und Rituale gegeben waren, zusehends auflösten, so lösten sich auch die Bindungsmuster beispielsweise bei Religionsgemeinschaften oder Gewerkschaften.

Warum? Putnam macht eine ganze Reihe von Ursachen aus: den Übergang von der Industrie- zur Dienstleistungsgesellschaft und damit einhergehender wirtschaftlicher Druck, die Suburbanisierung und daraus resultierende neue Mobilitätsmuster, die Tatsache, dass mehr Frauen erwerbstätig wurden und damit der Stress einzog in die Doppelverdiener-Haushalte. Nicht zuletzt identifiziert Putnam das Fernsehen als treibende Kraft dieser Vereinzelung.

Die klassischen Institutionen der Nachkriegsgesellschaft

und damit ihre natürlichen Begegnungsräume erodieren. Das ist die Analyse. Mit wie vielen utopisch-emanzipatorischen Hoffnungen damals, um das Jahr 2000, noch auf das Internet geschaut wurde, merkt man daran, dass Putnam im Netz durchaus das Potential sah, eine Art digitalen Ersatzraum zu schaffen, in dem sich Menschen begegnen. Er ging davon aus, dass das Internet den Niedergang konventioneller Formen des sozialen Kapitals nicht automatisch ausgleichen wird, dass es aber das Potential dazu hat.

Fast ein Vierteljahrhundert später ist die Ernüchterung in dieser Hinsicht groß. Putnam selbst formulierte es im Jahr 2020 noch recht neutral, indem er keine eindeutigen Hinweise auf einen positiven Zusammenhang zwischen Internetnutzung und zivilgesellschaftlichem Engagement sah. Man könnte es durchaus dramatischer formulieren: Über die technischen Möglichkeiten des Netzes und insbesondere seit den interaktiven Möglichkeiten des Web 2.0 haben sich Menschen »gefunden«, allerdings in vor allem äußerst individuellen Netzwerken. In Echokammern und Filterblasen, in denen man ganz wunderbar stundenlang ausharren kann, ohne dem Anderen, dem Fremden, anderen Positionen oder Meinungen begegnen zu müssen. So muss man auch weniger aushandeln, weniger Kompromisse suchen, weniger aushalten. Wie bequem, wie verführerisch.

Die sozialintegrative Kraft kommunikativen Handelns, von der Habermas einst ausging, wird hier in gewisser Weise durchaus gestärkt, allerdings in kleinen Zirkeln und abgegrenzten Welten, die wiederum dadurch mit einer noch gefestigteren Weltsicht auf andere treffen und somit Debatten im Großen erschweren sowie mitunter unmöglich machen. Ist das so schlimm, könnte man fragen? Haben sich Gesellschaften nicht von jeher verändert? Ein Großteil der Weltbevölkerung lebt heute im Vergleich zur Zeit der Stammesgesellschaft in kleinen überschaubaren Verbünden. Hat es uns geschadet?

Die Antwort auf diese Frage hängt im Großen sicherlich

auch davon ab, wie selbstbestimmt dieser Prozess der Individualisierung vonstattengeht. Steckt dahinter ein individuelles Bedürfnis nach mehr Freiheiten von kollektiven Banden? Ein Ausbrechen aus den Zwängen in Familien und anderen sozialen Gruppen? Ist es eine in diesem Sinne emanzipatorisch positive Bewegung? Oder haben hier die Zwänge von außen ein größeres Gewicht: ökonomische Veränderungen der Lebens- und Arbeitswelt, Entsolidarisierungen und letztlich damit ungewollte Vereinzelungen? Man muss heute davon ausgehen, dass aus dem Trend zur Individualisierung längst ein Fluch der Einsamkeit geworden ist. Studien legen nahe, dass dies insbesondere jüngere Generationen trifft. Die Tatsache, dass die britische Regierung zu Beginn dieses Jahrzehnts eine »Einsamkeitsstaatssekretärin« ernannt hat, spricht für sich. Auch in Deutschland ist das Thema angekommen. Im Dezember 2023 beschloss die Bundesregierung erstmals eine nationale Strategie gegen Einsamkeit, und seit dem 1. Februar 2024 hat etwa mit Berlin-Reinickendorf deutschlandweit die erste Kommune eine Einsamkeitsbeauftragte.

Ganz unabhängig davon, ob selbst gewählt oder erlitten: Für die Debattenfähigkeit hat der Trend zur Individualisierung ganz erhebliche Auswirkungen. Und auch hier hilft möglicherweise zunächst die Annäherung über den bereits formulierten Befund der wachsenden Unübersichtlichkeit. Der Historiker Anton Jäger macht die Veränderung am Beispiel von Parteien anschaulich. Sie halfen in ihren Glanzzeiten den Mitgliedern, sich in ihrer Welt zurechtzufinden. Die Parteien lieferten eine in sich kohärente »Komplexitätsreduzierung« entlang gemeinsamer Heuristiken, also Strategien und Faustregeln, die auf die verschiedensten Themen und einprasselnden neuen Fragestellungen Antworten parat hielten. Man könnte es auch so sagen: Das eigene Nachdenken konnte getrost innerhalb der Leitplanken von Programmatiken, Weltanschauungen und Ideologien stattfinden.

Die Parteien nehmen angesichts ihres Mitgliederschwundes

schon lange nicht mehr diese Rolle ein. Dieser Befund gilt möglicherweise noch stärker für die linken politischen Kräfte, die einerseits über eine stärkere programmatische Grundlage, aber auch über eine stärkere Milieu-Verankerung verfügten. Die moderne Volkspartei zeichnet sich durch eine größere Breite aus – man könnte aber auch sagen: durch eine größere Flexibilität. Das birgt die Gefahr, dass die Orientierungsanker in gesellschaftlichen Debatten dadurch schwächer werden können. Zugleich reagieren die Parteien damit letztlich auf die Individualisierungsprozesse der Gesellschaft.

Was für die Parteien gilt, gilt ähnlich für andere prägende Institutionen der alten Nachkriegswelt. Die Orientierungspunkte verschwimmen – und lassen dem Einzelnen zwangsläufig mehr Raum. Mit welcher Konsequenz? Jäger konstatiert »ideologische Verwirrung« als ein Hauptmerkmal unserer Zeit. Menschen echauffierten sich heute über das eine Thema, morgen über ein ganz anderes. Es entstünden flüchtige, episodische und themengebundene Instantdenkweisen.

Die Individualisierung des Blicks auf Politik bringt eine grundsätzliche Wahrnehmungsverschiebung mit sich: dass Politik daran gemessen wird, was sie dem Einzelnen »bringt«. Möglicherweise spüren wir auch hier noch die Folgen einer Politik der 1990er und 2000er Jahre, als sich die Frage, was wir gemeinschaftlich und was wir in eigener Hand zu verantworten haben, deutlich verschoben hat. Vieles, was bis dahin als öffentliche Aufgabe verstanden und über das entsprechend auch gemeinschaftlich politisch verhandelt wurde, wurde privatisiert.

Was ein im größeren Maßstab ökonomischer Prozess war, vollzog sich damit stellenweise auch für jeden Einzelnen. In Ämtern und Arbeitsagenturen wurden »Bürger« zu »Kunden«. Man könnte diese Verschiebung aber auch am Beispiel der Bahn oder Post illustrieren: Während es vorher eine Definitionsaufgabe der Politik war, also damit aller gemeinsam, welche Leistung sie erbringen sollen, wurde diese Aufgabe privatisiert. Als

Gegenpol erhielten die Bürgerinnen individuelle Fahrgast- bzw. Verbraucherrechte. Diese Verrechtlichung – quasi als dringend gebotener Ersatz für politische Entscheidungen – zeigt sich auch an anderer Stelle. Gerichte haben schon vielerlei Rechtsansprüche postuliert, beispielsweise den auf einen Kita-Platz oder die Ganztagsbetreuung in der Schule.

Unabhängig von der Frage, ob diese Entscheidungen politisch sinnvoll erscheinen oder nicht, haben sie unweigerlich zu einer Veränderung im Debattenraum geführt: Das Individuum wird der Maßstab, als Einzelner, aber auch in der Übertragung auf begrenzte Gruppeninteressen. Diese Entwicklung befördert damit eine Logik, die wir sonst eher aus dem Versandhandel kennen. Lösungen werden bestellt – und bei Unzufriedenheit im Zweifel zurückgeschickt. Der Grundmaßstab, der an Politik angelegt wird, lautet häufig: Welchen Nutzen ziehe ich aus Entscheidungen, beziehungsweise welcher Schaden könnte mir drohen? Sicher: Auch früher haben Menschen die Wichtigkeit von Themen danach bemessen, inwieweit sie selbst davon betroffen sind. Was unserer Position widerspricht, irritiert uns. Aber nicht in einem guten, produktiven Sinne von geistigem Widerspruch und damit einer erforderlichen Auseinandersetzung. Im Gegenteil hat die Individualisierung provoziert, dass wir uns alle sehr wichtig nehmen. Zugleich ist hier eine Ambivalenz festzustellen: Wir sehnen uns – wie Studien verdeutlichen – nach mehr gesellschaftlichem Zusammenhalt und Miteinander und attestieren der Gesellschaft seit Jahren zunehmenden Egoismus.

Eigene Positionen einzubringen ist so natürlich wie legitim. Aber sie dürfen nicht 1:1 als Bringschuld der Politik betrachtet werden, sondern als Gegenstand in einem ganzen Korb voller Positionen und Forderungen, denen Politik im Sinne des Gemeinwohls begegnen muss.

Apathie

Es ist ein paradoxes Bild, das sich uns allen bietet: Ein Gefühl der Machtlosigkeit angesichts all der Krisen, ein wachsendes Gefühl, selbst daran wenig ändern zu können auf der einen Seite. Auf der anderen Seite immer lautere, immer zugespitztere Debatten. Es sieht aus, als wollten viele anschreien gegen den Status quo.

Politische Selbstwirksamkeit

Wie könnte man dem besser vorbeugen als mit einer Gesellschaft, die sich selbst als politisch wirksam wahrnimmt? Ein schöner Gedanke, der in Deutschland einem Realitätscheck nicht standhält. Vielmehr gibt es in unserem Land eine beachtlich hohe Zahl von Menschen, die sich und damit dem politischen System eine mangelnde politische Selbstwirksamkeit attestieren.

Politische Selbstwirksamkeit speist sich aus zwei Quellen. Erstens umfasst sie »das Vertrauen in die eigenen Fähigkeiten, politische Sachverhalte zu verstehen, sich eine eigene Meinung zu bilden und politisch partizipieren zu können (interne Selbstwirksamkeit)«.

Zweitens geht es um die »Wahrnehmung von Responsivität der Politik bezüglich des eigenen, politischen Handelns. Also die Erwartung, durch das eigene Handeln einen Effekt auf politische Prozesse oder Ergebnisse zu erzielen oder zumindest von der Politik gehört und ernst genommen zu werden (externe Selbstwirksamkeit).«

Nachdem dieses Gefühl des Mangels zwischenzeitlich abgenommen hatte, hat es jüngst wieder deutlich zugenommen. Im Jahr 2023 sagten 52 Prozent der Menschen in Deutschland (63 Prozent in Ostdeutschland), dass sie sich machtlos fühlen und den Eindruck haben, nichts ausrichten zu können. Der Wert liegt damit erstmals wieder so hoch wie vor 31 Jahren, als das befragende Institut für Demoskopie Allensbach die Frage erstmals stellte.

Studien der letzten Jahre machen deutlich, dass die erlebte externe Selbstwirksamkeit in Deutschland minimal ist. Dieses Nicht-Erleben ist keine Altersfrage. Junge wie alte Menschen geben an, dass sie sich von der Politik nicht gehört fühlen. »Die da oben machen ohnehin, was sie wollen« oder »Egal, wem ich meine Stimme gebe, es ändert sich ja ohnehin nichts« sind Aussagen, die dann zu hören sind. Entscheidend ist, dass die Aussagen nicht mehr nur von den politischen Extremen formuliert werden, sondern aus der Mitte der Gesellschaft. Während wir – traurig genug! – aus Studien wissen, dass gerade einkommensschwache und bildungsferne Menschen von der Politik tatsächlich weniger gehört werden, adressieren zunehmend Menschen mittlerer Einkommens- und Bildungsniveaus ebenfalls diese Vorwürfe.

Die Befunde sind vor allem mit Blick auf junge Menschen besorgniserregend, die ihr gesamtes politisches Leben noch vor sich haben. Nur 29 Prozent der Befragten 14-24-Jährigen sagten im Jahr 2022, dass sie den Eindruck haben, Politik beeinflussen zu können. 58 Prozent stimmten der Aussage zu, dass sich ohnehin nichts ändere – egal, wen man wähle. Diese Zahlen bieten Grund zur Sorge, geht es doch um die Wohlmeinenden von morgen. Trotz gewachsener Beteiligungsmöglichkeiten: Warum sollen diese (jungen) Menschen an Debatten teilnehmen, sich aktiv einbringen, wenn über allem der Eindruck schwebt, nichts ausrichten oder verändern zu können? Selbst etwas zu bewegen scheint einem Kampf gegen Windmühlen gleichzukommen.

Mangelnde politische Selbstwirksamkeit erzeugt Ohnmachtsgefühle und verstärkt den Eindruck, den Krisen regelrecht ausgeliefert zu sein. Verfestigen sich diese Gefühle, haben sie gravierende Auswirkungen auf die Qualität unserer Debatten: Wie gewillt ist Politik, Repräsentationsdefizite auszugleichen, die in der einschlägigen Forschung seit Jahren beschrieben werden? Wie sehr ist man bereit, parteipolitische Manöver und Strategien hintanzustellen, um sich inhaltlichen Fragen und Auseinandersetzungen zu widmen? Wie zugänglich ist Politik in ihrer gewählten Sprache und der Politikbetrieb mit Blick auf Förderung und Durchlässigkeit?

Money, Money, Money

»Ich scheiß dich zu mit meinem Geld.« Mario Adorf hat der deutschen Fernsehgeschichte in der 1980er-Jahre-Serie *Kir Royal* mit diesem Satz einen Glanzmoment hinterlassen. Die Aussage hat seither aber auch ein Eigenleben entwickelt. Wann immer jemand ausdrücken möchte, dass irgendetwas schnell mit Geld geregelt werden soll, möglicherweise etwas unlauter und unseriös, kann sich mit diesem Satz schnell verständlich machen.

Letztlich hat die deutsche Politik in den Großkrisen der jüngeren Zeit oft ein ähnliches Muster angewandt. In der Corona-Krise hat der Staat Hunderte Milliarden ausgegeben, um einen Schutz vor der Pandemie zu finanzieren, also durch konkrete Maßnahmen wie den Einkauf von Masken und Impfstoffen oder auch durch die Bereitstellung zusätzlicher Kapazitäten in Krankenhäusern. Der größere Teil der Corona-Milliarden ist aber in die Abfederung sozialer Folgen gegangen: Ausgleichszahlungen an Unternehmen, damit sie wiederum ihre Beschäftigten nicht entlassen müssen. Steuerentlastungen und Direktzahlungen an alle Bürger des Landes. Es war erst einmal ein Geldregen mit der Gießkanne.

Seit Beginn des russischen Krieges gegen die Ukraine sehen wir ein ähnliches Muster. Geld wurde ausgegeben, um einerseits die Ukraine direkt zu unterstützen. Außerdem gab es durch das 100-Milliarden-Sondervermögen Mittel in einem massiven Umfang, um die eigenen militärischen Kapazitäten wieder in die Lage zu versetzen, nicht nur hier und da in Flutsituationen Sandsäcke zu stapeln oder im Ausland das ein oder andere UNO- bzw. NATO-Mandat zu unterstützen, sondern mit dem Ziel, einem ernsthaften militärischen Angriff trotzen zu können.

Der größere Teil des staatlichen Geldes ging aber auch hier erneut in die Abfederung von Folgen. Die Energiepreisbremsen (Strom und Gas), temporäre Absenkungen von Steuern etwa auf Benzin und Diesel und die Einführung des Deutschlandtickets sind Maßnahmen, die jede und jeden erreicht haben dürften. Das politische Versprechen kam mit einer Sprache, die man wohlmeinend als barrierefrei und anschaulich bezeichnen könnte, weniger freundlich als infantil: »Wumms«, »Doppel-Wumms«. »You'll never walk alone«, sagte der Kanzler und nahm das Land an die Hand.

Man könnte mit Fug und Recht sagen, dass es genau darum geht: »Schaden vom Land abzuwenden«, wie es nicht nur im Amtseid des Bundeskanzlers heißt. Härten abzufedern und Menschen zu helfen, die ohne Schuld einer neuen Situation ausgesetzt sind. Seit den großzügigen Corona-Hilfen erleben wir aber eine gewisse Verselbstständigung und Verstetigung einer Maxime: Äußeren Zwängen, die eine ernsthafte Veränderung und damit eben auch Verwerfungen und grundsätzlichere Debatten mit sich bringen könnten, stellt man sich entgegen. Und zwar zuvörderst mit einem Mittel: Geld.

So wichtig eine solche Politik temporär ist, so sehr nagt sie langfristig an einem wichtigen Pfeiler von Demokratien. Dass Gesellschaften verhandeln müssen über Ziele, Prioritäten und Alternativen. Dass es eine Debatte gibt über sich unterscheidende Antworten auf Krisen und Herausforderungen. Regierungen unterschiedlichster Couleur und Zusammensetzung haben sich für den anderen Weg entschieden. Sie haben die politischen Debatten, die wir andernfalls hätten führen müssen, im Adorfschen Sinne »zugeschissen mit ihrem Geld«. Weil es ging. Und weil es einfacher war. Auch weil es uns allen sehr entgegenkam.

Wir wurden über viele Jahre freigekauft von der Frage, was wir eigentlich wollen. Denn im Zweifel wurde nahezu alles möglich, eine Mütter-Rente genauso wie eine Grundrente. Ein Tankrabatt wie auch eine Stärkung des ÖPNV durch das 9-Euro-Ticket. Mehr Geld für Kitas und Schulen, also für den Auf- und Ausbau einer öffentlichen Infrastruktur zur Erziehung von Kindern und Jugendlichen, wie auch für eine Erhöhung des Kindergeldes, also der direkten Förderung von Eltern und Familien. Wie sehr könnte und müsste man darüber diskutieren, wo dieses Geld eigentlich besser investiert wäre oder wer bei direkten Hilfen wirklich bedürftig ist.

Die Zeiten des lockeren Geldes haben auch ein anderes Problem mit sich gebracht: eine verkümmernde Kreativität, politische Steuerung unabhängig vom Einsatz großer Etats zu denken. Wofür braucht es wirklich Geld? Wo geht es aber vielleicht zuerst um gesetzliche Rahmenbedingungen, seien es Beschränkungen, aber auch das Möglichmachen von Dingen. Der Standardmodus von Politik war viele Jahre sehr häufig ein anderer: dem identifizierten Problem wird mit der Schaffung eines Etats begegnet. Man könnte es auch so zuspitzen: ein Minister, der heutzutage nicht mindestens eine Milliarde Sonderprogramm vorweisen kann, muss eigentlich gar nicht erst zur Pressekonferenz einladen.

Die Politik der pressewirksamen Vorzeige-Etats und Sondertöpfe birgt eine weitere Gefahr: dass allein die Bereitstellung der Mittel schon als Lösung selbst verkauft wird. Immer wieder gibt es Beispiele, dass Geld alleine nichts bringt, wenn zu wenig Strukturen und Konzepte für die Umsetzung da sind. Exemplarisch dafür steht das bereits erwähnte Programm zur Digitalisierung von Schulen. Geld, das in großen Teilen jahrelang nicht abgerufen wurde oder werden konnte. Sosehr Geld sicher nötig ist, um den deutschen Rückstand zu beheben, so sehr bräuchten wir breit angelegte politische und gesellschaftliche und nicht nur in Fachkreisen geführte Debatten, was Digitalisierung in Kita, Schule, Betrieb oder auch in der Universität eigentlich heißt. Wie verändert sich Bildung vor diesem Hintergrund? Mit welchen Konzepten antworten wir darauf. Diese Debatten sind komplexer als die Beschaffung von Smartboards als Ersatz für die gute alte Kreidetafel.

Es gibt eine sehr nachvollziehbare Motivation hinter dem hier beschriebenen Ansatz einer abfedernden Politik: Die Sorge, dass sich zu viele Menschen abwenden könnten von der Demokratie und der Idee eines freiheitlichen Systems, wenn die sozialen Schieflagen zu groß werden. Die deutsche Geschichte liefert mit den frühen 1930er Jahren nach der Weltwirtschaftskrise ein unübertroffen trauriges Paradebeispiel dafür, was passieren kann, wenn Demokratien dieser soziale Ausgleich nicht gelingt. Und Menschen zugleich den Verlockungserzählungen der Demokratie-Feinde ausgeliefert sind.

Demokratien funktionieren dann, wenn sie soziale Demokratien sind. Wenn sie Teilhabe nicht nur formal liefern, sondern auch in den Lebensrealitäten.

Paradoxerweise sehen wir aber, dass diese Spielart expansiver Politik, die ja zum Ziel hat, die soziale Balance zu wahren, kaum fruchtet, zumindest was die Krisenwahrnehmung und die gesellschaftlichen Unzufriedenheiten betrifft. Die dank politischer Entscheidungen verhinderte Explosion der Energiepreise war in den Wahrnehmungen vieler Bürger offenbar schnell als eine Selbstverständlichkeit eingepreist. Viel mehr noch: Politik wie diese birgt die Gefahr, durch ihren gießkannenhaften Verteilmodus neue (alte) Ungerechtigkeitsgefühle wachzurufen und Fragen zu provozieren: Brauchen alle Haushalte einen Energiekostenzuschuss gleichermaßen? Oder die Erhöhung des Kindergeldes? Sie birgt zudem die Gefahr, den Hunger nach mehr wachzurufen. Wenn der Strom- und Gaspreis künstlich gesenkt wird, warum dann nicht auch der für Heizöl? Seit dem Beschluss über das 100-Milliarden-Euro-Sondervermögen für die Bundeswehr gibt es eine lange Liste, welche anderen Felder ebenfalls ein solches Sondervermögen nötig hätten: Wirtschaftsförderung, Bahn, Bildung und Klima.

Man könnte es auf eine sehr banale Formel bringen: Geld alleine macht nicht glücklich. Zumindest dann nicht, wenn man sich damit grundsätzlichen Debatten zu entziehen versucht und so gesellschaftlicher Sedierung Vorschub leistet. Müde Demokratien werden so noch müder.

Erheblich zur Ermüdung beigetragen haben dürfte allerdings auch die andere Grundphilosophie, man könnte sagen, der Fetisch der deutschen Finanzpolitik: die Logik ausgeglichener Haushalte, der Schuldenbremse, der »Schwarzen Null«. Im Grunde ist dieses Land seit der Wirtschafts- und Finanzkrise finanzpolitisch auf Achterbahnfahrt. Zwischen einem krisenbedingten »Alles geht« hin zu einem Staat, der sich so verschlankt hat, dass seine Substanz heute in einem miserablen Zustand ist.

Nach diesem ideologischen Jo-Jo der letzten Jahre stehen wir jetzt – zumal nach der prägenden Entscheidung des Bundesverfassungsgerichts zum Bundeshaushalt und dessen Nebenhaushalten, etwa dem Klimatransformationsfonds (KTF) – vor der zentralen Frage, mit welcher finanzpolitischen Philosophie weiter Politik gemacht werden soll. Eine Frage, die eng verknüpft ist mit der Debattenkultur in diesem Land. Zunächst einmal mit kritischem Befund: Lange war die Frage, wie und in welchem Umfang der Staat Geld ausgibt, in gewisser Weise entpolitisiert. Erst durch Konzepte wie die der Schuldenbremse oder der »Schwarzen Null«, die durch ihre bedingungslose Setzung eine Debatte über den notwendigen Umfang der Aufgaben des Staates kaum zugelassen hatten beziehungsweise die Debatten, so es sie gab, weitgehend wirkungslos machten. Später geschah dies durch den beschriebenen inflationären Gebrauch von Sonderetats und Zusatz-Milliarden, um dem Land Verwerfungen, damit häufig aber auch eben Priorisierungsdebatten zu ersparen.

Geld als einziger Maßstab der Bewertung verdeckt andere Erfolge, die von der Politik oftmals zu wenig oder schlecht kommuniziert werden. Dass Deutschland viele Krisen in den letzten Jahren gut und oftmals besser überstanden hat als andere Länder, ist in einer Vielzahl von Situationen in den Hintergrund gerückt. Die Bundesregierung aus SPD, Grünen und FDP hat daran einen gehörigen Eigenanteil. Angesichts der eigenen Streitereien auf öffentlicher Bühne und einer lähmenden Uneinigkeit konnte sie andernorts erzielte Fortschritte und Erfolge kommunikativ nicht nutzen. Studien haben verdeutlicht, dass sich die neuartige Dreierkonstellation auf Bundesebene bis zur Halbzeit der Legislatur nicht nur bereits viel (und mehr als die Vorgängerregierung) vorgenommen hatte, sondern auch, dass davon vieles bereits angegangen oder abgearbeitet wurde. Jedoch blieben größere und kleinere Erfolge in der öffentlichen Wahrnehmung hinter den Fehlern, Uneinigkeiten, Streitereien zurück.

Letztlich geht es bei alledem um substantielle Verteilungskämpfe. Welche Ressourcen bringen wir für welche politischen Aufgaben auf? Das sind Kernfragen von Politik, um die sich »die« Politik geraume Zeit herumdrückt. Oder müssten wir treffsicherer sagen: »Wir alle«?

Von der Entpolitisierung zur Repolitisierung

Spätestens mit den 1990er Jahren, als die Geschichte für einen kurzen historischen Moment den Anschein erwecken wollte, sie sei zu Ende, hat sich eine substantielle Verschiebung vollzogen: Viele »harte« Felder von Politik wurden in die Sphäre des Alternativlosen delegiert. Kernfragen um die Rolle und die Aufgaben des Staates im Verhältnis zu Wirtschaft und Gesellschaft, die noch zuvor einem starken politischen Wettbewerb ausgesetzt waren, lagen fast schon sakrosankt und politikfern in den Händen von Zentralbanken, Expertengremien oder der nur indirekt demokratisch legitimierten Entscheidungen auf Ebene der EU. Ein Prinzip, das wir bis heute etwa zuletzt in größerem Umfang in der Corona-Krise beobachten können.

Es gibt eine ganze Reihe von Versuchen, den demokratischen Blues, der mit dieser Entwicklung einhergegangen ist, zu beschreiben. »Postpolitik« ist ein Begriff, mit dem unter anderem Chantal Mouffe oder Slavoj Žižek die Verschiebung des Politischen ins Administrative beschrieben haben und den Mangel an Diskurs kritisieren. Um es mit Colin Crouch zu sagen: ein Zustand, in dem die Mehrheit der Bürger nur noch »eine passive, schweigende, ja sogar apathische Rolle« spiele.

Gleichzeitig hat eine Verlagerung des politischen Streits stattgefunden: weg von in diesem Sinne substantiellen Debatten um sozioökonomische Fragen hin auf das Feld des Gesellschaftspolitischen.

Man könnte viele dieser Analysen in Anlehnung an Bill Clinton so zusammenfassen: It's the neoliberalism, stupid. All diese Erklärungen leiden unter dem Problem aller Großerzählungen: Sie sind häufig unterkomplex und verkennen, welche Wechselwirkungen und Wünsche hinter diesen Entwicklungen stehen. Gerade in Deutschland gibt es seit je ein großes Faible in der Bevölkerung für den vermeintlichen »unabhängigen« und eben nicht per se politischen Blick, mit dem Fachleute Themen aufgreifen. Die hohe Akzeptanz für Institutionen wie Bundesbank oder Bundesverfassungsgericht stehen dafür exemplarisch.

Der Rückzug des Staates – und damit auch im Allgemeineren gesprochen: die Zurückdrängung des Öffentlichen versus des Privaten sind keine Phänomene, die gleichsam von außen oktroyiert wurden, sie sind Ergebnis gesellschaftlichen Wandels, dessen Treiber, Opfer und Beobachter wir alle sind. Ungeachtet der Verursacherfrage: Sie bleiben nicht ohne Folgen für die Art und Weise, worüber und letztendlich wie wir miteinander debattieren.

Die Apathie, die Crouch im Jahre 2008 konstatierte, also direkt vor den ersten großen Krisenstürmen, ist dabei längst einer größeren Aufgeregtheit gewichen. Die Kurve lässt sich in Deutschland gut nachvollziehen. Während wir lange eine fast schon gespenstische Ruhe wahrgenommen haben, eine Abwesenheit grundsätzlicher Streitigkeiten, die idealtypisch ihren Ausdruck fand in Angela Merkels Strategie der »asymmetrischen Demobilisierung«, ist auch hierzulande eine neue, eine andere Schärfe in die Debatten eingezogen. Ablesbar war es bereits in Merkels Endphase, entlang der Polarisierungen erst um die Asyl- und Migrationspolitik, später um die Corona-Politik. Seither manifestiert sie sich entlang unterschiedlichster Fragen bis hinein in die Heizungskeller der Republik.

Man könnte es zunächst einmal als gute Nachricht begreifen: Die Zeiten sind wieder politischer. Die teils wohlwollende, teils frustrierte Apathie der 1990er und 2000er Jahre ist einer neuen Aufmerksamkeit und einem neuen Einfordern von politischen Veränderungen gewichen. »Die Politik dringt wieder ins Private, in die Kultur, ja sogar in die Ökonomie ein«, beschreibt es Anton Jäger in »Hyperpolitik«. Wir müssen also wieder mehr miteinander aushandeln. Es gibt wieder mehr, worüber es sich zu streiten lohnt. Dafür bräuchten wir vor allem eines: eine Diskurskultur, die diesen Anforderungen in einer produktiven Weise gerecht wird. Und genau hier liegt das Problem.

2 Kaputte Kommunikation

Deutschland hat keinen Mangel an öffentlichen Debatten. Überall wird debattiert, diskutiert, gerungen, gestritten. Wir tun dies auf einem hohen Niveau in vielen Formaten. Von der kleinen Podiumsdiskussion in der Gemeinde bis hin zu den täglichen TV-Sendungen. Man könnte getrost sagen: Die Diskurs-Demokratie lebt.

Aber leisten diese Debatten das, was sie idealerweise in einer Demokratie leisten müssten? Sprechen wir miteinander, um andere Perspektiven kennenzulernen? Wollen wir andere überzeugen? Und führt das große Gespräch, das die Republik in all den Debatten mit sich selbst führt, zu etwas? Erwachsen daraus Entscheidungen und Lösungen?

Zugegeben, wenn wir diese Fragen ohne Einschränkung mit Ja beantworten könnten, wären wir einer Debatten-Utopie wahrscheinlich sehr nahe. Demokratischen Streit ohne die Möglichkeit von Frustration und Enttäuschung zu denken, wäre sträflich naiv. Oder um es diskurstheoretisch einzurahmen: Habermas' Vorstellung einer in diesem Sinne deliberativen Demokratie konnte wahrscheinlich nur unter den glücklichen Umständen der prosperierenden Nachkriegsphase und schließlich dem Geist des Mauerfalls und der Wiedervereinigung so idealtypisch gedacht werden. Und doch hilft es, diesen Maßstab anzusetzen, um zu sehen, wie weit wir entfernt sind von der Idee einer öffentlichen Debatte, die im besten Sinne konstruktiv und integrierend wirkt.

Unser Befund: Wir kommen diesem Ideal nicht nur nicht näher, wir bewegen uns immer weiter davon weg. Wir reden viel – aber ohne Resonanz. In den meisten Debatten geht es nicht ums Kennenlernen anderer Positionen oder Überzeugen, sondern um die Bestätigung der eigenen Position. Schlimmer noch: An vielen Stellen fehlt bereits der notwendige »common ground«, um überhaupt im Gespräch bleiben zu können.

Etwas ist kaputt in der Kommunikation. Möglicherweise würden hier schon allein die Hinweise auf Debatten der jüngeren Zeit reichen, um diese These zumindest gefühlt zu unterlegen: Den wenigsten dürfte etwa der Streit ums »Heizungsgesetz« als Beispiel gelungener, um Lösungen bemühter öffentlicher Debatte in Erinnerung sein. Ähnlich verhält es sich mit den meisten Ausschlägen der regelmäßig wiederkehrenden Migrations-Debatte. Um gar nicht erst vom schwierigen Verhandeln der Israel-Palästina-Frage zu sprechen. Diese Debatten sind und waren laut, aber letztlich selten fruchtbar.

Was läuft schief, dass es uns nicht besser gelingen will, öffentlich zu streiten?

Naheliegend ist es, zuallererst auf die polarisierende Wirkung des Populismus zu schauen. Es ist eine der großen Verkomplizierungen unserer Zeit, dass wir es in zunehmender Zahl mit Debattenteilnehmern zu tun haben, die sträflich vereinfachen. Und die eigentlich gar nicht konstruktiv teilnehmen wollen. Deren Geschäftsmodell es ist, den Debattenraum destruktiv zu bespielen.

Diese Herausforderung bedrängt die Debattenkultur gewissermaßen vom Rande. Sie provoziert gerade für die Formate öffentlicher Debatten neue Fragen: Wie gehen wir mit gezielten Provokationen um? Welche Auswirkungen hat das auf die Politik, die Medien? Wir werden uns die Stöckchen anschauen, über die besser nicht gesprungen werden sollte.

Aber, um im Bild zu bleiben, viele Stöckchen, über die unsere Debattenkultur zu stolpern droht, werden von denen hochgehalten, die sich selbst zur etablierten Mitte zählen dürfen. Es sind eben nicht nur die Ränder, die unsere Debattenkultur herausfordern, sondern im Zweifel wir alle. Viele Defekte liegen mittendrin. Und das umfasst insbesondere die Frage, wie wir politische und gesellschaftliche Fragen in den Medien verhandeln. Geht es in der Breite der Berichterstattung noch um Inhalte von Politik? Um Ideen und Programme, um konkrete Gesetzesentwürfe etwa? *Policies* also. Oder ist alles nur noch *politics*, also letztlich die Beschreibung des Machtkampfes zwischen Parteien und vor allem Personen?

Wenn wir uns die Verantwortung der Medien genauer anschauen, liegt eine Frage unweigerlich auf der Hand: Von welchen Medien sprechen wir hier überhaupt noch? Wer heute über die Struktur der Öffentlichkeit und über den Wandel der Debattenkultur nachdenkt, kommt an dem Megaphänomen der Sozialen Medien nicht vorbei. Sie haben nicht nur zu einer ungemeinen Beschleunigung der Debatten geführt, sie haben auch die Grenzen verschwimmen lassen zwischen Sendern und Empfängern. Man könnte in diesem Sinne den großen Sprung hin zu einer Demokratisierung der Öffentlichkeit feiern. Oder in den Abgrund von Hate Speech, Fake News und Filterblasen schauen. Was sich ohne Frage auf den verschiedensten digitalen Plattformen ablesen lässt: Der Puls der Debattenkultur hat sich erhöht. Das Getöse hat zugenommen. Alle Debatten unserer Zeit finden hier mindestens ihr Echo, meistens erleben sie dadurch eine Beschleunigung und Verstärkung.

Vieles ist dadurch lauter geworden in unseren Debatten. Aber was sind kurzfristige, letztlich wenig aussagekräftige Aufreger und Irritationen? Wo läuft man Gefahr, aus Einzelfällen gleich ein allgemein gültiges Phänomen zu machen? Wo erleben wir in sich widersprüchliche und gegenläufige Tendenzen – zum Beispiel in der Frage, ob sich der Debattenraum verengt oder eben erweitert hat durch das Mainstreaming populistischer Ideen, also dadurch, dass vorher im öffentlichen Diskurs Tabuisiertes sagbar wird.

Wir machen trotz dieser Unübersichtlichkeiten allgemeine, in gewisser Weise auch politisch lagerübergreifende Tendenzen aus, die sich wie ein roter Faden durch alle notwendigen und im Folgenden vorzunehmenden Einzelbeobachtungen ziehen.

Um den (Miss-)Stand der Debatte in Deutschland zu umkreisen, bieten wir fünf Thesen an:

1) In den Debatten unserer Zeit zeichnet sich ein wachsendes Bedürfnis nach neuen Klarheiten, Sortierungen und Grenzen ab. Parallel zur Krise des Liberalismus erleben wir eine Krise des klassischen liberalen Diskursverständnisses als ein Prozess eines »verständigungsorientierten Diskurses«. Man könnte es auch so sagen: So wie als Reaktion auf offene (Wirtschafts-) Grenzen das politische Bedürfnis nach neuen Grenzen en vogue geworden ist – und zwar von rechts (»America first«, Brexit) wie auch globalisierungskritisch von links, so scheint auch im Debattenraum die Grundidee des freien Austausches von Argumenten, Perspektiven und Positionen in der Krise. An ihre Stelle tritt eine neue Art des Debatten-Protektionismus: Es geht um klare Verortungen, Selbstzuordnungen und Bekenntnisse. Im Vordergrund steht die eigene grundsätzliche Positionierung und damit verbunden ein Einfordern von unverzichtbaren Gewissheiten oder Einstellungen als Grundlage jeder Debatte. Daraus folgt, dass bereits viel Debattenenergie darauf verwendet wird zu klären, wer unter welchen Bedingungen überhaupt an den Debatten teilnehmen darf. Sortierungen erfolgen im stärkeren Maße durch Abgrenzungen nicht entlang von Sachfragen, sondern von Zugehörigkeiten.

2) Politische Entscheidungen stoßen durch polarisierte Debatten auf weniger Akzeptanz. Diejenigen, die sich nicht durchsetzen konnten beziehungsweise sogar schon so weit sind, grundsätzlich davon auszugehen, nie in eine Position zu kommen, sich durchsetzen zu können, empfinden sich als Verlierer. Ebenso problematisch ist die ausbleibende Anerkennung der Minderheitenposition. Dieser Defekt unserer Debatten zeichnet sich auch dadurch aus, dass es zunehmend nicht nur darum geht, mit den eigenen Positionen zu überzeugen, sondern anderen Perspektiven die Berechtigung abzusprechen oder sie sogar als

gefährlich zu brandmarken. Für die demokratische Kultur ist das eine schwere Bürde, liegt doch eine Legitimationsgrundlage für Entscheidungen nicht nur in der Substanz und Qualität der Entscheidungen selbst, sondern in der Qualität ihrer Aushandlung. Anders gesagt: Das Wesen erfolgreicher gemeinsamer Aushandlung liegt darin, dass Prozesse so offen und fair sind, dass man sich auf beiden Seiten finden und wohl fühlen kann. Auf der Seite derjenigen, die sich in einer Frage durchgesetzt haben, wie auch auf der Seite derjenigen, die dies nicht erreicht haben. Die Kraft dieses Gedankens liegt letztlich darin, dass eine Mehrheit mit einer Minderheit immer so umgeht, dass sie die Vorstellung nicht fürchten muss, in einem nächsten Debattenwettstreit selbst Minderheit zu sein.

3) Wir finden uns in einem ambivalenten Verhältnis zur Frage, wie viel gesellschaftlicher Streit nötig ist, ab wann aber im Gegenzug Streit als Belastung wahrgenommen wird. Wie viel Auseinandersetzung, wie viele Alternativen brauchen wir im Debattenraum, damit unsere Gesellschaft nicht sediert wegnickt? Ab wann werden Debatten zu laut und polarisierend?

Man könnte hier die unterschiedlichen Phasen der langen Kanzlerschaft von Angela Merkel zur Illustration dieser Ambivalenz heranziehen: Ihre großkoalitionäre Agenda, in der sie sich weit über konservative Kernanliegen hinaus Ziele und Projekte anderer Mitbewerber zu eigen gemacht hat, etwa in der Familien- oder Energiepolitik, hatte in der ersten Hälfte ihrer Kanzlerschaft zeitweilig den Eindruck entstehen lassen, die großen Konflikte lägen hinter uns. Die politische Strategie dahinter war überspitzt formuliert: Wir singen unsere politischen Kontrahenten und vor allem deren Anhängerinnen und Anhänger mit ihnen vertrauten Liedern langsam aber sicher in den Schlaf.

Dass es hier offenbar ein »zu wenig« an Debatte gab, machte sich an der immer lauter werdenden Kritik am Diktum der »Alternativlosigkeit« fest, die spätestens 2015/2016 qualitativ umschlug. Erst schien der Streit zu fehlen, um unterschiedliche

Perspektiven und Ansätze zu Lösungen zu führen, dann war er offenbar so grundsätzlich geworden, dass wiederum ein Zweifel entstehen konnte, ob es in dieser Form von Streit überhaupt um Problemlösung geht. Oder eher um die Vertiefung von Differenzen. Wir haben als Gesellschaft offenbar Schwierigkeiten, die Debatten-Lautstärke richtig einzustellen.

4) Die zeitlichen Verzögerungen zwischen Debatten, daraus folgenden politischen Entscheidungen und ihren Wirkungen sind größer geworden. In der öffentlichen Wahrnehmung führt dies zu einer Abkoppelung von Diskurs, Prozess und Ergebnis. Insbesondere die großen Transformationsfelder, etwa in der Klimapolitik, veranschaulichen das Problem: Entscheidungen, die heute getroffen werden, haben Zielvorgaben vor Augen, die weit in kommenden Jahrzehnten liegen. Autos ohne Verbrennermotor im Jahr 2035?! Heizungen ohne Gas und Öl 2045?! Problematisch daran ist vor allem, dass Beschlüsse dieser Art als Angstszenarien, also im Sinne dessen, worauf wir verzichten müssen, eine größere Vorstellungskraft im Jetzt entwickeln, während die Positivszenarien erst in der Zukunft sichtbar werden.

5) Die Komplexität der Dinge steht in keinem guten Verhältnis zur Komplexität der Kommunikation. Wir stehen in unzähligen Bereichen vor einer Vielzahl von Herausforderungen, die komplexe und möglicherweise in einem Weltanschauungssinne widersprüchliche Antworten erfordern. Die Art, wie wir diesen Herausforderungen begegnen, zeichnet sich allerdings durch den zunehmenden Versuch aus, Komplexität zu reduzieren, durch diskursive Grenzziehungen zu strukturieren und in einer Weise zu vereinfachen, dass Debatten unwirklich schief neben dem zu debattierenden Gegenstand stehen. Wir debattieren oftmals schlicht unter Niveau.

Teils liegt es daran, dass alte und heute wenig hilfreiche Debattenmuster und Dichotomien auf neue Situationen angewandt werden. Stadt gegen Land, urban gegen provinziell, jung gegen alt.

Große Fragen wie zum Beispiel die Migration werden auf überschaubare Schlachtfelder der Einzelaspekte geführt. Die Zahl und Konsequenz der Abschiebungen kann dabei genauso in den Mittelpunkt rücken wie die Frage, ob Hilfen als Geld oder in Sachleistungen ausgezahlt werden. Was als pars pro toto sinnvoll und hilfreich sein kann, wird dann zum Problem, wenn Diskurse auf diese Art zu Scheindebatten werden, weil nur wenig Lösungspotential in ihnen liegt.

Es hat sich grundsätzlich etwas verschoben im Debattenraum. Und dabei wirken zwei Kräfte: Die Krisenhaftigkeit unserer Zeit ist eine Herausforderung für den Debattenraum an sich. Eine »Welt mit großem Reparaturbedarf« führt zwangsläufig zu defekten Debatten. Aber andersherum gilt: Viele Probleme werden verschärft durch eine in Zügen kaputte Kommunikation. Könnte also eine bessere Art, miteinander zu debattieren und zu streiten, die Welt besser machen?

Offensichtlich ist es die Beschreibung von Wechselwirkungen, die ein präzises Bild ergibt: Wo führen die Härten dieser Zeiten zu verhärteten Debatten? Wo sorgen Debatten dafür, dass sich Konfrontationen verhärten und die Gesellschaft zusehends polarisiert wird?

Polarisierung

Es ist ein bisschen wie mit dem Wetter. Man kann es nie allen recht machen. Die einen wollen mehr politischen Streit, die anderen weniger. Die einen vermissen kernige Botschaften und harte Auseinandersetzungen, die anderen sind müde von Streit und Zank auf offener Bühne. Wie soll man da als Politiker den richtigen Ton treffen? In den frühen 2000er Jahren war vielfach die Rede von einer Depolitisierung der Gesellschaft. Parteien, die einander immer ähnlicher wurden – der verführerische Sog in die politische Mitte – und damit für Bürgerinnen und Bürger immer weniger unterscheidbar. Die Frage: Wer steht für was? war schwieriger zu beantworten und erforderte eine intensivere Beschäftigung mit Details, die nur die wenigsten zu leisten bereit waren.

Heute, gut 15 Jahre später, sieht die Welt anders aus. Eine Lagerbildung ist zu beobachten – Polarisierung. Sowohl im Parteiensystem als zunehmend auch unter den Anhängerinnen und Anhängern der Parteien. Der Begriff Polarisierung beschreibt eine Verteilung, bei der die Fälle mehrheitlich an den Rändern zu finden sind, nicht in der Mitte. Der Begriff deutet an, so der Partizipationsforscher Torben Lütjen, dass eine »aufgewühlte Gesellschaft« mit sich selbst nicht im Reinen sei. Es klinge nach Streit, Konflikt und Ideologie statt nach Konsens und Vernunft. Dabei braucht die Demokratie in gewissem Umfang Polarisierung, wie Lütjen auch selbst anmerkt. Sie macht die Unterscheidbarkeit politischer Angebote und Differenzen sichtbar, von denen aus Kompromisse gefunden und gemeinsame Standpunkte ausgehandelt werden können, und sie kann auf diese Weise den Wettbewerb beleben und Menschen politisieren. Polarisierungen können also demokratisierende, aber auch demokratiegefährdende Implikationen haben.

Wenn von wachsender politischer Polarisierung die Rede ist,

stehen einander Lager mit unterschiedlichen Einstellungen und Positionen zunehmend unversöhnlich gegenüber. So können also Parteiensysteme genau wie Parlamente und die Gesellschaft polarisiert sein. Ist zum Beispiel eine parlamentarische Polarisierung zu beobachten, muss nicht zwingend auch die Gesellschaft polarisiert sein. Polarisierungen können innerhalb eines Staates in unterschiedlichen Systemen dabei zeitgleich verschiedene Grade erreichen.

Nicht jede Meinungsverschiedenheit trägt zur Polarisierung bei. Konstruktiver Dialog bleibt so lange möglich, wie es sich in erster Linie um eine inhaltliche Polarisierung handelt.

Schlägt diese jedoch um und richtet sich dezidiert gegen Akteure, also auf die Frage, ob das jeweils andere Lager schlichtweg »anders« ist, strahlt die politische Polarisierung auch auf andere (Lebens-)Bereiche aus. Stehen dadurch gesellschaftliche Lager einander kompromisslos gegenüber und werden deren Anhänger affektiv abgelehnt, sind gesellschaftlicher Dialog und Debatte erheblich erschwert. Man hat einander nichts mehr zu sagen, beziehungsweise man hat über den anderen nur noch Schlechtes zu sagen. Und die andere Seite wird regelrecht zum Feindbild stilisiert. Die Politikwissenschaftlerinnen Jennifer McCoy, Tamina Rahman und Murat Somer nutzen hierfür den Begriff »pernicious polarization« (bösartige Polarisierung). Geläufig ist auch der Begriff »affektive Polarisierung«, mit dem eine tiefe, emotional unterlegte Aversion gegenüber der jeweils anderen Seite beschrieben wird.

Kein Lager – das ist wichtig – ist dabei von einer affektiven Polarisierung per se ausgenommen. Sie ist nicht nur das Übel der vermeintlichen Extreme, sondern kann auch in der Mitte zu finden sein. So zeigte das Team um den Politikwissenschaftler David Schieferdecker mit Studien während der Corona-Pandemie, dass die Polarisierung derjenigen, die die Maßnahmen des Staates unterstützten, gegenüber Skeptikern und Zweiflern größer war als umgekehrt. Was damit auch deutlich wird: Polarisierung in gesellschaftlichen Gruppen geht nicht zwingend mit anti-demokratischen Einstellungen einher. Eine Verbindung, die vermeintlich naheliegt und doch – zumal so pauschal – falsch ist.

In Deutschland lässt sich die gesellschaftliche Polarisierung der letzten Jahre vor allem in zwei Farben ausmalen: Blau und Grün. Umfragen zeigen, dass die Anhängerschaften der AfD und von Bündnis 90/Die Grünen einander besonders verhärtet gegenüberstehen. Zwischen beiden gibt es so gut wie keinen Wähleraustausch, dafür ist wechselseitig die Zahl derer extrem hoch, die für sich ausschließen, die andere Partei jemals zu wählen. Jüngst hat die Polarisierung offenbar nochmals zugenommen. Auch in anderen Anhängerschaften findet sich ein zunehmendes Maß an Ablehnung gegenüber den Grünen, genauso erfährt das einst für viele vielversprechende Projekt »Schwarz-Grün« verstärkt Ablehnung. Noch immer ist die Polarisierung in Deutschland im Vergleich zu anderen Ländern wie den USA insgesamt schwach ausgeprägt, denn ein Großteil der Positionen findet sich in der Mitte wieder. Sonntagsfragen verdeutlichen dies. Gesetzt den Fall, man nimmt an, dass CDU/CSU, SPD, Grüne und FDP in ihren programmatischen Positionen zur politischen Mitte zu zählen sind, würden immer noch rund 75-80 Prozent der Befragten »mittig wählen«. Gleichzeitig gibt es jedoch immer mehr Themenfelder, in denen die Verteilung zunimmt und die Randbereiche stärker hervortreten. Geht es dabei auf der inhaltlichen Ebene um sozioökonomische Konflikte, lassen sich diese im Allgemeinen zumindest etwas besser »bearbeiten« als solche auf einer kulturellen Konfliktlinie. Instrumente wie mehr/weniger Steuern oder mehr/weniger Leistungen können Konflikte konkret adressieren. Ob dies geschieht und gewollt wird, ist damit natürlich keineswegs gesagt. Identitätsfragen oder Fragen kultureller Zugehörigkeit lösen hingegen weitreichendere Probleme aus. Hier einen Ausgleich zu finden ist ein komplexes und wenig aussichtsreiches Vorhaben, handelt es sich doch um Fragen von Zugehörigkeit, Werten und Moral, die nur selten einer Kompromissfindung zugänglich sind.

Erschwerend kommt hinzu, dass auch sozioökonomische Konflikte natürlich entlang von Werten und Moralvorstellungen aufgeladen sein können. Bestenfalls darf Polarisierung daher nur so weit reichen, wie die Konfrontation noch einen produktiven Streit ermöglicht. Umgekehrt gilt: Wenn Polarisierung per se skandalisiert wird, kann die Sensibilität für sie auch ins Gegenteil kippen. Julian Müller verwendet hierfür den Begriff »Kohäsionsfetischisierung«, also das gebetsmühlenartige Beschwören des gesellschaftlichen Zusammenhalts.

In einer idealen Debattenwelt dient Polarisierung dazu, Unterschiede und Alternativen sichtbar zu machen, dabei aber die Möglichkeit des Ausgleichs weiter für möglich und wünschenswert zu halten. Der zentrale Defekt unserer aktuellen Debattenkultur liegt nicht in der Polarisierung per se, sondern in der destruktiven Spielart neuer, erstarkter Kräfte, die mit einer offenen Diskursverachtung die Debatten an sich vergiften. Sie zielen darauf, die beschriebene Polarisierung weiter zu verschärfen und zu verstärken. Diese besagten Polarisierungsunternehmer haben kein Interesse an einem konstruktiven Dialog und an den zentralen Mechanismen demokratischer Debattenkultur: dem zivilisierten Austausch von Argumenten und der Aushandlung von Kompromissen, also am »zwanglosen Zwang des besseren Arguments«, um es mit dem Idealbild Habermas' zu sagen.

Ein Großteil dieser destruktiven Kräfte ist mit dem Begriff des Populismus beschrieben.

Banalisierungen des politischen Diskurses

Populismus ist die Vereinfachungsmaschine schlechthin. Eine gegenwärtig sehr erfolgreiche Spielart, Antworten auf die Krisen unserer Zeit zu finden. Populismus ist nicht neu und er ist keiner politischen Kraft exklusiv vorbehalten. Bereits in den

1980er Jahren entstand der »harte Kern« der rechtspopulistischen Parteien in Teilen Europas. Die Sprache von einst könnte die Sprache von heute sein. So schrieb der damalige CDU- und heutige AfD-Politiker Martin Hohmann im Jahr 2003 an Paul Spiegel, den damaligen Vorsitzenden des Zentralrats der Juden: »Das gemeine Volk weiß noch zwischen Wahrheit und Unwahrheit zu unterscheiden, es hat gemeinhin noch ein unverfälschtes Urteilsvermögen (vox populi, vox Dei) und deshalb lässt es sich – im Gegensatz zu unseren rückgratlosen Politikern – auch nicht unter die Knute der in Deutschland hinlänglich bekannten Meinungsmacher zwingen. Das Volk beteiligt sich auch nicht an der in Deutschland immer häufiger praktizierten Menschenhatz bis hin zur psychischen und physischen Vernichtung, wenn unliebsame Wahrheiten vertuscht werden sollen.«

Diese Aussage beschreibt geradezu idealtypisch, was der Grundansatz des Populismus ist: Die Trennlinie zu ziehen zwischen »dem Volk« als gleichsam unbestechliche, »wahre« Instanz und den Eliten, vor allem Politik und »Meinungsmachern«, deren Ziel es ist, die Wahrheit zu verbergen und Politik zu eigenen Gunsten gegen die Bevölkerung zu machen. Eine Strategie, die nicht nur von erkennbar klar populistischen Kräften benutzt wird, sondern als gelegentliches Stilmittel schon immer einen festen Platz in der Politik hatte.

Nur erleben wir den Populismus in den letzten Jahren in einer neuen Qualität und Intensität. »Seit 1980 hat sich der Stimmenanteil populistischer Parteien allein in den Ländern Europas von durchschnittlich rund zehn auf über 20 Prozent mehr als verdoppelt.« Man kann darüber diskutieren, inwieweit es sich bei diesen Parteien um »Anti-System-Parteien« handelt, wie der Politikwissenschaftler Giovanni Sartori sie in seinem Konzept des »polarized pluralism« nennt: Parteien mit einem revolutionären Plan zur Überwindung der bestehenden Ordnung. Mit Blick auf ein mögliches AfD-Verbotsverfahren wird die Frage, wie weit dies für die Partei zutrifft, derzeit intensiv diskutiert.

Unzweifelhaft ist, dass es sich bei der AfD um eine rechtspopulistische Partei behandelt. Über das Wesen dieses Populismus wurden in Deutschland in den letzten Jahren viele Bücher geschrieben, Debatten geführt, Diskussionsrunden veranstaltet. Viele Fragen haben diese Gespräche geprägt: Was ist nur los, dass der Populismus so verfängt und so viel Zuspruch erhält? Wie sollte man in der Politik, in den Medien, in der Gesellschaft insgesamt mit Populismus umgehen? Wo ist er trennscharf von Extremismus, Radikalismus oder Demagogie unterscheidbar? Ist jeder Populist ein Extremist, ein Antidemokrat? Läuft jede elitenkritische Äußerung, jede Rhetorik, sich als Stimme des Volkes darzustellen, gleich Gefahr, als populistisch gerahmt und damit diskreditiert zu werden?

Die gängigste Definition von Populismus, die in der Wissenschaft auf breite Akzeptanz stößt, ist die des niederländischen Politikwissenschaftlers Cas Mudde. Nach Mudde besteht Populismus aus zwei Dimensionen: Volkszentriertheit (die positive Bezugnahme auf »das Volk« als Ganzes, etwa Bürger, Wählerinnen oder »die Bevölkerung«) und eine Anti-Establishment-Haltung in Form der Kritik an der gesamten politischen Elite. Um von Populismus sprechen zu können, muss beides vorliegen.

Wenn beispielsweise Hubert Aiwanger, der stellvertretende bayerische Ministerpräsident und Bundesvorsitzende der Freien Wähler, auf einer Demonstration davon spricht, dass die »schweigende Mehrheit« sich »in Berlin« die Demokratie zurückholen werde, konstruiert er ein solches »Volk«, welches sich mindestens von jener, aus Sicht Aiwangers, nicht schweigenden Minderheit abgrenzen ließe. Aiwangers Ankündigung richtete sich aber vor allem gegen die politischen Eliten »in Berlin«, womit das Fallbeispiel zugleich die zweite Dimension des Populismus aufweist. Wo Populismus anfängt beziehungsweise vorliegt, ist damit klar, doch wo hört er auf? Wann muss von Extremismus oder Radikalismus gesprochen werden?

Wenn Parteien systemfeindliche Ziele verfolgen, wenn sie aktiv gegen die Grundprinzipien der liberalen Demokratie agieren, handelt es sich um extremistische Parteien. Einzelne Parteien können hier eindeutiger verortet werden als andere. Viele zeigen extremistische Tendenzen, womit aber noch nicht die Gesamtpartei per se als extremistisch gilt. Davon zu unterscheiden ist der Radikalismus. Dieser widerspricht wesentlichen Prinzipien der Verfassung, zielt aber anders als der Extremismus nicht auf die vollständige Abschaffung der Verfassung und einen Systemumsturz. Populismus ist auch zu unterscheiden von Demagogie. Während Populistinnen und Populisten vorgeben, mit einem Volk eins zu sein, dessen Identität sie selbst definieren, sprechen Demagoginnen und Demagogen situativ aus, »was das Publikum denkt«. Demagogen wenden also eine Technik politischer Kommunikation an. Es geht ihnen um die Anstachelung und Aufwiegelung einer beliebigen Gruppe. Populismus hingegen ist zwar auch, aber eben nicht ausschließlich ein politisches Stilmittel.

Wenn wir über Populismus sprechen, denken wir in Deutschland in erster Linie an Rechtspopulismus, weil sein Erstarken in den letzten Jahren die politische Landschaft geprägt hat. Aber auch Linkspopulismus ist in Deutschland ein, wenn auch bis zuletzt deutlich unbedeutenderes, Thema. Links- und Rechtspopulismus verbindet das Schüren der Eliten-Skepsis. Aber es gibt Unterschiede: Während sich der Linkspopulismus grundsätzlich inklusiv versteht (etwa mit Blick auf marginalisierte Gruppen und Minderheiten) und den Ausschluss vor allem gegenüber wirtschaftlichen Eliten formuliert, sind es für den »exkludierenden« Rechtspopulismus ethnische, religiöse und kulturelle Minderheiten, die nicht dazugehören und angeblich von Eliten gesteuert werden. Dabei sind populistische Kräfte häufig mit sogenannten »Wirtsideologien« verbunden, die etwa im Fall des Linkspopulismus mit einer stark sozialistischen Prägung auch zum »Ausschluss« von weiteren wirtschaftlichen Akteuren führen, etwa Bankern, Managerinnen oder Superreichen.

Es bleibt abzuwarten, ob die vorläufige Einschätzung der Parteienforschung, dass es sich beim »Bündnis Sahra Wagenknecht« um eine linksautoritäre Partei mit stark populistischen Elementen handeln wird, zutrifft und wie erfolgreich die Partei damit sein kann. Erste Ergebnisse der Europa- und Kommunalwahlen 2024 deuten an, dass ein erfolgreiches BSW und die andauernde Stärke der AfD die Parteiensysteme mindestens auf der Landesebene in »polarisierten Pluralismus« versetzen könnten. Die Mitte gerät in die destruktive Zange zwischen zwei Extremen. Konkret sichtbar ist eine solche Situation in Frankreich. Dort haben in der von Präsident Macron nach der Europawahl ausgerufenen Neuwahl der Nationalversammlung der Linke EU-Gegner Jean-Luc Mélenchon und die rechtspopulistische Marine Le Pen mit ihrem Rassemblement National nochmals erhebliche Stimmenzuwächse verzeichnen können.

Insgesamt herausfordernd ist das Erstarken populistischer Kräfte bereits jetzt für die Debattenkultur. Dabei geht es nicht nur um die abstrakte Gefahr von populistischer Vereinfachung, Exkludierung und Polarisierung, sondern auch darum, wie sich dies in konkreten Kommunikationssituationen und Debatten manifestiert.

Die Strategie des Rechtspopulismus lässt sich abstrakt als »Banalisierung des politischen Diskurses« beschreiben. In der Kommunikation geht es rechtspopulistischen Kräften nicht um Austausch, um die Anerkennung von Argumenten oder das gemeinsame Ringen um gute Lösungen. »[...] die Tugend des Kompromisses halten sie für eine Untugend. Auf die demokratische Auseinandersetzung, die von Dialog und wechselseitigem Respekt lebt, wirkt der Populismus insofern wie ein schleichendes Gift.«

Es wäre allerdings falsch, das Vorgehen der Rechtspopulisten rein als Strategie zu betrachten. Wir müssen davon ausgehen, dass sie – anders als Demagogen – auch inhaltlich von dem überzeugt sind, was sie politisch anbieten und wie sie die eigene Rolle – etwa als Verteidiger der Demokratie – wahrnehmen.

Empörung, Erregung, Aufmerksamkeit

Der Politikwissenschaftler Frank Gadinger unterscheidet fünf populistische Erzählformen, die sich insbesondere bei rechtspopulistischen Kräften finden lassen.

1. Die Aversion gegen das Establishment, Funktionseliten und Intellektualität, verbunden mit dem Topos des »Verrats«.
2. Die Reaktivierung von Opfermythen und Heldengeschichten.
3. Die Beschwörung des zu schützenden »Volkskörpers« durch externe Feindbildkonstruktionen, die auf die Mobilisierung von Ängsten abzielt.
4. Die »einfache Herkunft« als Glaubwürdigkeitsversprechen und die Verklärung der Heimat.
5. Die widersprüchliche Inszenierung von Moral und Exzess.

Man könnte sagen: Eine Erzählform kommt selten allein. In der Regel verschränken sie sich, ragen ineinander, treten mal klar und mal verklausulierter auf. Manche werden in großer Häufigkeit, andere seltener angewendet. Aber für alle gilt, dass ihr sprachlicher Einsatz zumeist strategisch erfolgt, intendiert und beabsichtigt ist. Und ebenfalls gilt, dass sie sich alle schablonenartig auf die Debatten der vergangenen 11 Jahre seit Gründung der AfD legen lassen.

Heute kann man festhalten, dass trotz dieser langen Lernzeit viele Reaktionen in Politik und Zivilgesellschaft, genau wie in den Medien, hilflos ausfallen. Ein Grund dafür dürfte sein, dass erst in die letzten Jahren eine vertiefte Auseinandersetzung mit den wissenschaftlichen Forschungserkenntnissen über die Partei und die genauen Strategien der AfD eingesetzt hat.

Ein Beispiel: Im April 2024 forderte der thüringische CDU-Politiker und Spitzenkandidat zur Landtagswahl, Mario Voigt, den Spitzenkandidaten der thüringischen AfD, Björn Höcke, zu einer Auseinandersetzung im privaten Sender WELT TV heraus. Bereits im ersten Themenblock zur EU formulierte Höcke, wie es kein Populismus-Buch besser hätte illustrieren können. Die Europäische Union sei eine »Globalisierungsagentur«, sie sei das Europa der »Lobbyisten, der Bürokraten und der Großkonzerne«. Im Wahlprogramm der AfD zur Bundestagswahl 2021 klingt das so:

»In unserem Land hat sich aber eine politische Klasse herausgebildet, deren vordringliches Interesse ihrer Macht, ihrem Status und ihrem materiellen Wohlergehen gilt. Diese setzt die soziale und kulturelle Herkunft unseres Volkes, die Stärke unserer Wirtschaft und damit unseres Wohlstandes aufs Spiel und stellt Multikulturalität, Diversität, Globalisierung und vermeintliche Gendergerechtigkeit über alles. Sie hält die Schalthebel der staatlichen Macht, der politischen Bildung und des informationellen und medialen Einflusses auf die Bevölkerung in den Händen. Deshalb halten wir die unmittelbare Demokratie für ein unverzichtbares Mittel, um den autoritären und teilweise totalitären Gebaren der Regierungspolitiker Einhalt zu gebieten.«

Anschaulich wird eine solche Erzählung auch in den Positionen von Sahra Wagenknecht. So liest man im ersten Europawahlprogramm der neuen Partei: »Die abgehobene Politik ferner, demokratisch kaum kontrollierter EU-Technokraten empfinden viele Menschen zu Recht als Angriff auf die Demokratie und als Bedrohung für ihre Kultur und Identität.«

Vor allem Rechtspopulisten wettern in diesem Kontext gegen ein vermeintliches Meinungskartell und die angebliche Einschränkung der Meinungsfreiheit durch eine political correctness. Sie unterstellen Eliten, etwa in Journalismus oder Wissenschaft, dass diese Meinungsfreiheit oder Wissenschaftsfreiheit missbrauchten, um gewünschte Meinungshoheiten durchzusetzen. Diese »Meinungskartelle« werden häufig in Hauptstädten oder mit Metropolen chiffriert (»die in Berlin« oder »die in Brüssel«) und teils offen mit Verschwörungstheorien belegt. Und die Methode hat Erfolg: Die Erzählung stößt unter den Anhängern der AfD auf immer mehr Zuspruch. 96 Prozent ihrer Anhängerinnen und Anhänger stimmten im Herbst 2023 der Aussage zu, dass man in Deutschland seine Meinung nicht mehr frei äußern könne. In keiner Partei sind die Zustimmungswerte so hoch. Bürgerinnen und Bürger, die sich als einzig wahre Demokraten begreifen, fühlen sich dort in der Rolle des machtlosen Opfers, das für die »verlorenen Werte der Meinungsfreiheit« kämpfen muss. Die vermeintlichen Opfer treffen aus ihrer Sicht auf politische Gegner, Unternehmenschefinnen und Intellektuelle, die sie absichtlich falsch verstehen oder aus Diskursen ausgrenzen. So betitelte Björn Höcke das Berliner Mahnmal zur Erinnerung an die ermordeten Juden in Europa als ein »Mahnmal der Schande«, was im Jahr 2017 große öffentliche Empörung auslöste. Die damalige Parteiführung der AfD ergriff recht schnell die Flucht nach vorn und initiierte ein Parteiausschlussverfahren gegen Höcke, welches innerhalb der Partei jedoch auf starke Widerstände stieß.

Höcke wiederum gab sich selbstkritisch und sagte zunächst, er habe einen »falschen Ton« angeschlagen. Schon kurz danach – und entscheidend ist, dass da die ursprüngliche Aussage bereits über etliche Kanäle und Schlagzeilen den Weg in die Öffentlichkeit gefunden hatte – erläuterte Höcke, er habe gemeint, dass es sich beim Holocaust um eine Schande gehandelt habe, daher habe er diesen Begriff gewählt. Mal wieder sei er missverstanden worden.

Frank Decker und Marcel Lewandowsky beschreiben dieses Vorgehen treffend mit der Vorstellung, sich »lustvoll« über die »Gebote politischer Korrektheit« hinwegzusetzen. 2017 empfahl die Partei in einem internen »AfD-Manifest«, man solle gegenüber den politischen Gegnern »ganz bewusst und ganz gezielt immer wieder politisch inkorrekt sein«. Dabei geht es der Partei stets um eine Kommunikation in verschiedenen Dimensionen. Gezielte Provokationen dienen der Empörung, Erregung und Aufmerksamkeit – in Sozialen Medien, aber eben auch in den Massenmedien, die diese Provokationen aufgreifen. Zugleich werden »metapolitische Chiffren und Codes« verwendet. Bei diesen bewusst mehrdeutigen Formulierungen wird nie nur das direkte Gegenüber – etwa der fragende Journalist oder die mitdiskutierende politische Mitbewerberin –, sondern gezielt die eigene Basis angesprochen. Die Strategie hat unter dem Begriff des »dog whistling« Bekanntheit erlangt, weil diese Formulierungen wie die hochfrequenten Töne einer Hundepfeife nur für Eingeweihte zu verstehen sind.

Häufig wird zudem gegenüber »der Politik« das Verschweigen oder Verdrängen von Missständen angeprangert, welches zumeist nicht stattfindet. Die Erzählung folgt insgesamt dem Motiv von »David gegen Goliath«: Das unterdrückte Volk lehnt sich auf gegen die lügenden und betrügenden Eliten. So wird Wut geschürt und mobilisiert, etwa in den Landtagswahlkämpfen 2019 mit dem AfD-Slogan »Wir sind das Volk – Wir lassen uns nicht länger belügen« oder im Bundestagswahlkampf 2021 mit dem Slogan »Mut zur Wahrheit« (den man im AfD-Fanshop unter wir-lieben-deutschland.de auch als Schlüsselband, Kappe und Sonnenschirm kaufen kann).

Der Rückgriff auf das Wahrheitsmotiv zur Aufdeckung von angeblichen Vertuschungen und des Verrats durch die Eliten findet sich in rechtspopulistischen Parteien vielfach – so etwa in Frankreich bei Marine Le Pen (»Je suis la candidate de la verité«) oder bei der FPÖ in Österreich (»Wahrheit, Freiheit, Heimatliebe«). Der Kampf gegen Eliten wird so zur gerechten Sache und schreckt dabei auch vor Kriminalisierungen – »Volksverräter!« – nicht zurück.

Bisweilen wirkt das kommunikative Vorgehen ein wenig schizophren. Da wirft Björn Höcke im TV Mario Voigt vor, dessen Partei habe mit ihrer Politik auf Bundes- und Landesebene die deutsche Wirtschaft ruiniert, eine unkontrollierte Zuwanderung bewusst herbeigeführt und vieles mehr – und sagt dann in den letzten Minuten der Sendung, dass er aber weiterhin die Hand ausstrecke für eine Zusammenarbeit nach der nächsten Landtagswahl. Die »einzig echte Alternative« in Koalition mit einer von ihr beschimpften Altpartei, die der AfD-Spitzenkandidat zur Europawahl, Maximilian Krah wiederrum am liebsten vernichten wollte. Dass auch dahinter Strategie steckt – unzweifelhaft.

Und auch die Medien, gerne beschimpft als »Lügenpresse« oder »Staatsfunk«, können Rechtspopulisten schließlich doch ganz gut gebrauchen. Der Blick nach Polen und Ungarn zeigt, wie schnell solche Regierungen, einmal an der Macht, staatliche Kanäle in eigene Propagandainstrumente transformieren. Doch so groß muss man gar nicht denken, will man die Kommunikationsstrategien des Populismus gegenüber den Medien betrachten. Sie dienen ihm schließlich als Bühne. Neben der eigenen (und zunehmend großen) Anhängerschaft im Netz sind es gerade die öffentlich-rechtlichen Medien (und allen voran TV und Radio), die qua staatsvertraglichem Auftrag über die AfD berichten müssen und über die es dem Populismus möglich ist, die Breite der Gesellschaft zu erreichen.

Der größte Feind neben den Eliten sind aus Sicht des Rechtspopulismus jene, die nicht zum »Volkskörper« hinzugehören. Überall, wo rechtspopulistische Parteien erstarken, ist dies untrennbar mit dem Thema Migration verbunden. »Migranten und Muslime« als Sinnbild des befürchteten Bevölkerungsaustausches, einer vermuteten Islamisierung und Überfremdung des Landes. Stimmungsmache und Ressentimentpflege sowie offen zur Schau gestellter Rassismus sind hier nicht selten an der Tagesordnung. Gefühle des angeblichen Kontrollverlusts und der Eindruck eines Staatsversagens werden verstärkt, existenzielle Ängste der Menschen geschürt. Beispielhaft steht hierfür die Kampagne der AfD im Nachgang der Angriffe in der Kölner Silvesternacht 2015/2016. Neben pauschalen Verdächtigungen gegenüber Geflüchteten verglich etwa die damalige AfD-Parteichefin Frauke Petry die Situation in der Silvesternacht mit »rechtlosen Zuständen zum Kriegsende« 1945.

Häufig wird die Kommunikation von der Verwendung »eigener Zahlen«, »alternativer Fakten« oder »anderer Studien« begleitet. Obwohl rechtspopulistische Kräfte zumeist wissenschaftsfeindlich agieren, unternehmen sie den Versuch, über wissenschaftliche Arbeits- und Vorgehensweisen Legitimität für die eigenen Positionen zu erzeugen.

In diesem Zusammenhang spielt Glaubwürdigkeit eine zentrale Rolle. Wer glaubt welchen Fakten? Woher bezieht Rechtspopulismus Glaubwürdigkeit? Ein Versuch, diese zu erreichen, ist die Rede vom »gesunden Menschenverstand« oder den »normalen Bürgern«. Sie verwenden die einfache Herkunft ihrer Protagonisten als eine Art »moralisches Gütesiegel«. Auch die berufliche Herkunft wird dabei argumentativ verwendet – seht, ich bin einer von euch, ich habe eure Welt und eure Interessen fest im Blick. Populisten betonen zum Beispiel, dass sich etwa ein Handwerker oder Unternehmer das in der Politik zu beobachtende Handeln, das Zaudern und Zögern niemals erlaube könne.

Man kann dies als Gleichsetzung von individueller und kollektiver Moral interpretieren, wenn etwa in wirtschaftspolitischen Fragen gefordert wird, dass eine bewährte Maßnahme aus dem Privaten umgehend auf den öffentlichen Bereich zu übertragen sei. Oft trifft man in solchen Situationen auf die Forderung nach einem »großen Wurf«. Damit ist in weiten Teilen der Unwille zum Kompromiss verknüpft. »Letztlich wird in dieser Erzählform im Anschluss an die Eliten- und Intellektuellenfeindlichkeit stets das Handeln als dem Denken überlegene und wichtigere Charaktereigenschaft in der Politik repräsentiert.« Dabei werde von etablierten Kräften nicht nur der gesunde Menschenverstand nicht ausreichend eingesetzt, sondern die Probleme der Menschen vor Ort seien den Eliten schlicht unbekannt und sie interessierten sich auch nicht für sie. Dass man selbst zur Elite gehört, wird dabei geflissentlich übersehen. Doch die Widersprüchlichkeit hat Methode. So kann sich zum Beispiel Donald Trump einerseits als Mann des Volkes gerieren und dennoch unverhohlen seinen Reichtum zur Schau stellen. Solche Doppeldeutigkeiten schaden ihm jedoch nicht, sondern gelten für viele als Zeichen von Stärke und Unverwundbarkeit. In dieses Bild passt auch die bei vielen rechtspopulistischen Parteien anzutreffende »Verklärung des patriarchalen Familienbilds«, die »zum einen an die Erzählform des linksliberalen Meinungskartells [...], das sich vermeintlich nur noch um die Interessen der Frau sorge und den Mann systematisch benachteilige, sowie durch einen übertriebenen akademischen Fokus auf Themen wie Gender, kultursensible Sprache oder die Ehe für alle die traditionellen Werte untergrabe, [anschließt]. So wird von Rechtspopulisten häufig ein Verfall der Gesellschaft und der traditionellen Werte beschworen, [...] der mit der Familie immer eine idealisierte Projektionsfläche hat.«

Auch wenn sich populistische Kräfte gerne mit einem Opfermythos umgeben, formulieren sie andererseits den Anspruch, dass nur sie allein dazu in der Lage seien, die Probleme des »Volkes« zu lösen und die Demokratie zu retten. Auch wenn Untergangsängste in der Bevölkerung für Populisten überlebenswichtig sind, mobilisieren sie über die Suggestion einer »besseren Zukunft« oder einer Rückkehr in »gute alte Zeiten« Wählerinnen und Wähler. Trumps »Make America Great Again« ist die Headline für dieses Vorgehen geworden.

So weit, so gut. Oder besser gesagt: so schlecht. Der Populismus als Übel, die AfD als Triebkraft von Erzählformen und Kommunikationsstrategien, die unsere Debatten vergiften. Dieses Narrativ ist mittlerweile vertraut und eingeübt. Aber nicht immer kommt es von denen, die wir üblicherweise verdächtigen würden.

»2,2 Millionen Bundesbürger/innen haben am 6. März 1983 dafür gesorgt, daß im Bundestag eine wirkliche Oppositionspartei vertreten ist, die grundlegende Alternative zum zerstörerischen Kurs der Altparteien zu bieten hat: Die Partei DIE GRÜNEN.«

Das Zitat entstammt dem Wahlprogramm der Grünen zur Bundestagswahl 1987. Dort heißt es weiter: »Demokratie braucht Freiheitsrechte, die nicht von oben gewährt werden können, sondern die gegen alle Bevormundung durch Staatsautorität und gesellschaftliche Machtgruppen aus Wirtschafts- und Finanzkreisen ständig neu erkämpft werden müssen.«

Haben wir es also, wenn wir auf die Frühphase dieser damals noch recht neuen Partei schauen, mit grün-lackierten Populisten zu tun? Dieses Beispiel zeigt vor allem erst mal eins: Die Rede von Altparteien oder staatlicher Bevormundung macht per se noch keinen Populisten, zeigt aber auf, wie schmal unser heutiger Grad in den Bewertungsmaßstäben von Sprache und Debatten ist. Und man muss wohl konstatieren, dass jeder neue Bewerber auf dem politischen Markt zu Beginn aus einer Abgrenzung gegenüber etablierten Kräften Energie bezieht. Wie sollte man sonst das Neuartige, das Andere sichtbar machen, mit dem man antritt, eine Lücke füllen und Wählerinnen und Wähler begeistern zu wollen? Folgt man der Analyse des AfD-Experten Olaf Sundermeyer, hat der frühere Parteichef Alexander Gauland in den 1980er Jahren im Frankfurter Magistrat sehr genau beobachtet, mit welchen Methoden die Grünen von einem wilden Sammelsurium an Bewegungen zur Partei wurden. Aber doch gibt es einen entscheidenden Unterschied: Die Grünen agitierten damals nicht gegen gesellschaftliche Minderheiten, sie nahmen nicht für sich in Anspruch, in einem nativistischen Sinne für das vermeintlich »wahre Volk« zu sprechen, und arbeiteten nicht mit Ressentiments.

Die Auseinandersetzung mit populistischer Kommunikation ist eine Herausforderung für politische Mitbewerber, aber auch für Wissenschaft, Medien und die Gesellschaft insgesamt. Noch 2017 schrieb der Politikwissenschaftler Ulrich Sarcinelli, dass »Polarisierung, sprachliche Zuspitzung, Gesinnungsexpressivität und politisch-ideologischer Jargon« nicht den Kommunikationsalltag der demokratischen Parteien in Deutschland präge. Im Publikum würden zwar die »Gleichförmigkeit« und »fehlende Alternativen« beklagt, zugleich jedoch rhetorische Zuspitzungen sehr schnell als »künstlich und konstruiert wahrgenommen«.

Es steht durchaus in Frage, ob Sarcinellis Befund im Jahr 2017, als die AfD als stärkste Oppositionspartei in den Deutschen Bundestag einzog, so noch in Gänze zutraf. Deutlich aber zeigt sich, dass die Lage heute – sieben Jahre später – eine gänzlich andere ist. Man könnte fragen, ob wir von einem Extrem ins andere geraten sind. Ist da, wo über viele Jahre hinweg (zu) viel Einigkeit, Konsens und wenig Unterscheidbarkeit war, nun zu viel Streit, Zuspitzung und »Gesinnungsexpressivität«?

»Das politische Bashing ist gefährlich geworden«, kommentiert Tobias Krone im Februar 2024 im *Deutschlandfunk* zum politischen Aschermittwoch. Früher habe die »markige Bierzeltrede« ihren Sinn gehabt, doch angesichts einer AfD, die zum »Angriff auf die Demokratie blase«, wirke der Bierzelt-Populismus inzwischen deplatziert. Wie sich der Sound des Bierzelts breitgemacht hat, zeigen diese drei Zitate:

»Wir lassen uns nicht verängstigen von einer engstirnigen Meinungselite.«

»Die Grünen sind in der Migrationspolitik ein Sicherheitsrisiko für das Land [...].«

»CDU und CSU hetzen im Chor mit der AfD gegen die Ampel. [...] Mit dieser Merz-CDU haben wir wahrhaftig die populistischste Opposition aller Zeiten.«

Diese Aussagen stammen nicht etwa aus den Reihen der AfD? Oder von Mitgliedern des »Bündnis Sahra Wagenknecht«? – Nein. Sie stammen von CDU-Parteichef Friedrich Merz, von FDP-Generalsekretär Bijan Djir-Sarai und von der SPD-Parteivorsitzenden Saskia Esken. Die Liste ließe sich fortsetzen (etwa mit Markus Söder, Jens Spahn, Wolfgang Kubicki). Was passiert mit der Debattenkultur eines Landes, wenn sich die politischen Eliten vom rechtspopulistischen Rand kaum unterscheiden lassen? Was passiert, wenn solche Positionen in der Sprache normalisiert und damit sagbar werden? Ein Blick auf die Liste der »Unwörter des Jahres« offenbart, wie sehr dies unsere Diskurse in den letzten zehn Jahren geprägt hat: Sozialtourismus (2013), Lügenpresse (2014), Gutmensch (2015), Volksverräter (2016), Alternative Fakten (2017), Anti-Abschiebeindustrie (2018), Klimahysterie (2019), Rückführungspatenschaften und Corona-Diktatur (2020), Pushback (2021), Klimaterroristen (2022), Remigration (2023).

Immerhin: Es sind die Unwörter des Jahres. In der Breite der Gesellschaft werden sie negativ rezipiert – und doch sind sie da und damit wirkmächtig. Sprache ist das Schlüsselmedium zur Konstruktion von Politik. »Immer stehen mit der Sprache die gesellschaftlichen Verhältnisse zur Verhandlung.« Und Sprache in der Politik ist auch immer untrennbar mit den Zielen von Machtgewinn und Machterhalt verbunden. Sie ermöglicht politische Identifikation wie auch politischen Ausschluss. Begriffe und deren Verwendung ermöglichen also Assoziations- und Interpretationsräume. Umso mehr sticht hervor, wenn rechtspopulistische Stilmittel und Begriffe Eingang in den demokratischen Diskurs der Mitte finden. Die Nutzung »verbalradikaler Mittel« hat sich normalisiert. Wer sie nutzt, verlässt nicht mehr wie noch 2017 von Sarcinelli vermutet die »minimale gemeinsame Basis«.

Welche verbalradikalen Mittel sind also noch verpönt, wo beginnen rhetorische Tabuzonen? Und wann erfährt populistische Sprache ein – so der Fachbegriff – Mainstreaming? Die aufgeführten Zitate verdeutlichen, dass diese Fragen keineswegs unumstritten sind. Nicht wenige würden sagen, dass die Rede von einer »Meinungselite« weder neu noch problematisch ist. Und die Konfrontation zwischen Regierung und Opposition wird nicht erst in Zeiten der Ampelkoalition mit harten Bandagen geführt. Es kann also gar nicht darum gehen, einzelne Aussagen, einzelne Begriffe mit einem »Nicht verwendbar«-Stempel zu versehen, sondern es muss um die Frage gehen, wie es Diskurse verändert und welche Chancen, aber auch Risiken für Akteure damit verbunden sind, wenn so gesprochen wird.

Die Politikwissenschaft beschäftigt sich bereits seit Längerem damit, wie es anderen Parteien gelingen kann, Wählerinnen und Wähler der AfD zurückzugewinnen, und welchen Preis sie dafür unter Umständen auf dem Wählermarkt zahlen würden. Die bisherigen Forschungserkenntnisse lassen sich wie folgt zusammenfassen: Der Preis einer programmatischen Annäherung konservativer Parteien an rechtspopulistische Parteien ist meist sehr hoch. Gab es noch Empörung und faktenbasierten Widerspruch, als der CDU-Vorsitzende Friedrich Merz behauptete, dass Geflüchtete sich bei Zahnärzten in Deutschland auf Staatskosten die Zähne machen ließen, während nebenan im Wartezimmer Deutsche säßen, die deshalb keine Termine bekämen, konnte Mario Voigt in der erwähnten TV-Sendung widerspruchsfrei formulieren, dass in Thüringer Kindertagesstätten deutsche Familien vergeblich auf Plätze für ihre Kinder warteten, die für »Ausländer« freigehalten würden.

Der von der AfD immer wieder geschürte Sozialneid, das Gegeneinander-Ausspielen gesellschaftlicher Gruppen und die stereotypische Pauschalisierung von Menschen mit Migrationsgeschichte anerkannt und vorgebracht durch einen Vertreter der demokratischen politischen Mitte. Da brauchte Björn Höcke selbst gar nichts mehr hinzufügen. Damit ist keineswegs verbunden, dass Mario Voigt die Abgrenzung gegenüber der AfD nicht abzunehmen ist. Im Gegenteil, vielfach war nach der Sendung zu lesen, dass es Voigt in Teilen gelungen sei, Höcke »zu entzaubern«, »zu stellen«, und er gezeigt habe, dass eine Auseinandersetzung mit Vertretern der AfD sehr wohl möglich sei. Das ändert allerdings zugleich nichts daran, dass er mit seinen Äußerungen etwa in den Themenbereichen EU und Migrationspolitik zu einer Aufwertung der AfD-Positionen beigetragen hat.

Der Umgang mit populistischen Kräften ist jedoch keine Exklusivaufgabe der Konservativen. Auch linke Parteien haben in den letzten Jahren die Erfahrung gemacht, dass die Annäherung Gefahren birgt. Jüngst zeigte eine Studie, dass für sie nichts anderes gilt: Der Preis eines »Rechtskurses« ist hoch, der Ertrag fällt zumeist gering oder gar negativ aus.

Man muss wohl konstatieren, dass die bisherigen Strategien der anderen Parteien allesamt wenig erfolgreich waren. So versuchte man es in Deutschland und Frankreich bislang weitgehend mit Isolation, in anderen Ländern mit Imitation (Dänemark) oder Kooperation (Österreich, Finnland). Keine Strategie führte zu einem dauerhaften Rückgang des Zuspruchs zu rechtspopulistischen Parteien. Dort, wo Rechtspopulisten aktiv in Regierungen oder Koalitionen eingebunden wurden, wurden sie häufig noch stärker oder konnten konservative und rechte Parteien absorbieren.

Mit alledem ist nicht gesagt, dass Themen – etwa die weitreichende EU-Bürokratie oder die mit der Migrationspolitik verbundenen Probleme – nicht angesprochen werden sollten. Im Gegenteil. Man könnte allerdings sagen, »der Ton macht die Musik«. Es geht also vornehmlich um die Frage, wie über diese Themen gesprochen wird und ob tatsächlich Lösungen bereitgehalten werden, die sich nicht nach kurzer Zeit als Scheinlösungen entpuppen. Für Letzteres ließen sich gleich zwei aktuellere Beispiele anführen: die Aufforderung von Bundeskanzler Olaf Scholz, es müsse nun endlich in »großem Stil« abgeschoben werden, sowie die im Frühjahr 2024 beschlossene Einführung der Bezahlkarte für Geflüchtete. Beide Vorgänge könnten sich nicht nur auf kommunikativer Ebene als Boomerang erweisen. Die Zahl der ausreisepflichtigen Personen wird grob mit 50000 Personen angegeben. In Relation zu der Zahl derjenigen, die in Deutschland geduldet oder anerkannt leben, sowie jener, die tagtäglich neu hinzukommen – ein Tropfen auf den heißen Stein. Wenn es also trotz Kooperationsunwilligkeit der Herkunftsstaaten gelänge, die ausreisepflichtigen Menschen verstärkt abzuschieben, wäre damit zwar die Handlungsfähigkeit des Staates untermauert, aber keine Kommune tatsächlich entlastet, kein Sprachkurs finanziert und keine Arbeitserlaubnis für jene, die bleiben dürfen, erteilt. Große Kommunikation – k(l)eine Wirkung. Nicht besser steht es um die Bezahlkarte. Studien zeigen, dass deren Einführung zwar die Bürokratie auf Seiten von Ländern und Kommunen erheblich erhöht, sie jedoch kaum geeignet ist, um Fluchtanreize (»Pull-Faktoren«) zu minimieren. Beide Forderungen werden übrigens bereits seit Langem vehement von der AfD erhoben.

Populismus und Medien

In den letzten Jahren ist die mediale Sichtbarkeit von Politikern und Politikerinnen der AfD zunehmend zum Gegenstand einer eigenen Debatte geworden. Einladen oder nicht einladen? Als

Caren Miosga, die Anfang 2024 von Anne Will den Sendeplatz des sonntagabendlichen Talkformats in der ARD übernahm, erklärte, dass sie auch AfD-Vertreter einladen will, gab es viel öffentliche Empörung. Die Aussage fiel in einer Zeit, in der in Deutschland hunderttausende Menschen nach Bekanntwerden der Recherchen des Netzwerks »Correctiv« gegen Rechtsextremismus demonstrierten. Nachdem der Co-Bundessprecher Tino Chrupalla im April 2024 als erster AfDler zu Gast war, fühlten sich viele in ihrer Kritik und Empörung bestätigt. Die X-Gemeinde war sich bereits nach wenigen Sendeminuten einig: Zu nett, zu viel Normalisierung, sogar gelacht habe Miosga mit Chrupalla, zu wenig Widerspruch formuliert, und das angesichts der zu diesem Zeitpunkt virulenten Vorwürfe von Korruption, Landesverrat und einer fragwürdigen Russlandnähe von einzelnen Parteifunktionären und deren Mitarbeitern. Caren Miosga erklärte ihr Vorgehen am nächsten Tag anders. Es sei sehr wohl eine Erkenntnis festzustellen. Immerhin habe Chrupalla sich in ihrer Sendung doch sehr stark vom umstrittenen Europa-Spitzenkandidaten Maximilian Krah abgesetzt.

Wie weit sollte die Selbstreflexion über den Umgang mit der AfD gehen, wie weit erfährt das Phänomen damit einerseits noch mehr Aufmerksamkeit und wie sehr geraten andererseits inhaltliche Fragen in den Hintergrund? Klar: Werden AfD-Vertreter nicht eingeladen, bestärkt dies ihr vielbeschworenes Opfernarrativ, man werde ausgeschlossen. Zugleich ist dieses Narrativ Abbild der Tatsache, dass man in den so verhassten Medien unbedingt vorkommen und dazugehören will. Teil der Beobachtung ist auch, dass von Seiten der AfD eigene Medien – »alternative Medien« – und Kommunikationskanäle aufgebaut wurden und werden, mit denen zumindest die eigene Anhängerschaft sehr gut und unabhängig von den »klassischen Medien« erreicht werden kann.

Werden AfD-Vertreterinnen eingeladen, bleibt die Frage, mit welchem Ziel und Erkenntnisinteresse. »Bad practices« lassen sich auch im elften Jahr der AfD-Existenz noch vielfach beobachten. So befragte der ZDF-Moderator Markus Lanz Tino Chrupalla Anfang 2024 dazu, ob die (am Tag der Sendung durch den Verfassungsschutz als rechtsextrem eingestufte) Jugendorganisation der Partei rechtsextrem sei, was Chrupalla schlicht verneinte. Dieser bekam dann die Gelegenheit zu behaupten, dass der Verfassungsschutz gegen die AfD instrumentalisiert werde. Lanz widerspricht mit der Frage »Ernsthaft?«, was von Chrupalla (selbstverständlich) bejaht wird. Die Idee, dass dieses Entsetzen entlarvende Wirkung hätte, wurde in den letzten elf Jahren vielfach widerlegt. Lanz stellt im Anschluss fest, dass – sofern Chrupalla richtig liege – die Partei ja ein »Opfer sei«, was dieser natürlich ebenfalls bejaht. Und auch auf die nächste Frage, ob er wirklich keine Idee habe, warum die Jugendorganisation als gesichert rechtsextrem eingestuft werde, antwortet Chrupalla – Überraschung! – mit »Nein«. Im Anschluss geht es dann noch darum, ob er in Björn Höcke einen Rechtsextremisten sieht, woraufhin Chrupalla ausführt, dass man zunächst darüber sprechen müsse, wann denn jemand Rechtsextremist sei, und dass er solche Leute gemäß seiner eigenen Definition unter den aktuellen Mitgliedern der Partei nicht sieht. Lanz antwortet darauf: »Das ist interessant« und reicht die Frage an eine teilnehmende Journalistin weiter. Rund vier Minuten einer einstündigen Sendung sind damit dem Thema reserviert, mit dem die AfD ihre Opferrolle stärken kann und zugleich keinerlei politisch-programmatische Inhalte verhandeln muss.

Häufig heißt es, die AfD müsse angesichts ihrer Größe behandelt werden wie andere Parteien auch. Würde man die auf diese Art befragen? Was bleibt hängen außer die Tatsache, dass es (mal wieder) darum geht, der Partei den Stempel »rechtsextrem« aufdrücken zu wollen, was zwar – gerichtlich verbrieft – für Teile der Partei ohnehin schon zutrifft, aber doch wenig Erkenntnis ermöglicht, die nicht bereits Gegenstand der öffentlichen Debatte ist. Womöglich steht dahinter die Idee einer

Abschreckungsmaßnahme. Wenn der Parteifreund Höcke als Rechtsextremer bezeichnet würde, würde dies unter Umständen Unruhe unter den Anhängerinnen und Anhängern der AfD erzeugen? Andere von der Partei fernhalten? Die Forschung deutet an, dass zumindest Ersteres unwahrscheinlich ist. Die Solidarität der Anhängerschaft der AfD ist stark, die Homogenisierung der Gruppe verstärkt sich mit jeder äußeren »Attacke«. Das beobachtbare Schnappatmen (»Distanzieren Sie sich von dieser Aussage?«) passt zu den Bekenntnisbedürfnissen unserer Gegenwart. Schwarz und weiß. Ja oder nein. Aber kann es nicht sein, dass man auch Parteifreunden zugestehen muss, dass sie sich erst ein umfassenderes Bild machen wollen? Welcher Parteichef hätte sich anders geäußert?

Dem gegenüber stehen »best« oder zumindest »better practice«-Beispiele. In einer Diskussionsrunde der ARD-Sendung *Hart aber fair* traf der AfD-Politiker Leif-Erik Holm unter anderem auf die Präsidentin des Verbands der Automobilindustrie und frühere Merkel-Vertraute, Hildegard Müller. Moderator Louis Klamroth diskutierte freundlich, aber verbindlich mit Leif-Erik Holm. Entlang des AfD-Programms zur Europawahl erläuterte dann Hildegard Müller, was die Umsetzung der AfD-Vorschläge für den Wirtschafts- und Automobilstandort Deutschland bedeuten würde. Sachlich skizzierte sie verheerende Auswirkungen: massive wirtschaftliche Schäden, der Verlust zahlreicher Arbeitsplätze, zu erwartende Verteuerungen und Produktionsprobleme durch Lieferkettenunterbrechungen und die Einbuße der öffentlichen Wahrnehmung, dass es sich bei den Unternehmen in Deutschland um weltoffene Betriebe handelt. Sie machte deutlich, wie sehr Deutschland schon jetzt von ausländischen Fach- und Arbeitskräften abhängig ist und dass der wirtschaftliche Erfolg Deutschlands vor allem von dessen Einbindung in die EU und internationalen Wirtschaftsbeziehungen abhängt. Für diese sachbezogene Auseinandersetzung brauchte es nicht einen einzigen direkten Verweis auf das, was die AfD selbst gerne als die »Nazikeule« bezeichnet. Leif-Erik Holm hatte diesen inhaltlichen Ausführungen so kaum etwas entgegenzubringen. Ein häufig zu beobachtendes Phänomen, wenn es um programmatische Auseinandersetzungen geht.

Das verdeutlicht, dass die AfD es oftmals gerade in der Auseinandersetzung mit anderen Parteien leichter hat, Argumente zu formulieren und »Punkte« zu machen. Denen wirft sie dann bevorzugt eigenes Fehlverhalten in der Vergangenheit vor (»Ihre Partei hat das Land ruiniert.«) – meist in Kombination mit falschen Angaben (»Seit 2015 sind dank Ihrer Partei 10 Millionen Menschen nach Deutschland gekommen. [...] 50 Prozent der Bürgergeldempfänger sind Migranten.«). Gegenüber Vertretern aus Wirtschaft oder Wissenschaft kann sie ein solches Vorgehen nicht eins zu eins adaptieren, scheut sich aber auch nicht, beispielsweise eigene »alternative Faktenchecks« ankündigen. Populistinnen und Populisten reiben sich an der Fähigkeit zur Selbstkorrektur der Wissenschaft und daran, dass ihre Erkenntnisse geeignet sind, ihre eigenen Normalitäts-Botschaften zu konterkarieren. »Die populistische Freude über wissenschaftliche Unsicherheiten oder die (unvermeidlichen) Fehler und Korrekturen im Prozess wissenschaftlicher Erkenntnis zeigen ihre ganze Unfähigkeit zum angemessenen Umgang mit Ambivalenz und Widersprüchen, Komplexität und Diversität.«

Die öffentlich-rechtlichen Medien befinden sich bei alldem zweifelsohne in einem Dilemma. In Redaktionen im ganzen Land wird gegenwärtig diskutiert, wie mit der AfD umzugehen sei. Als Drohkulisse winken die Landtagswahlen in Thüringen, Sachsen und Brandenburg, bei denen die Partei als stärkste Kraft aus dem Wahlabend hervorgehen könnte. Nicht (mehr) einladen, ist spätestens dann wohl nicht (mehr) möglich. Aber auch schon jetzt: Kann oder darf man eine Partei in der medialen Berichterstattung ignorieren, wenn sie landesweit ähnliche Zustimmungswerte erreicht wie aktuelle Regierungsparteien und in einzelnen Landesteilen sogar deutlich höhere?

Man kann sich des Eindrucks nicht erwehren, dass wir hier schon einmal weiter waren. Denn noch nie kam die AfD nicht vor. Sie kam immer vor. Ob eine Redaktion entscheidet, dass sie mit Angehörigen der Partei keine Wortlaut-Interviews mehr führt, unterliegt der journalistischen Freiheit in der Berichterstattung. Dass Medien Aussagen der AfD noch während laufender Sendungen einem Faktencheck unterziehen, falsche Aussagen als solche markieren und problematisieren, muss die Partei aushalten. Der Vorwurf, man komme nicht vor, bleibt haltlos. Man kann nur vermuten, wie penibel in den öffentlich-rechtlichen Redaktionsbüros des Landes Strichlisten darüber geführt werden, welche Fraktion im Bundestag wie häufig vorkam, um sich schon gegen den Anschein von Voreingenommenheit zu wehren und um gegenüber möglichen Anfragen der AfD vorbereitet zu sein.

Widerstände und Widersprüche

Populismus polarisiert, in Deutschland vor allem von rechts außen. Diese Polarisierung bleibt nicht ohne Folgen, für die Politik, für die Medien, für die Gesellschaft insgesamt. Sie verändert den Diskurs der Mitte. Und sie mobilisiert. Insbesondere nach den Enthüllungen des Recherche-Verbundes Correctiv Anfang 2024 gab es eine breite gesellschaftliche Reaktion. Gerade die unverblümt diskutierten rechtsradikalen Pläne einer »Remigration« schockierten viele. Schon kurz nach der Veröffentlichung der Recherchen versammelten sich allein an einem Wochenende Mitte Januar insgesamt rund 1,4 Millionen Menschen in zahlreichen deutschen Städten, um für Demokratie und »gegen rechts« öffentlich zu demonstrieren. Auch in den Folgewochen kam es nicht nur in Großstädten, sondern gerade auch in mittelgroßen und kleinen Städten in ganz Deutschland zu Protesten dieser Art.

Von einer »neuen Größenordnung«, möglicherweise sogar der »größten Massenbewegung in der Geschichte der Bundesrepublik«, wenn es um Straßenprotest geht, sprach der Konfliktforscher Dieter Rucht. Doch nicht nur die große Teilnehmerzahl überraschte (zuallererst übrigens auch manchen Veranstalter, weswegen einzelne Demos wie in Hamburg wegen Überfüllung vorzeitig abgebrochen werden mussten), auch der lange Atem, also die Tatsache, dass über Wochen immer wieder Versammlungen organisiert und besucht wurden, war bemerkenswert.

Es war – so analysiert es der Meinungsforscher Matthias Jung – ein Moment der »Selbstvergewisserung der Mehrheit in der Bevölkerung, die die AfD sehr deutlich ablehnt«. Kurz nach Beginn der Proteste untermauerte eine repräsentative Erhebung des Rheingold-Institutes das Bild. 61 Prozent stimmten der Aussage zu, dass die Demonstrationen ihnen das Gefühl geben, es bewege sich etwas in Deutschland. Durchaus gemischt wurde allerdings die gesellschaftliche Wirkung der Demonstrationen eingeschätzt. 62 Prozent stimmten der Aussage zu: »Die Demonstrationen sind gut für einen gesellschaftlichen Dialog.« Auf der anderen Seite wurde eine gesellschaftliche Entzweiung befürchtet – 47 Prozent fanden, dass »die Demonstrationen das gesellschaftliche Gegeneinander verstärken«.

Auch Dieter Rucht äußerte die Befürchtung, dass es im Zuge der Demonstrationen »eher zu einer Verhärtung der Fronten« kommen könnte. »Das heißt, die Leute werden jetzt auf beiden Seiten trotziger auftreten und die einen oder anderen auf die eine oder andere Seite ziehen. Wie sich das unterm Strich auswirkt, also ob die AfD verliert oder gewinnt, das ist durchaus offen.«

Interessanterweise sanken in den folgenden Wochen und Monaten die AfD-Zustimmungswerte in der Sonntagsfrage leicht ab. Wobei dieses Phänomen unterschiedliche Ursachen haben könnte. War es das zivilgesellschaftliche Engagement auf der Straße, der Weckruf aus der Mitte? Oder hat die neue Alternative auf dem Parteienmarkt – das Bündnis Sahra Wagenknecht – hier den größeren Anteil? War die AfD selbst aus Sicht möglicher Sympathisanten zu weit gegangen, nicht nur bezüglich ihrer offensichtlichen Nähe zum rechtsradikal-identitären Milieu, sondern auch was ihre Nähe zu Russland und China angeht?

Es spricht für eine demokratische Gesellschaft, dass sie sich auch in diesem Moment selbstkritisch befragt: Kann es sein, dass Demonstrationen für Demokratie und Rechtsstaatlichkeit eine nicht beabsichtigte, vertiefende Polarisierung betreiben? Kann die Reaktion auf eine vom Rand her betriebene Polarisierung letztlich selbst negative Auswirkungen darauf haben, wie wir gesellschaftlich miteinander im Gespräch sind?

Zunächst bleibt festzuhalten: Gerade in Regionen, in denen rechtsradikale Strukturen stark und teils gesellschaftsprägend sind, gehört großer Mut zu einem derartigen Engagement. Viel mehr noch erscheint es dort, wo rechtspopulistische bis rechtsextreme Grundhaltungen schon Teil von Lebensrealitäten geworden sind, wie eine geradezu zwingend notwendige Rückeroberung des öffentlichen Raums. Wo die Gefahren für die Demokratie nicht nur als Möglichkeit erscheinen, sondern virulent sind, kommt man um eine klare Gegenüberstellung der Wertvorstellungen nicht herum.

Die zunehmende Polarisierung zwingt demnach die Mitte geradezu zu einem Bekenntnis. Nur kann man auch hier Fehler machen. Das beginnt bei der Frage, wie breit oder eng diese Allianzen gefasst werden. Die verkürzte Formel der »Demos gegen rechts«, gepaart mit der Tatsache, dass vereinzelt CDU und CSU gebeten wurden, nicht als Partner und Co-Veranstalter von Demonstrationen aufzutreten, zeigte eine falsche Vermengung von politischen Präferenzen und der grundsätzlichen Frage, um die es ging: nämlich den Kampf gegen den Rechtsextremismus. Es wäre ein »fundamentaler Fehler, zu signalisieren, dass man Christdemokrat*innen und ihre Anhänger*innen nicht bei den Demonstrationen für Demokratie und gegen Rechtsextremismus dabeihaben will«, kommentierte die *taz*-Journalistin Sabine am Orde. Im Gegenteil: »Man sollte versuchen, das CDU-Spektrum für die Proteste zu gewinnen.«

Es besteht die Gefahr einer latenten Verkürzung und Vereinfachung – in Reaktion auf die Vereinfacher »von rechts«. Was ist rechtsextrem? Und muss somit von einer breiten Allianz der Demokratinnen und Demokraten zurückgewiesen werden? Ab wann beginnt die Notwendigkeit einer differenzierten politischen Auseinandersetzung, die auch jene stärker in den Blick nimmt, die sich möglicherweise temporär angezogen fühlen von populistischen Erzählungen, aber nicht rechtsextrem sind? Mit Argumenten, aber auch in einer Tonlage, die Debatten ermöglicht und nicht erschwert. Wo diese Trennschärfe fehlt, haben Rechtsextreme leichtes Spiel. So wird genau jene Normalisierung betrieben, die sie erhoffen.

Tonalitäten

Man könnte kurz verlockt sein, eine Welt ohne Populismus, ohne AfD und andere zu denken. Wären wir dann, was das Debattenklima angeht, fein raus? Dürfte man sich eine Gesellschaft vorstellen, die offen und konstruktiv streitet, ergebnisorientiert und einander zugewandt? Eine »demokratische Polarisierung« im besten Sinne? Ein Land, das vielleicht manchmal auch schlicht ohne große Debatten entspannt abschalten kann?

Wer Mitte Mai 2024 in der Hoffnung auf ein bisschen Entspannung den Fernseher eingeschaltet hatte, dürfte selbst bei der europäischen Schlagerparade des Eurovision Song Contest gemerkt haben, dass dies im Moment wohl eine Illusion bleiben muss. Der Nahostkonflikt war angesichts der Demos und Pfiffe gegen die israelische Sängerin Eden Golan auch hier präsent. Diese Debatte ist nur ein Beispiel, aber beileibe nicht das einzige: Wir brauchen offenbar keinen toxischen Populismus, um unsere Debatten zu vergiften. Entlang der Fragen rund um den Ukraine-Krieg, über die Corona-Pandemie, die Notwendigkeit geschlechtergerechter Sprache oder den besten Weg zu klimafreundlichen Heizungen hat eine politische Mitte gezeigt, dass sie selbst für destruktive Ausschläge sorgen kann. Man könnte sagen, es fällt uns immer schwerer, den richtigen Ton zu treffen – zwischen dem lauten Ruf nach klaren Bekenntnissen und dem manchmal nicht minder lauten Beklagen einer neuen Sprachlosigkeit.

Sprachlosigkeit

Manche Widersprüche spielen auf der ganz großen Bühne. Als sich beispielsweise Thomas Gottschalk am Ende seiner nun (wahrscheinlich) wirklich letzten »Wetten, dass..?«-Sendung im November 2023 vom deutschen Fernsehpublikum verabschiedete, begründete er das mit der Sorge vor Shitstorms, also den gnadenlosen Reaktionsmustern der Sozialen Medien. Früher habe er im Fernsehen so geredet wie zu Hause. »Inzwischen rede ich zu Hause anders als im Fernsehen, das ist auch nicht schön.«

Es entbehrt nicht einer gewissen Ironie, dass dieser unverblümte Hinweis, er könne öffentlich nicht mehr so frei sprechen, ausgerechnet vor einem Millionen-Publikum stattfinden konnte. So schlimm kann es um die Meinungsfreiheit nicht bestellt sein, dieser Vorwurf an Gottschalk wurde schnell laut. Man müsste dieser kleinen Episode aus der Welt der Samstagabend-Unterhaltung nicht allzu viel Bedeutung beimessen, stünde sie nicht stellvertretend für ein Phänomen, das wir auch gesellschaftlich beobachten können: einem diffusen Gefühl, nicht mehr offen sagen zu können, was man wirklich denkt.

Kann man in Deutschland seine Meinung frei äußern? Es gibt eine formale Antwort auf diese Frage. Sie lautet Ja. Und dieses Ja wird regelmäßig durch internationale Vergleichsstudien und die Rankings von Nichtregierungsorganisationen wie »Reporter ohne Grenzen« bestätigt. Kaum jemand würde ernsthaft bezweifeln, dass hierzulande die rechtlichen und politischen Grundvoraussetzungen der Meinungsfreiheit gegeben sind.

Es gibt aber auch eine andere, weniger an formalen Kriterien orientierte Antwort auf diese Frage. Und die zeigt große Zweifel am Ideal der Meinungsfreiheit. Nur noch 45 Prozent der Deutschen glauben, frei ihre politische Meinung äußern zu können. Das war das Ergebnis einer viel beachteten Umfrage des Meinungsforschungsinstitutes Allensbach vom Sommer 2021. Vor allem drei »heikle Themen« wurden dabei benannt, bei denen man sich »leicht den Mund verbrennen« könne: 1) Muslime und Islam; 2) Vaterlandsliebe, Patriotismus; 3) Emanzipation, Gleichberechtigung der Frau.

Zwei Jahre später, im Jahr 2023, ist dieser Wert sogar auf 40 Prozent gesunken. 44 Prozent dagegen sagten, es sei besser, heutzutage vorsichtig zu sein mit seinen Äußerungen. Besonders bedrückend wird diese Zahl durch den Vergleich: 1990 waren nur 16 Prozent in diesem Sinne »vorsichtig«, dagegen waren 78 Prozent der Befragten überzeugt, sie könnten ihre Meinung frei äußern. Noch höher lag diese Zahl in der alten Bundesrepublik West, im Jahr 1971 sogar bei 83 Prozent.

Ähnlich klar fallen Langzeituntersuchungen von Infratest dimap aus. Der Aussage »Bei bestimmten Themen wird man heute ausgegrenzt, wenn man seine Meinung sagt« haben im September 2023 67 Prozent der Deutschen eher zugestimmt.

Man könnte auch hier sagen: Allein die Tatsache, dass es dazu Befragungen gibt, Leitartikel und Bücher, dass in ausgiebigen öffentlichen Debatten über die Begrenzung des Debattenraums diskutiert wird, ist bereits eine Widerlegung der These. Von einer realen Einschränkung der Meinungsfreiheit kann angesichts dieser mannigfaltigen Beschäftigung mit dem Thema selbst eigentlich nicht die Rede sein. Nur: Woher kommt dieses Gefühl, dieser Eindruck bei bis zu zwei Dritteln der Bevölkerung? Eine Zahl, die ja deutlich höher liegt als etwa die Zahl der Wählerinnen und Wähler von (rechts-)populistischen Parteien, die dieses Thema bewusst bearbeiten. Auch wenn es gerade unter AfD-Anhängern eine deutlich höhere Zustimmung gibt, bleibt der Befund: Die Unsicherheiten über das heute Sagbare reichen bis in die politische Mitte.

Teil des Problems ist sicherlich die selbstverstärkende Wirkungsmacht dieser Zahlen. Wer regelmäßig hört und liest, dass es offenbar ein wachsendes Gefühl der Unfreiheit im Meinungsraum gibt, mag dieses Gefühl verinnerlichen, ohne selbst Erfahrungen der Ausgrenzung und Stigmatisierung gemacht zu haben. Man könnte sagen, es ist der Sound der Zeit, medial durch regelmäßige Reproduktion verstärkt. Vor allem von jenen, die ein aktives Interesse daran haben, das Bild einer nicht funktionierenden Demokratie zu zeichnen. Sosehr diese Faktoren zu berücksichtigen sind, so falsch wäre es, das in den Zahlen dokumentierte Unwohlsein als ein von interessierten Kräften geschürtes, aber letztlich irrelevantes, weil schlicht nicht zu begründendes Sentiment zu betrachten.

Es bedarf einer genaueren Untersuchung. Wer sich hier auf die Suche nach Antworten macht, kommt schnell in ungemütliche Diskussionen. Denn angesichts der Tatsache, dass wir es in Deutschland glücklicherweise nicht mit substantiellen Rückschritten der formalen Presse- und Meinungsfreiheit zu tun haben (anders als in Ländern wie Ungarn oder zuvor Polen), müssen wir davon ausgehen, dass die Ursache offenbar im Diskursklima liegt.

Müssen wir hier also über »Cancel Culture« sprechen? Über Political Correctness und die Sprachpolizei, die an jeder Ecke lauert? Oder soll man es lieber lassen? Die wenigsten dürften heute noch Lust haben, sich in diese Debatte hineinzubegeben, weil sie selbst mittlerweile einen toxischen Charakter angenommen hat. Für die, die sich Sorgen machen über eine Verengung des Meinungsraumes, wirkt sie fast schon identitätsstiftend. Am stärksten sehen wir das in den USA, wo die Kampfansage an die Cancel Culture zum Sound der Republikaner geworden ist. In Deutschland fühlen sich Politiker aus der Union immer wieder verlockt, das Thema zu bespielen. So hat Friedrich Merz die Cancel Culture zur größten Gefahr für die Meinungsfreiheit ausgerufen. Markus Söder will »Polizisten auf der Straße, aber keine Sprachpolizei im Bierzelt«.

Auf der anderen Seite bemühen sich viele, das Phänomen und den Begriff der Cancel Culture an sich schon für »rechtes Kampfvokabular« zu halten – aufgebauscht aus Einzelfällen, denen angesichts ihrer geringen Zahl nicht allzu viel Bedeutung zugemessen werden sollte.

Die Pole der Debatte sind extrem: zwischen Nichtexistenz und größter Gefahr. Interessanterweise erleben wir die Debatte hierzulande wie eine etwas wässrige Version der amerikanischen. Denn dort sind ohne Frage die besseren Beispiele zu finden – sowohl für die, die vor einer zum Kulturkampf hochstilisierten Debatte von rechts warnen wollen, wie auch für die, die Beispiele suchen für Situationen, in denen real gecancelt wurde. Nach Angaben der Schriftstellervereinigung PEN America wurden zwischen Juli 2021 und Juni 2022 in öffentlichen Schulen der USA landesweit 1648 Bücher verboten. Ein »Canceln«, das vor allem republikanisch-konservativ motiviert ist und auf den Bann von Werken über sexuelle und ethnische Identität zielt. Gecancelt wurde aber auch »von links«: So wurden zum Beispiel »Die Abenteuer des Huckleberry Finn« in einigen Schulen von der Leseliste gestrichen, weil sie rassistische Ausdrücke enthalten und bestimmte Lesende »ausgrenzen« könnten. Und natürlich gab es die Fälle auf der großen Bühne: Wenn schon erste »MeToo«-Vorwürfe weit vor einer möglichen juristischen Anklage, geschweige denn einer gerichtlichen Klärung reichen, um Schauspieler vom Bildschirm verschwinden zu lassen.

Aber es gibt auch genug Stoff aus deutschen Debatten: der Aufruf deutscher Autorinnen und Autoren des Rowohlt-Verlages, »ihr« Verlag solle die Übersetzung der Autobiografie Woody Allens nicht veröffentlichen angesichts der Missbrauchsvorwürfe gegen den Regisseur. Die Absage des Konzerts der linken Punkband »Feine Sahne Fischfilet« am Bauhaus in Dessau im Herbst 2018 nach Protesten aus der AfD und CDU wegen gewaltverherrlichender Lyrics. Das Gedicht »avenidas« von Eugen Gomringer, das 2018 von der Fassade der Alice-Salomon-Hochschule in Berlin verschwinden musste. Die Liste ließe sich fortsetzen – nur, womit? Fallen die Störungen, die pro-palästinensische Demonstranten an Universitäten in Deutschland verursacht haben, auch in die Kategorie der Cancel Culture? Beziehungsweise vielleicht noch eher der Versuch von Universitätsleitungen, diese Proteste zu unterbinden?

Die Defekte unserer Debatten zeigen sich in den Debatten um die Cancel Culture fast schon wie unter einem Brennglas.

Wahrscheinlich ist sie die defekteste aller Debatten. Wir tun uns also wohl einen Gefallen, wenn wir auf das verkürzende Label Cancel Culture verzichten, um den Blick frei zu kriegen für eine differenziertere Beschreibung verschiedener Phänomene, die das Unwohlsein im Debattenraum auslösen, das interessanterweise querbeet im politischen Feld zu finden und gar nicht so eindeutig einem bestimmten Weltanschauungshorizont zuzuordnen ist.

Bekenntnisbedürfnisse

Der Debattensound unserer Zeit lässt sich vielleicht am besten mit einem mittlerweile fast 100 Jahre alten Lied erfassen. »Which side are you on?«. Florence Reece schrieb diese Zeilen während des Minenarbeiterstreiks in den 1930er Jahren in Kentucky, USA, und schuf damit einen der wichtigsten Protestsongs. Wenn wir hier schon Feuer ins Öl gießen wollten, könnten wir auch eine andere musikalische Referenz wählen. Den realsozialistischen Agitationshit »Sag mir, wo du stehst« von Hartmut König und dem »Oktoberklub«, der bis 1989 in der DDR erstaunlich ironiefrei intoniert wurde (und dessen Propaganda-Fröhlichkeit herrlich parodiert wurde von der DDR-Liedermacherin Bettina Wegner: »Sag, mit wem du schläfst.«).

Aber wir wollen kein Öl ins Debattenfeuer gießen, sondern auf ein um sich greifendes Phänomen aufmerksam machen: einen stetig wachsenden Erwartungsdruck, sich klar zu bekennen. Which side are you on? Wie stehst du – zum Terror der Hamas? Zu den Palästinensern? Zu Israel? Zur Regierung Netanjahu? Wie klar verurteilst du den Krieg Russlands gegen die Ukraine? Waffenlieferungen – ja oder nein? Der Druck, sich in den internationalen Krisen dieser Zeit zu verorten, ist groß. Und kennt keinen Halt: Gendersprache, Veggie-Essen, Verbrenner-Aus, Schuldenbremse, Klimawandel – und nicht zuletzt Corona.

War das früher anders? Gab es weniger grundsätzliche Fragen, zu denen man sich verhalten musste? Der Unterschied dürfte vor allem darin liegen, dass sie heute »privater« sind. In den Zeiten, in denen die Nähe zu Parteien, Kirchen oder Gewerkschaften noch größer und insgesamt Milieubindungen stärker ausgeprägt waren, ergaben sich viele Positionierungen quasi über die Gruppenzugehörigkeit. Was auch die Möglichkeit eröffnete, selbst im Hintergrund der kollektiven Meinung zu bleiben – unbemerkt mal mehr und mal weniger überzeugt. In einer individualisierten Welt wird die Meinung zwangsläufig persönlicher und nicht mehr selbstverständlich erkennbar – ohne eben explizit ein Bekenntnis abzugeben. Mehr noch: In einem Reckwitz'schen Sinne kann und muss auch die Meinung zu einer Herausstellung der eigenen Singularität werden.

Sich bekennen wollen. Oder: Sich bekennen müssen? Menschen mit bestimmten Gruppenzugehörigkeiten kennen dieses Phänomen schon länger. Muslime erleben dies in wiederkehrenden Debatten rund um die Notwendigkeit einer »deutschen Leitkultur« und die auch jüngst im Zuge des neuen CDU-Grundsatzprogrammes diskutierte Frage, welche Rolle der Islam darin spielen kann. Nach jedem islamistisch-motivierten Terroranschlag gibt es die Forderungen, Muslime mögen sich klar positionieren beziehungsweise distanzieren. Ganz konkret geschah dies nach dem Terror der Hamas, etwa an die Adresse des Zentralrats der Muslime. Jüdinnen und Juden wiederum, selbst wenn deutsche Staatsbürger, sahen sich schon kurz danach vor die Aufgabe gestellt, ihre Haltung zur Regierung von Benjamin Netanjahu klarzustellen. Für Russinnen und Russen fern ihrer Heimat verhält es sich seit dem Angriffskrieg gegen die Ukraine ähnlich. Man mag darüber diskutieren, inwieweit gerade Prominente wie die Opernsängerin Anna Netrebko hier durch direkte Verbandelungen mit dem Kreml in einer besonderen Verantwortung und damit Rechtfertigungsnotwendigkeit stehen. Grundsätzlich liegen in diesen Bekenntnisanforderungen aber mindestens zwei Probleme: die Entindividualisierung, also die Verortung von Menschen in einer Gruppenlogik, der sie sich möglicherweise selbst gerne entziehen würden. In gewisser Weise erleben wir hier einen »backfire effect« von Individualisierungstendenzen. Das Ordnungsbedürfnis scheint schlicht zu groß, die alten prägenden Muster von Institutionen und Milieus brauchen einen Ersatz.

Das führt zum zweiten Problem: dem Zwang zur politischen Haltung. Sosehr dieses Buch dafür werben will, möglichst viele aktive und mündige Debattenteilnehmer und -teilnehmerinnen auf dem Spielfeld der Demokratie zu sehen, so sehr zeichnet sich gerade die Demokratie dadurch aus, dass es in ihr auch möglich sein muss, das Level, wie politisch man ist, selbst zu bestimmen. Sag mir, wo du stehst. »Keine Ahnung« oder »Ich bin mir unsicher« oder »Ich weiß es (noch) nicht«. Oder um es mit den Worten des Sprechers der Schriftstellervereinigung PEN Berlin, Deniz Yücel, zu sagen: »Zur Demokratie oder zur Meinungsfreiheit gehört auch das Recht, die Klappe zu halten«.

Der Drang zum Bekenntnis ist allerdings zusehends diffundiert in die Breite der Gesellschaft. Gerade in den Großthemen der jüngeren Zeit, etwa der Corona-Pandemie, hatte dies eine gewisse Zwangsläufigkeit, reichten doch unsere an sich privaten Entscheidungen, wie konsequent jemand die Maske trug oder sich impfen lassen wollte, in das Leben der anderen hinein. Und doch zeigte sich schon hier, dass jenseits ganz praktischer Alltagsfragen Grundhaltungen eingefordert wurden. Die Dichotomie des »Team Freiheit« versus »Team Sicherheit« stand hierfür symptomatisch.

Die Bekenntnis-Kultur erfasst alle. Sie kann im Privaten zu Zerwürfnissen führen. Oder zu Strategien des Umgehens, indem Themen einfach ausgeklammert werden. Sichtbar wird sie vor allem bei Menschen, die im öffentlichen Leben stehen, selbstverständlich bei jenen, die ohnehin eine Funktion in der Politik und im weiteren publizistischen Raum haben. Die Bekenntnis-Kultur trifft aber auch zunehmend Prominente in einem weiteren, quasi fachfremden Sinne. So kann eine Sängerin von 80er-Jahre-Hits genauso in öffentliche Ungnade fallen, weil sie unausgegoren über die Pandemie sinniert. Wie auch ein Fußballspieler, der sich nicht impfen lässt. Oder ein anderer Nationalspieler, der sich – möglicherweise vor allem wegen seiner türkischen Herkunftsgeschichte – mit einem Recep Tayyip Erdoğan öffentlichkeitswirksam abbilden lässt.

Schon immer waren es die klassischen Medien, die mit ihrem Hunger nach Statements dieses Problem befeuert haben. Der Druck, sich zu positionieren und zu bekennen, wird heute zusätzlich verstärkt durch das Tempo und die Breite digitaler Medienplattformen. Die Möglichkeit, über einen kurzen Post, einen Tweet, ein Herzchen deutlich zu machen, »wo man steht«, ist verlockend einfach und gerade für Personen des öffentlichen Lebens mit großen Follower-Zahlen eine breitenwirksame Kommunikationsform. Dennoch betrifft es nicht nur prominente Personen, sondern im Grunde alle. Um nur drei Beispiele zu nennen: Nach dem Anschlag auf die Redaktion der Satirezeitschrift »Charlie Hebdo« bekundeten viele mit »Je suis Charlie« öffentlich Solidarität. Seit dem Angriff Russlands auf die Ukraine finden sich auf zahlreichen Profilbildern in sozialen Netzwerken die Nationalfarben der Ukraine. Und immer wieder dient der Regenbogen als Unterstützersymbol oder Bekenntnis im Einsatz gegen Diskriminierungen queerer Menschen.

Social Media ist aber auch in diesem Sinne ein Monster, das ständig gefüttert werden muss. Und das jedes Bekenntnis, jede Positionierung genau so transparent macht wie den Moment des Ausbleibens eines solchen Sich-Bekennens. Muss, wer »Je suis Charlie« sagt, auch bei anderen Terroranschlägen anderswo in gleichem Maße solidarisch auftreten und ein »Je suis …« markieren? Wie viel Aussage steckt im Ausbleiben? Eine geringere Gewichtung? Eine Hierarchisierung von Leid? So kritisierten viele zum Beispiel nach dem Anschlag der Hamas auf Israel, es fehle an Solidarität von Personen, die sich sonst immer bei politischen Themen äußerten.

Die Frage etwa, ob die Morde des NSU, ob rechtsextremer Terror insgesamt unterbelichtet ist und zu wenig gesellschaftliche Empörung hervorruft, wird gerade aus migrantischer Perspektive laut gestellt. Nach dem 7. Oktober beklagten nicht nur deutsch-jüdische Kulturschaffende und Intellektuelle wie Mirjam Wenzel oder Meron Mendel eine »erschreckende Empathielosigkeit« beziehungsweise einen Mangel an Mitgefühl mit den Angegriffenen gerade im deutschen Kulturbetrieb.

Gerade diese Auseinandersetzung, die Frage, wie klar gesellschaftliche Bekenntnisse gegen Antisemitismus ausfallen und dokumentiert werden müssen, repräsentiert ein zunehmend aufgewühltes, wenn nicht gar vermintes Feld. Die Diskussionen um das Verhältnis von Kunstfreiheit und Grenzziehungen gegen Antisemitismus haben hier bereits rund um die Kunstausstellung documenta im Jahr 2022 Konfliktlinien offengelegt, die jetzt vollends zutage treten. Und die über die Debattenebene hinaus eine neue Qualität der Bekenntnisbedürfnisse hervorbringen, nämlich eine Art Verrechtlichung dessen, was sich bisher vor allem im Diskursraum abspielte. Beispielhaft dafür steht der Versuch des Landes Berlin, Kulturschaffende nur noch dann zu fördern, wenn sie eine Antisemitismusklausel unterzeichnen.

Ähnlich dürfte die Ausladung der US-amerikanischen Philosophin Nancy Fraser von einer Gastprofessur zum Thema »Arbeit im Kapitalismus« an der Universität zu Köln zu werten sein. Sie erfolgte als Reaktion darauf, dass sich die Wissenschaftlerin gegenüber der Uni zunächst nicht zu ihrer Unterzeichnung der Erklärung »Philosophy for Palestine« erklären wollte. Eine Erklärung, die den Begriff des Genozides an den Palästinensern verwendet und zum Boykott israelischer Wissenschaftseinrichtungen aufruft. Es sind legitime, normativ begründbare Motivationen, die in beiden Fällen zu vermuten sind: Ein entschlossenes Auftreten gegen Antisemitismus erfordert eben mehr als Worte. »Nie wieder ist jetzt!« verkommt – dieser Einwand wird berechtigterweise nicht nur vom Zentralrat der Juden erhoben – zu leeren Worten, wenn Handlung ausbleibt. Was aber sind Taten, die wirken, ohne den Debattenraum zu verengen? Helfen Klauseln und damit die Verknüpfung mit der Frage, wer öffentliche Kulturförderung erhält, um antisemitische Einstellungen im Kulturbetrieb zu bekämpfen? Sollten Preise und Auszeichnungen ausbleiben, wenn Geehrte an anderer Stelle Position beziehen und damit ihre Preiswürdigkeit in Frage stellen? In der Sache ließe sich über vieles trefflich streiten. Gibt es Grenzen, die nicht überschritten werden dürfen? Wie legen wir diese fest, wie breit muss ein gesellschaftlicher Konsens sein, dass wir die Grenzen des Sagbaren für allgemeingültig erklären dürfen?

Aber noch bevor all diese dringend nötigen Debatten stattfinden können, wirken die Bekenntnisbedürfnisse, der Wunsch nach klaren Positionierungen und Abgrenzungen wie eine Wand, die eben genau diese notwendigen Auseinandersetzungen fast unmöglich macht.

Das liegt zum einen daran, dass die Begegnung unterschiedlicher Perspektiven in einem ganz praktischen Sinne eingeschränkt wird. Mit einer ausgeladenen Professorin kann man definitiv schlechter diskutieren als mit einer präsenten. Der Wunsch klarer Verortungen und Bekenntnisse zeitigt somit letztlich eine Vorsortierung. Wer wird dann überhaupt in einen für mich satisfaktionsfähigen Debattenraum vorgelassen? Wer kriegt das Label, eben nicht diskussionswürdige Ansichten zu vertreten?

Diese Beschränkungen haben einen starken Effekt auf die Debattenfähigkeit an sich. Denn im Wunsch nach klaren Bekenntnissen steckt letztlich das Einfordern einer Kohärenz, eines stimmigen Gesamtbildes, das kaum Widersprüche erlaubt. Eine renommierte Wissenschaftlerin darf nicht irritieren durch Positionen, die man selbst nicht teilt. Viel mehr noch: Alles Tun,

Sprechen und Denken bekommt eine Relevanz zugesprochen, die weit über die Verantwortlichkeiten einer Person hinausreicht. Nancy Fraser hat es in ihrer Reaktion auf die Ausladung so formuliert: »Ich bin kein Staat! Ich bin ein freier Mensch!«

Die Möglichkeiten der Ambivalenz, der Ambiguität, des Widersprüchlichen werden durch diese Entwicklungen sanktioniert. Die österreichische Schriftstellerin Eva Menasse sieht einen Bekenntniszwang am Werk, der Ausdruck sei des »würgenden Wunsches, auf der garantiert richtigen Seite zu stehen«. Ein Prozess, der sich in großen politischen Fragen ebenso zeigen kann wie in lebensweltlichen: J.K. Rowling lesen trotz der Kritik, sie tätige transfeindliche Aussagen? Filme von Woody Allen schauen? Musik von Xavier Naidoo hören? Als umweltbewusster Mensch Wintersport betreiben? Fliegen oder Auto fahren?

Mit Widersprüchen dieser Art könnte eine Gesellschaft hoffentlich mit einem Lächeln auf den Lippen umzugehen in der Lage sein. Vielerorts dürfte es gelingen. In den großen Fragen lauert aber eine Gefahr in den Bekenntnisbedürfnissen unserer Zeit: dass sie eine Stromlinienfähigkeit befördern, die gerade bei denen, die sich im öffentlichen Raum bewegen, Ecken und Kanten abschleift. Die für ein permanentes Abklären sorgt, welche Konsequenzen aus einer öffentlichen Positionierung erwachsen könnten – oder eben aus dem Sich-Entziehen. Anders als früher sorgt dabei eine Erkenntnis für zusätzliche Vorsicht: In digitalen Zeiten gibt es kein Vergessen. Jede noch so kleine Mikrohandlung, jede unbedachte Formulierung kann enorme Wirkung entfalten. Die Zeit der großen Shitstorms scheint zwar hinter uns zu liegen, beziehungsweise ihre Existenz hat sich so normalisiert, dass wir sie weniger wahrnehmen. Aber unsere Gesellschaft scheint in gewisser Weise shitstorm-shellshocked. Die Erinnerung an die destruktive Kraft der digitalen Erregungsspiralen wirkt nach.

Wie »safe« ist man heutzutage, etwas Provokantes, möglicherweise Unbedachtes, Übertriebenes und damit vielleicht sogar mal schlicht Falsches zu sagen? Wie sehr muss man Konsequenzen fürchten? Nicht im Sinne von Sanktionen in einem juristischen Sinne, aber in einem moralischen. Es geht um das Kopfschütteln, das Naserümpfen, das Augenrollen des Umfeldes, eine gesellschaftliche Diskreditierung der Position. Es gibt nach wie vor genug prominente Debattenteilnehmerinnen, die bereit sind, genau das auszutesten. Nur spüren sie selbst und ein aufmerksames Publikum, wie sich die Konsequenzen verschärft haben. In der Öffentlichkeit sind sie leicht auffindbar, weil ihnen ab einem bestimmten Irritationsgrad das Attribut »umstritten« angeheftet wird. Das ist zunächst eine Beobachtung – und in der Bewertung kann man durchaus ambivalent sein. Das Lob auf die freie Rede steht dem gesellschaftlichen Fortschritt gegenüber, der eben auch damit verbunden ist, dass nicht alles ohne Konsequenzen sagbar bleibt.

Der stärkere Trend dürfte allerdings ein anderer sein: Misstrauen und Bedenken. Von der »Angst, etwas Falsches zu sagen«, spricht der Chefredakteur der *Zeit*, Giovanni di Lorenzo, mit Blick auf seine prominenten Interviewpartner der letzten zehn Jahre. Sie äußere sich in Zurückhaltung, Zaudern, Vorsicht, Absagen, im Nachhinein vorgenommenen Streichungen oder Umformulierungen, manchmal sogar dem Einschalten von Anwälten, was zur Tilgung ganzer Passagen oder sogar des ganzen Interviews führen kann – »all das ist heute das Grundrauschen fast jeder öffentlichen Äußerung«.

Es ist ein Grundrauschen, das nicht nur die klassischen öffentlichen Debattenräume und ihre eben meist professionellen Akteure trifft, sondern in die Breite der Gesellschaft diffundiert. Social Media hat viele Menschen aus der reinen Zuschauerrolle in – wie Habermas schreibt – »halb private, halb-öffentliche Kommunikationsräume« geführt. Und damit sehen sie sich dem rauen Wind mancher Debatten selbst ausgesetzt. Wer sich früher mit seinen Meinungen und Ansichten nur einem privaten

Umfeld ausgesetzt hat, sei es in der Familie, bei der Arbeit, am Gartenzaun oder am sprichwörtlichen Stammtisch, findet sich heute auf einmal in einer breiteren Öffentlichkeit, die zudem die üblichen sozialen Schutzmechanismen und Rücksichtnahmen nicht in gleichem Maße kennt. Zwar führen einen die Algorithmen dort einerseits in den wohligen Raum gleichschwingender Echokammern. Anderseits geraten sie dort auch in den kommunikativen Clash mit Andersdenkenden.

Das wachsende Bedürfnis nach und das Einfordern von Bekenntnissen fällt nicht einfach so vom Himmel wie eine biblische Plage. Sie sind Ausdruck unseres Sortierbedürfnisses. Die entgrenzten Debatten einer individualisierten Gesellschaft zu immer komplexeren Themen rufen massive Entkomplexisierungsbedürfnisse hervor. Bekenntnisse bieten Leitplanken, Orientierung, Schutz. Und angesichts von Radikalisierungstendenzen stellt sich berechtigterweise die Frage: Gibt es Grundhaltungen und Positionen, die man einfordern darf, vielleicht sogar muss? Die Ambivalenz dieses Bedürfnisses zeigt sich darin, dass für die einen selbstverständlich sein mag, was für andere einer unbotmäßigen Einschränkung des Denkraumes gleichkommt. Und dass selbst bei einer grundsätzlichen Einigkeit, etwa gegen Rassismus, Antisemitismus und für die Stärkung der Demokratie zu sein, Interpretationsspielräume bleiben, was konkret daraus erfolgen muss.

Fragen dieser Art könnten Grundlage einer fruchtbaren Debatte sein. Sie sind es aber zu selten. Für die Debattenkultur erwachsen aus dem Bekenntnisüberschuss im Gegenteil Risiken und Nebenwirkungen. Statt klarer Bekenntnisse flüchten sich viele in ein Schweigen. Eva Menasse beobachtet dies etwa im Kontext der Nahost-Debatte. Man sage lieber nichts mehr über Israel, statt sich »den Mund zu verbrennen«. Letztlich dürfte die anfangs zitierte und eben signifikant gewachsene Zahl derjenigen, die zur Vorsicht raten, wenn man hierzulande seine Meinung frei äußern will, auch darauf zurückzuführen sein, dass andere immer klarer und lauter ihre Meinung als Standard gesetzt sehen wollen.

Absolutheitsansprüche

Wer sich weiter auf die Suche macht nach Ursachen für das Unwohlsein im Meinungsraum, für das Gefühl der Vorsicht, für das Zweifeln an dem, was weiterhin sagbar ist und was nicht, landet bei einem Mann, der alles andere als verdächtig sein dürfte, verschwörerisch auf diese Welt zu schauen. Der einst das bevölkerungsreichste deutsche Bundesland regierte und drauf und dran war, Kanzler zu werden: CDU-Politiker Armin Laschet. In der Paulskirche diskutierte er im März 2024 unter anderem mit dem Publizisten Michel Friedman über »Freiheit und Verantwortung« und diagnostizierte eine Veränderung, die ihm offensichtlich Sorgen bereitet: »Wir haben uns angewöhnt, eine Position, die vermeintlich die große Mehrheitsposition ist, zu moralisieren.« Laschet untermauerte diese These mit Bezügen auf die Corona-Krise und die damaligen politischen Entscheidungen, Freiheitseinschränkungen vorzunehmen. Zwar sei dies der Wunsch der großen Mehrheit der Bevölkerung gewesen, problematisch war aus seiner Sicht jedoch der Umgang mit der Minderheit. »Die Menschen, die das anders sahen, wurden in die Ecke gedrängt.« Widerspruch sei nicht erwünscht gewesen.

Dieses Muster erkennen wir mittlerweile auch deutlich bei anderen politischen Streitfragen, etwa im Umgang mit unterschiedlichen Einschätzungen und Positionen zum Krieg in der Ukraine. Laschet zieht beispielsweise den Vergleich zur Friedensbewegung der frühen 1980er Jahre in Westdeutschland und deren Ablehnung einer atomaren Aufrüstung. Wer heute so argumentiere, sagt Laschet, lande gleich bei Sahra Wagenknecht und Co. und werde mit einer moralischen Position in die Unrechtsecke gedrängt. »Und das macht den, der anders denkt, noch wütender.«

Es gibt diese Kritik auch in höherer Lautstärke. Der Philosoph Richard David Precht und der Soziologe Harald Welzer haben gemeinsam in Buchform beklagt, »wie Mehrheitsmeinung gemacht wird, auch wenn sie keine ist«. Ihr Befund fällt spitz aus: Die Leitmedien berichteten nicht mehr nur über Politik, sondern machten sie. Die Leitmedien bauschten auf, was in den Sozialen Medien diskutiert wird, und blendeten aus, was »Mehrheitsmeinung« ist. »Wer gerade nicht in der Mitte ist, ist moralisch fragwürdig und zum Abschuss freigegeben.«

So interessant diese Position ist, so sehr ist auch dieser Debattenbeitrag vor allem erst mal ein Beispiel für eine wenig fruchtbare Debattenperformance. Der anklagende Ton von Precht und Welzer führte zu erwartbaren Gegenreaktionen, die sich vor allem am »populistischen Framing« störten. Die Frage, was eigentlich los ist, warum und ob es überhaupt eine neue vermeintliche Gnadenlosigkeit im Umgang mit anderen Positionen gibt, droht darüber in den Hintergrund zu treten, geschweige denn, dass die These empirisch belastbar eine Überprüfung erführe.

Wenn wir uns nicht nur mit neuen Begründungen in vertrauten Frontstellungen wiederfinden wollen, bleibt die zentrale Herausforderung, wie wir gemeinsam eine Antwort finden und nicht neue Trennlinien aufmachen. Ist unsere Gesellschaft wundgescheuert? Haben die Großkrisen neue Sensibilitäten hervorgebracht, die nicht ohne Folgen bleiben, wie wir miteinander umgehen? Die Philosophin Svenja Flaßpöhler spricht von einer »zunehmenden Sensibilisierung des Selbst und der Gesellschaft«. Rechte Kräfte reagierten empfindlich auf gesellschaftliche Transformationen wie etwa den von ihnen so bezeichneten »Genderwahn«, linksliberal Denkende seien dünnhäutig, wenn ihre Vorstellung von gesellschaftlichem Fortschritt hinterfragt wird. Von einer »vulnerablen Gesellschaft« spricht die Rechtswissenschaftlerin Frauke Rostalski und konstatiert, dass wir mehr und mehr bereit seien, Einschränkungen unserer individuellen Freiheit hinzunehmen, um einem gesteigerten Sinn für Verletzbarkeit gerecht zu werden.

Die Corona-Pandemie war in dieser Hinsicht ein Paradebeispiel. Verletzlichkeit war hier kein theoretisches Konstrukt, sondern eine sehr reale Herausforderung. Sie war ein Hauptargument zur Begründung konkreter Schutzmaßnahmen von Kontaktsperren bis zur Impfung (und damit verbundener Einschränkungen der weniger Verletzlichen). Letztlich war die Verletzlichkeit aber auch eine wichtige Begründung derjenigen, die sich nicht einverstanden zeigten mit diesem Ansatz. Die die eigenen Freiheitsrechte sowie die Unverletzlichkeit des eigenen Körpers als verletzt betrachtet haben.

Es ist das Grundsätzliche, das die Debatten in der Pandemie so aufgeheizt haben dürfte. Es ging eben nicht nur um den Wettbewerb unterschiedlicher Positionen, für die es ein Für und Wider geben kann. Sondern um die grundlegende Berechtigung der Positionen selbst, die von einer Verhandelbarkeit von vorneherein ausgeschlossen erschien.

Frauke Rostalski spricht von »Diskursvulnerabilitäten« und findet eine Reihe weiterer Beispiele: die Debatten um den Klimawandel, die einerseits eine zutiefst sachliche Dimension kennt, schließlich ist das Feld seit Jahrzehnten weltweit Gegenstand wissenschaftlicher Untersuchungen. Andererseits erwachsen bei Klimaaktivisten, zumal wenn sie sich radikaleren Gruppen wie der »Letzten Generation« zugehörig fühlen, gerade aus diesen Erkenntnissen heraus Handlungszwangsläufigkeiten. Die Rettung der Lebensgrundlagen, die Verletzlichkeit von Natur und Menschen also, ist der Handlungsmaßstab, der angesichts der Dringlichkeit keine Verhandlungsspielräume zulässt. Oder um es mit den Worten Greta Thunbergs vor der UN-Vollversammlung auszudrücken: »How dare you? […] The eyes of all future generations are upon you. And if you choose to fail us, I say: We will never forgive you.«

Gewiss: Politische Debatten kennen seit je das Stilmittel

der emotionalen Dramatisierung. Die »rein sachlich geführte Debatte« ist bestenfalls ein Ideal, ihr Einfordern oftmals vor allem ein rhetorischer Trick, um die Unsachlichkeit der anderen Seite herauszustellen. Und doch haben sich die Dimensionen verschoben: Positionen kommen schneller in den Verdacht, »verletzend« und damit untragbar und unsagbar zu sein. Sei es an Universitäten und den dort heiß geführten Debatten um die Grenzen der Wissenschaftsfreiheit. Gerade in den USA kann man sehen, wie dieses Spiel von beiden Rändern des politischen Spektrums betrieben wird: Rücksichtnahmen werden dort nicht nur im Sinne progressiv gedachter Sensibilitäten in Herkunfts- oder Genderfragen eingefordert, sondern auch zunehmend als konservativer Kulturkampf ausgefochten. Exemplarisch dafür stehen Lehrplanänderungen, wie sie zum Beispiel unter dem erzkonservativen Politiker Ron DeSantis in Florida vollzogen wurden, unter anderem auch mit der Begründung, religiöse Gefühle nicht verletzen zu wollen. Die als »Don't Say Gay«-Gesetz bekannte Reform schränkt das Thematisieren von Fragen der Geschlechtsidentität und sexueller Minderheiten im Unterricht stark ein. In Deutschland gibt es solche Phänomene »von rechts« bisher nur am Rande, etwa bei radikalen Abtreibungsgegnern. Oder aber in ersten, eher sanften Spielarten, etwa wenn als Gegenargument zu gendersensibler Sprache von der »Verletzung des Sprachgefühls« gesprochen wird.

Hierzulande lässt sich das Muster in der Debatte um den Ukraine-Krieg erkennen. Das detaillierte Für und Wider einzelner Fragen, die sich etwa entlang der Notwendigkeit von Waffenlieferungen diskutieren ließen, mündet oftmals in einen großen – moralisierten – Gegensatz: hier die Kriegstreiber, dort die Putinfreunde. Tertium non datur.

»Das größte Opfer dieser Tage ist das Dritte«, schreiben die »Kursbuch«-Herausgeber Armin Nassehi, Sibylle Anderl und Peter Felixberger. »Das Dritte hat einen schweren Stand. Es gibt fast überall nur zwei Seiten: gut oder böse, schwarz oder weiß, wahr oder falsch, wir oder sie. Klare Unterscheidungen innerhalb einer zweiseitigen Unterscheidung haben enorme Vorteile: Sie bringen Ordnung in die Welt, sie markieren Innenseiten und Außenseiten, und sie können die ganze Welt abbilden.«

Auch hier sehen wir also das Bedürfnis, eine Welt in Unordnung zu sortieren. Aber wir sollten uns vor der schnellen Kritik an diesen Vereinfachungen immer die Mühe machen, nach den Gründen zu fragen. Es kann sein, dass manche aus Dominanz- und Machtstreben Debattenhegemonie anstreben. Ebenso können ernste Sorgen oder beste Absichten dahinterstecken. Die Klimakrise ist so dringlich, wie sie ist, und stellt in der Tat die Kompromisslogiken der liberalen Demokratien in Frage (von den Verweigerungslogiken autoritärer Staaten ganz zu schweigen). Es wäre zu einfach, überall eine »woke« Machtergreifung zu vermuten, wo es um die Frage geht, wie ein wertschätzendes Miteinander in einer Gesellschaft aussehen müsste, die die Existenz einer größeren Diversität anerkennt.

Wer die häufig guten Intentionen anerkennt, darf mit größerer Glaubwürdigkeit auf das Problematische an dieser Entwicklung hinweisen. Denn es bleibt ein methodisches Grundproblem: Die Frage, ab wann sich Positionen jenseits des Sagbaren befinden, welche Positionen im Debattenraum aus Rücksichtnahme nicht mehr stattfinden sollten, welche Bekenntnisse allgemeingültigen, im besten Sinne universellen Charakter haben, muss in aller Breite verhandelbar bleiben. Wer meine, so beschreibt es Frauke Rostalski, »bestimmte Gesprächsinhalte sollten zum Schutz vor Verletzungen der anderen nicht mehr öffentlich zur Sprache kommen dürfen, müsste hierzu zunächst einen entsprechenden Diskurs anstoßen – und ihn gerade nicht durch Boykott und Ausschluss im Kern ersticken«.

Es ist eine Mahnung vor den Absolutheitsansprüchen der eigenen Position. Und doch bleibt das Dilemma: Kann es so etwas wie gesellschaftlichen Fortschritt geben, wenn der Debattenraum so offenbleibt, dass in ihm die Reproduktion alter

Stereotype und Diskriminierungsmuster weiterhin möglich ist? Haben nicht gerade harsche Grenzziehungen zum Beispiel erst dazu geführt, abwertende Begrifflichkeiten wie das »N-Wort« erfolgreich zu problematisieren? Wie kriegt der Kampf gegen Antisemitismus eine Wirksamkeit, wenn nicht auch über das Mittel des Ausschlusses und des Boykotts?

Gesellschaftliche Veränderungen erwachsen meistens aus Minderheitspositionen, was naturgemäß den gesitteten Weg über den offenen Diskurs mit einer beharrungsfreudigen Mehrheit erschwert. Dessen sollte man sich bewusst sein, wenn es dennoch richtig bleibt: Diskurse nicht zu führen beziehungsweise den Diskursraum von vorneherein einzuschränken, ist die schlechtere Lösung. Denn sie führt zu zwei Phänomen, die beide die Debattenkultur belasten. Bei manchen rufen die Absolutheitsansprüche der anderen Widerstände hervor, und somit heizen sie das Debattenklima unweigerlich auf. Andere reagieren auch in Folge dieser vernehmbaren Eskalationen mit einem Verstummen. Die stilprägende Wirkung der Mitte auf die Debatte geht dabei verloren. Und das zeigt sich vor allem in der Sprache.

Sprachdefekte

In der Debatten-Küche ist es definitiv heißer geworden – und viele bleiben genau deshalb lieber draußen. Es sind zuallererst die disruptiven Kräfte am Rande und die Nachahmung ihrer Methoden bis hin in die politische Mitte, die eine Sprache im politischen Raum etabliert haben, die sich vor allem durch eine Verrohung auszeichnet.

Beispiele dafür finden sich in allen prägenden Debatten der letzten Jahre. Beispiel Corona: Auf der einen Seite war die Rede von »Unvernünftigen«, »Covidioten« bis hin zur »Tyrannei der Ungeimpften«, von der der Vorsitzende des Weltärztebundes Ulrich Montgomery sprach. Auf der anderen Seite zeigten sich extreme Verhärtungen, die sich in mitunter tätlichen, mindestens aber verbalen Angriffen gegen Politikerinnen und Journalisten aus der Querdenker-Szene heraus manifestierten.

Auch in den deutschen Debatten rund um den Ukraine-Krieg fuhren einige Debattenteilnehmerinnen und Debattenteilnehmer schwere Verbalgeschütze auf: Während diejenigen, die sich für eine klare militärische Unterstützung des angegriffenen Landes aussprachen, sich dem Vorwurf der Kriegstreiberei ausgesetzt sahen, wurden etwa die Autorinnen und Autoren offener Briefe, die sich gegen Waffenlieferungen an Kiew aussprachen, als »Kapitulationsintellektuelle« oder »Lumpen- bzw. Unterwerfungspazifisten« bezeichnet.

Gleichzeitig gibt es eine entgegensetzte Entwicklung: eine zunehmende Sensibilisierung der Sprache. Jenseits der lauten Ausschläge zeigen sich subtilere Phänomene, die zu einer Sprachlosigkeit führen können. Sensibilitäten, die um sich greifen. Unsicherheiten, die sich breitmachen. Fast alle dürften eine Ahnung haben, worum es hier geht. Und möglicherweise gleich vorsichtig werden beim Versuch, es zu benennen. Wie kann man richtig ausdrücken, manchmal Sorge zu haben, etwas »falsch« auszudrücken, nicht auf der Höhe der Zeit zu sein, was für dieses oder jenes der zeitgemäße Begriff wäre? Die Angst also, in diskursive Fettnäpfchen zu treten, ohne hier bereits in den Verdacht zu geraten, das Narrativ zu bedienen, man könne nicht mehr frei sprechen. Beispielhaft sehen wir genau das regelmäßig in Debatten, die mit entsprechender Polarisierung über bestimmte Begrifflichkeiten geführt wurden. In der Folge kommen sie meistens nur noch als Bindestrich-Konstruktionen daher: N-Wort, Z-Wort … wer einmal die Erregungsspirale erlebt hat, die sich zwischen sprachsensiblen Progressiven (gerne über das Sprachrohr der Sozialen Medien) und kulturkonservativen Beharrungskräften (gerne prominent sekundiert von so mancher Boulevard-Zeitung) in die Höhe schraubt, wird wenig Lust auf weitere Auseinandersetzungen dieser Art haben.

Ohne Frage dürften die Debatten um eine sensiblere Sprache Auswirkungen auf die Debattenkultur insgesamt haben. Schließlich sind Versuche, die Sprachpraxis zu verändern, ein Eingriff, ein Veränderungsimperativ, auf den Menschen unterschiedlich reagieren. Neugierig und aufgeschlossen. Möglicherweise ambivalent und abwartend. Aber eben auch ablehnend. Vor allem dann, wenn sich das Gefühl einstellt, mit der Kritik an bestimmten Begrifflichkeiten werde noch viel mehr in Frage gestellt: eigene Gewohn- und Gewissheiten bis hin zu geliebten Kindheitserinnerungen. Kann die Winnetou-Darstellung falsch sein, wenn sie einen als kleiner Junge doch so begeistert hat? Müssen vertraute Kinderbücher von Astrid Lindgren oder Michael Ende wirklich umgeschrieben werden, weil sie das N-Wort verwendeten? Selbst wenn man beides aus rationalen Gründen bejaht, kann die emotionale Antwort anders ausfallen. Die Debatten darum wurden ausführlich geführt – mit einer zunehmenden Tendenz zur Reinszenierung. Die Rollen sind klar verteilt, der Erkenntnisgewinn schwindet, die Ermüdung greift um sich. Wir wollen sie hier deshalb links wie rechts liegenlassen. Nicht ohne allerdings zu vermerken: Gerade die Lautstärke dieser Debatten dürfte vor allem bei jenen, die möglicherweise noch ohne große Beteiligung und eigene Betroffenheit auf das Thema sensibler Sprache schauen, zu einer Vorsicht geführt haben, überhaupt das Wort zu ergreifen.

Sprache kann jenseits dieser heißen Debatten-Eisen auf eine weniger offensichtliche Art zu einem Erkennungsmarker werden. »Which side are you on?« – die Frage, wo jemand steht, beantwortet sich oft bereits auf einer subtilen semantischen Ebene. Es gibt offensichtliche Felder: Wer heute noch Asylant sagt, dürfte sehr wahrscheinlich nicht zu den Befürwortern einer migrationsfreundlichen Politik zählen (oder ohne böse Absicht in den 80ern steckengeblieben sein). Schon der Begriff »Flüchtlinge« kann mittlerweile Fragezeichen hervorrufen aus der Perspektive derjenigen, die sich für die Bezeichnung »Geflüchtete«

entschieden haben. Ob man für die Tatsache, dass im Jahr 2015/2016 eine im Vergleich zu den Vorjahren deutlich gestiegene Zahl an Flüchtlingen nach Deutschland kam, das Wort »Flüchtlingskrise« verwendet oder ganz bewusst auf diese Zuschreibung verzichtet, dient gerade im letzteren Fall der politischen Verortung.

Im Zuge der Diskussionen um die Frage, wie Deutschland spätestens bis 2045 erreichen kann, klimaneutral Wohnungen und Häuser warm zu halten, etablierten sich zwei gängige Begriffe: das »Heizungsgesetz« war der knappere, insofern auch breit verwendete, gerne allerdings gerade in sprachlichen Weiterentwicklungen wie dem »Heizungshammer« eher auf der Seite der Skeptiker zu vermuten. Wer es dagegen gut meinte mit dem Plan, griff gleichwohl häufiger zum offiziellen Namen des Kindes: Gebäudeenergiegesetz, kurz GEG.

Sicherlich, beide Beispiele markieren keine apodiktischen Verhärtungen. Niemandem wird der Kopf abgerissen, niemand grundsätzlich in die Ecke gestellt, der etwa Flüchtling sagt, aber politisch möglicherweise gar keinen Anlass liefert für eine migrationskritische Haltung. Auch beim Heizungsgesetz dürfte es sich um Finessen handeln. Und doch bleiben sie nicht ohne Konsequenzen für den Debattenraum. Sie markieren feine Linien: Wer ist auf der Höhe des Diskurses? Wer kennt die jüngsten Begrifflichkeiten, die ja häufig einhergehen mit neuen Perspektiven und progressiveren Blickwinkeln auf Themen. Wer spricht noch vom »Migrationshintergrund« und hat noch nicht mitbekommen, dass der Begriff »Migrationsgeschichte« als treffsicherer bewertet wird? Sagt man noch »obdachlos« oder schon »wohnungslos«? Oder beides? Wer weiß, wo der feine Grad verläuft zwischen dem Ausdruck »türkischstämmig« oder »Türkei-stämmig«?

Es soll hier nicht darum gehen, die Intentionen in Frage zu stellen. Sprache entwickelt sich und braucht dafür Impulse. Wie falsch klänge es in (fast) allen Ohren heutzutage, sprächen wir noch von »Ausländern«, wenn es um seit Jahren oder Jahrzehnten in Deutschland lebende Bürgerinnen und Bürger geht?

Ziel dieser sprachlichen Veränderungsakte und -appelle ist es, präziser zu sein und diskriminierende Ausprägungen der Alltagssprache zu beseitigen. Sprache soll im besten Fall dadurch inklusiver sein, also weniger Trennlinien schaffen. Im Zuge dessen bedienen sich viele heute neuer Worte und vor allem Akronyme, die es, meist aus den USA kommend, in den hiesigen Sprachgebrauch geschafft haben, zum Beispiel: People of Color, kurz PoC oder in der erweiterten Form »BIPoC« (Black, Indigenous and People of Color). Auch im Deutschen gibt es Schöpfungen dieser Art: FLINTA steht für »Frauen, Lesben, Intergeschlechtliche, nichtbinäre, trans und agender Personen« – ein Sammelbegriff als Abgrenzung zu (Cis-)Männern.

Man kann spitz auf diese Entwicklungen blicken, wie es etwa der USA-Korrespondent des *Spiegel*, René Pfister, in seinen Beobachtungen der amerikanischen Verhältnisse tut. Pfister spricht von neuen Distinktionsmerkmalen und ergänzt die Liste der Beispiele: »Wer auf Twitter seine Pronomen (»she/her«) angibt, arbeitet eher nicht bei Walmart an der Kasse. Der Glottisschlag ist in der Frühschicht einer Autofabrik eher selten zu hören. Die Sprache der Inklusion ist so gesehen auch ein Mittel, sich über den ungebildeten Pöbel zu erheben – und ein Weg, jene zu verdammen, die leider zu beschäftigt waren, die letzte Windung des progressiven Diskurses mitzubekommen.«

Wer wie Pfister die ideologischen Lagerkämpfe um die Sprachhoheit jenseits des Atlantiks erlebt, mag zu scharfen Schlüssen wie diesen kommen. Und doch könnte man kritisch fragen: Kann es nicht längst weitaus häufiger als vermutet so sein, dass auch an einer Kasse bei Walmart non-binäre Menschen arbeiten, denen die Frage der Pronomen durchaus wichtig sein könnte? Und Menschen, denen gendersensible Sprache wichtig ist, am Produktionsband der Autofabrik?

Der deutsche Autobauer Audi hat schon vor längerer Zeit

seine Beschäftigten zu »Audianer_innen« erklärt. In Deutschland dürfte man wohl insgesamt mit etwas weniger Dramatik dem Phänomen gerechter werden. Ein Phänomen, das aber letztlich auch hier einen Widerspruch zeigt: Unterm Strich müssen neue Sprachsensibilitäten nicht per se zu weniger Trennlinien führen. Sie können – ob nun intendiert oder nicht – zu neuen Barrieren führen. Ausschließend ist dann nicht die Sprache durch ihre Zuschreibungen, sondern das Wissen oder Nichtwissen um die entsprechenden Codes. Angesichts der Vermutung, dass viele progressive Moves aus dem akademischen Umfeld kommen, stellt sich in der Tat die Frage, inwieweit diese Trennlinie auch eine soziale ist. Vielmehr als eine der politischen Haltung, der eigenen Betroffenheit oder der eigenen Herkunft.

Pfister führt als Beispiel die Bezeichnung »Latinx« anstelle von »Latinos« für hispanische Amerikanerinnen und Amerikaner an – ein Begriff, der etwa von progressiven Demokraten wie der New Yorker Kongressabgeordneten Alexandria Ocasio-Cortez bis zur ehemaligen demokratischen Präsidentschaftskandidatin Elizabeth Warren verwendet wird. Umfragen zufolge sind es allerdings nur drei Prozent der hispanischen Amerikaner, die in der Selbstzuschreibung von »Latinx« sprechen.

Aber auch jenseits identitätsbehafteter Selbstbezeichnungen sehen wir, wie Sprache schon durch Begriffssetzungen Debatten prägt beziehungsweise Haltungen markiert werden noch vor dem Austausch von Argumenten. Beispiel Ukraine. Der Journalist Friedrich Küppersbusch spricht von einer »Sprechroutine«, die sich mittlerweile bei politischen Verantwortlichen zeige: Wer keinen Zweifel lassen möchte an seiner klaren Position, spreche vom »völkerrechtswidrigen Angriffskrieg Russlands auf die Ukraine« – eine Formulierung, »die jedem Statement über die Katastrophe dort gefälligst vorauszuschicken« sei. »Wer ohne diese Wendung über Verhandlungen, Frieden, eine Lösung sprechen will, schießt sich aus dem medialen Diskurs«, so Küppersbusch. Anders gesagt: Der Verweis auf den Angriffskrieg ist eine Art Diskurs-Eintrittskarte. Wer sie ziehe, bleibe unverdächtig, auf der falschen Seite zu stehen.

Nun ist eins klar: Der Krieg gegen die Ukraine ist mit diesen Worten treffsicher beschrieben. Wir sind hier also weit entfernt von einem Neusprech beziehungsweise von Umdefinitionen und Lügen, wie sie Putin und der Kreml mit dem Versuch unternommen hatten, den Krieg als »militärische Spezialoperation« zu euphemisieren. Außerdem wird man zahlreiche Beispiele finden, in denen Politikerinnen und Politiker oder auch andere, die sich öffentlich zu Wort melden, ohne Umschweife und Sanktionen zu befürchten, schlicht vom »Ukraine-Krieg« sprechen. Insofern ist es schwer, den Finger auf das zu legen, was hier subtil durchscheint als etwas, das Debatten belasten kann. Es ist der Wunsch, über sprachliche Setzungen Klarheit zu schaffen. Es ist die Absicht, die erkennbar ist. Und die verstimmt. Oder verunsichert zumindest.

Auch um den 7. Oktober – den Terror der Hamas gegen Israel und die darauffolgende Eskalation in Nahost – erleben wir Hoheitskämpfe um Sprache. Der Begriff des Genozids steht dabei latent im Fokus. Die Frage, ob die Hamas die »Nazis von heute« seien, wie Israels Premierminister Benjamin Netanjahu sagte, war zumindest kurz nach dem Angriff ein Thema. Sprechen wir von »Palästina« oder den »palästinensischen Gebieten«? Ist Israel die »einzige Demokratie im Nahen Osten« oder ein »Apartheids-Regime«? Interessant und problematisch im Zusammenhang mit diesem Konflikt ist die ständige Einforderung dessen, »was vorher war«. Kann man über das Leid in Gaza sprechen, ohne den 7. Oktober und die in der Hand der Hamas befindlichen Geiseln zu erwähnen? Muss andererseits bei der Einordnung dessen, was am 7. Oktober geschah, zwangsläufig der Hinweis auf die ungelöste Palästina-Frage und die israelische Verantwortung hierfür erfolgen? Beginnt der Konflikt 1948? 1967? Oder müssen wir am besten 2000 Jahre zurückgehen? So sehr das Einfordern von historischem Kontext wünschenswert ist: In diesem Konflikt ist es leider zu oft der selektive Kontext, der die Leidensgeschichte vor allem dadurch kohärent erzählt, dass das Leiden der anderen weggelassen wird.

So unterschiedlich die hier aufgeführten Debatten in ihren Kontexten und Verläufen sind, so vereint sich doch eine Gemeinsamkeit. Der Hoheitskampf um Begriffe, Kausalitätsketten, Do's and Don'ts wirkt weit in den Debattenraum. Selbst die professionellen Teilnehmer aus Medien, Politik und dem weiten Feld der prominent öffentlich Sprechenden, die im Grunde genug Erfahrung mitbringen, die Hitze in der Debatten-Küche zu ertragen, bleiben davon nicht unbeeindruckt. Manche schweigen, wenn auch laut vernehmbar: Er habe sich, »obwohl ich vielleicht einiges über Russland weiß, aus der Diskussion [über den Ukraine-Krieg] zurückgezogen, weil in einer solchen Atmosphäre kein produktives Gespräch mehr möglich ist«, erklärte beispielsweise der Schriftsteller Eugen Ruge.

Interessant ist in diesem Zusammenhang ein bestenfalls in Literaturkreisen aufgenommener Zwischenruf des Chefredakteurs einer der einflussreichsten englischsprachigen Literatur-Zeitschriften »Granta«, Thomas Meaney. »Es gibt einen gewissen Mangel an echter Opposition«, konstatiert er mit Blick auf deutsche Gegenwartsautorinnen und -autoren. Die deutsche Nachkriegsliteratur sei immer da am stärksten gewesen, wo sie sich als antagonistische Kraft begriffen hat und gegen die verkrusteten Eliten der amerikatreuen Bundesrepublik oder der sowjettreuen DDR anschrieb«, sagte er anlässlich der Ausgabe, die sich »Deutschland« als Thema gegeben hat. Die deutsche Literatur verstehe sich heute nicht mehr oppositionell »in einer Weise, an der sich das erweiterte Establishment stören würde. Wer heute etwa Kritik an der EU suche, erläutert Meaney, müsse in die Literaturen von Frankreich oder Norwegen schauen. Der englische Literaturwissenschaftler richtet seine Kritik auch an die deutschen Verlage: Sie würden vielen Autoren keinen Gefallen tun, wenn sie sie zu Romandebüts ermutigten, die den linksliberalen Zeitgeist bedienten.

Man kann darüber streiten, wie gerechtfertigt diese Analyse angesichts von Autoren wie Uwe Tellkamp oder Monika Maron sind, die durchaus »Opposition« markiert haben gegen den vermeintlich vorherrschenden linksliberalen Zeitgeist. Auch die laute öffentliche Kritik vieler Schauspielerinnen und Kulturschaffenden gegen die Corona-Politik unter dem #allesdichtmachen im April 2021 zeigt durchaus einen gewissen Widerstandsgeist in der deutschen Kulturwelt. Man könnte auch fragen, ob angesichts der Krisen der Welt und des wachsenden Nationalismus eine Einstellung pro-EU nicht schlicht rational ist. Und die EU sinnvollerweise nicht einer Oppositionshaltung l'art pour l'art ausgesetzt wird.

Gleichzeitig markieren beide Einwände möglicherweise auch das Problem: Ist eine Überzeugung pro-EU Ausdruck der eigenen Haltung oder Übernahme sozial-gewünschter Einstellungen, also eigentlich: von Gedankenfaulheit, Pragmatismus oder Opportunismus?

Es geht hierbei nicht um das allgemeine Lamento, man dürfe Dinge nicht mehr sagen (all die genannten Beispiele und Zitate beweisen das Gegenteil), sondern um die Anerkennungsmechanismen im eigenen, sozial gegebenen oder gewählten Umfeld. Oder anders gesagt: Muss ich mir neue Freunde suchen, wenn ich bestimmten Haltungserwartungen nicht gerecht werde?

Diese Erfahrungen und Fragen, die daraus erwachsen, spielen auf der Ebene der »Debatten-Profis« eine Rolle, aber nicht nur dort. Auch weniger professionell Beteiligte, Bürgerinnen und Bürger also, schauen angesichts dieser Beobachtungen mit einer zunehmenden Vorsicht auf die Vorgänge. Was gilt es zu berücksichtigen und zu bedenken, bevor man sich selbst noch vorwagt? Welche Vorreden sind nötig, welche Bekenntnisse?

Was sind die Begrifflichkeiten, die vor Angreifbarkeit schützen? Der Eierlauf ist eröffnet. Wer keine Lust darauf hat, zieht sich zurück.

Das plumpe Gegenangebot machen die Populisten: Sie dienen sich dem Bedürfnis an, »normal« reden zu dürfen, ohne Einschränkungen und Tabus. »Deutschland, aber normal« war nicht von ungefähr der zentrale Slogan der AfD im Bundestagswahlkampf 2021. Auch Sahra Wagenknecht knüpft an dieses Muster an. Es sei ein Problem, wenn »normale Menschen« sich fast schon dafür entschuldigen müssten, normal zu sein, erklärte die Politikerin nach der Abstimmung im Bundestag über das neue Selbstbestimmungsgesetz, das Menschen erleichtert, Geschlechtseintrag und Namen zu ändern. Die Tatsache, dass ihre BSW-Gruppe der Ampel-Reform nicht zustimmte, markiert, wie sich die Abspaltung von der »Linken« programmatisch als Abkehr von der vielfach von Wagenknecht kritisierten »Lifestyle-Linken« konkret darstellt.

Ob diese politischen, oder besser: populistischen Angebote denen helfen, die nur noch mit Vorsicht oder Zurückhaltung ihre Meinung äußern, dürfte zu bezweifeln sein. Denn der Schaum vorm Mund derjenigen, die den »woken Wahnsinn« beklagen, mag für den größeren Teil nach wie vor noch abstoßender wirken als die Auswüchse progressiv begründeter Sprachverschiebungen.

Die Tatsache, dass populistische und teils auch etablierte politische Kräfte versuchen, dieses Thema zu besetzen, verschärft allerdings das Problem. Das Gelände, das sich durch Individualisierungsprozesse und die Ausprägung von Teilöffentlichkeiten ohnehin schon immer zerklüfteter darstellt, wird bewusst vermint. Die Macht der Sprache wird zusehends zu einem Machtkampf um Sprach- und Deutungshoheiten. Der Sprechakt wird mehr denn je automatisch zum politischen Akt. Es wird also noch unentspannter, das Wort zu ergreifen. Reden ist Silber, Schweigen für viele der neue Goldstandard.

Markus Söder, Ministerpräsident von Bayern, hatte im September 2021 via Facebook Grundsätzliches zu verkünden: »Jede und jeder darf Sprache verwenden, wie sie und er will, aber alle sollten darauf achten, Sensibilität und Respekt in der Sprache zu zeigen. Es geht aber nicht, dass Sprache am Ende verordnet wird. Es kann nicht sein, dass wir eine Art Gendergesetz oder Genderstrafzettel bekommen. Bayern ist ein Freistaat und kein Belehrungsstaat.«

Manche Posts und Tweets altern schlecht. Seit dem 1. April 2024 gibt es nun ein »Genderverbot« in allen bayerischen staatlichen Behörden und damit auch in Schulen und Hochschulen. Beschlossen von der Staatsregierung, die ebenjener Markus Söder anführt. Ist Bayern also doch ein »Belehrungsstaat« geworden? Geht es also doch, »dass Sprache am Ende verordnet wird«?

Auf die Füße fällt Markus Söder nicht sein politisches Ziel (über das man trefflich streiten kann), sondern die Grundsätzlichkeit seiner Argumentation. Er argumentiert nicht entlang des Für und Widers einer Sachfrage. Er stilisiert sie zur Haltungs- und Grundsatzfrage, in der er dann erstaunliche Flexibilität beweist.

Gerade in der politischen Auseinandersetzung mit den Grünen ist das Reglementierungstopos für viele Konservative und Liberale geradezu konstituierend geworden. Möglicherweise war es der »Veggie-Day«, also die grüne, im Bundestagswahlkampf 2013 vorgebrachte Idee, in Kantinen an einem Tag in der Woche nur vegetarisches Essen anzubieten, die dieses Kritik-Muster nachhaltig hervorgebracht hat: Das »Verbots«-Image haftet der Partei, aber auch stellvertretend vielen politischen Konzeptionen an, denen häufig vorgehalten wird, sie wollten den Status quo durch neue Regeln ändern.

Es ist auch hier die große Vereinfachungsmaschine am

Werk: Statt sich konkret mit der Abwägung verschiedener Argumente befassen zu müssen, liefert der Hinweis auf den grundsätzlich falschen Politikansatz, dem ein grundsätzlich falsches Menschenbild (»Wir müssen die Menschen erziehen«) zugrunde liege, eine quasi immerwährende Argumentationslogik. Politik, das ist die unterschwellige Botschaft, kann nicht gelingen, wenn sie auf falschen Haltungen aufbaut.

Es ist ein Phänomen, das sich auf allen Seiten beobachten lässt. Die schweren Geschütze des Grundsätzlichen überlagern die Tatsache, dass wir nicht in den Grundsätzen unterschiedlich auf die Welt schauen, sondern häufig entlang gleicher Grundsätze unterschiedliche Abwägungen treffen. So ist es ja nicht die Frage, ob Politik durch Regeln, also durch Einschränkungen und auch durch Verbote, steuert, die ernsthaft trennt, sondern vielmehr die Frage, wo sie es tut. Wo wird die individuelle Freiheit höher bewertet, wo hingegen die Notwendigkeit von Einschränkungen dieser Freiheit.

Es ist eine Abwägung entlang gleicher Rechtsgüter, die legitimer Weise zu unterschiedlichen Ergebnissen führen kann. Das Selbstbestimmungsrecht über den eigenen Körper kann politisch die Grundlage sein für die Forderung nach einem liberalen Abtreibungsrecht. So haben die Grünen im Europäischen Parlament erklärt, das Recht auf körperliche Selbstbestimmung von Frauen dürfe nicht von politischen Mehrheiten abhängen. Es kann in der Abwägung allerdings auch gegenüber anderen Grundsätzen als weniger gewichtig bewertet werden, etwa wenn es um die Notwendigkeit von Impfungen geht – so geschehen in der Debatte um eine mögliche Corona-Impfpflicht, in der unter anderem die grüne Gesundheitspolitikerin Emilia Fester die Impfpflicht als einen »minimalinvasiven Eingriff in körperliche Selbstbestimmung« wertete und insofern befürwortete.

Manche mögen zu der Einschätzung kommen, dass ein Tempolimit auf Autobahnen eine inakzeptable Einschränkung der

Freiheit darstellt (wie die CDU), andere lehnen eine Helmpflicht für Fahrradfahrer ab (wie die Grünen). Beide Parteien haben hier jeweils entgegengesetzte Positionierungen, die Grünen wollen seit je das Tempolimit, die CDU hat sich für eine Helmpflicht ausgesprochen. Für beide Einschränkungen gäbe es sachliche Begründungen. Und die Notwendigkeit eines abwägenden Streites, bei dem sich natürlich herausstellen könnte, dass für die eine Regel mehr sprechen könnte als für die andere.

Für die Debattenkultur liegt eine enorme Belastung darin, dass wir Auseinandersetzungen zu einem Streit über handlungsleitende Grundsätze auch dort hochstilisieren, wo sie es nicht notwendigerweise sind. Wir verhärten die Fronten, wenn wir anderen unterstellen, mit »Verboten« um sich zu werfen, ohne die eigenen Reglementierungswünsche zu reflektieren und ohne zu prüfen, ob der Vorwurf überhaupt standhält. Wer hier zu apodiktisch argumentiert, läuft Gefahr, letztlich jede staatliche Regelung als eine übergriffige Freiheitseinschränkung zu diskreditieren. Das Bewusstsein, dass Freiheit als Wert im eigenen normativen Gerüst mal höher, mal niedriger gewertet wird, sollte zur Zurückhaltung führen. Nicht immer, wenn jemand individuelle Freiheiten einschränken will, hat er oder sie gleich ein problematisches Verhältnis zur Freiheit an sich, sondern nimmt im Zweifel nur andere Priorisierungen vor. Das anzuerkennen macht im Kern liberales Denken aus. Problematisch wird es dagegen, wenn der Freiheitsbegriff ideologisch wird. Wenn eine vor allem als individuell verstandene, eine libertäre Freiheit als Kampfbegriff aufgefahren wird gegen andere Positionen.

Es gibt ein wiederkehrendes Spiel in unseren Debatten: der Versuch zu klären, wie grundsätzlich und damit gewichtig ein Problem ist. Was ist strukturell, was sind bedauerliche, aber eben ja doch: Einzelfälle? Dabei geht es oft nicht nur um die Sache, sondern auch um etwas anderes: die Legitimität der gegnerischen Position. Wer von Einzelfällen spricht, negiert zwar nicht, dass Handlungsbedarf besteht (dass etwa Polizisten, die rassistische Nachrichten schreiben, dafür sanktioniert werden). Aber er nimmt dem Debattengegenstand seine Grundsätzlichkeit (die eben nicht nur individuell, sondern gesellschaftlich bekämpft werden muss): Sei es hier der vermutete Rassismus in der Polizei, dort die grassierende Cancel Culture – am Ende alles nicht so wild, aufgebauschte Debatten, viel Lärm um nichts.

Im Gegenzug entwickelt das Bild vom »Strukturellen« eine argumentative Wucht, die gewaltig sein kann. Nimmt sie denjenigen, die *en detail* auf Vorgänge schauen wollen, differenzieren und abwägen, die das Spezifikum eines jeden Problems herausarbeiten wollen, die Berechtigung. Schlimmer noch: Wer für sich zu dem Schluss kommt, kein strukturelles Problem in einem Vorgang zu sehen, setzt sich dem Verdacht aus, ein Problem negieren oder zumindest kleinreden zu wollen.

Eine gute Debatte entsteht so leider selten. Denn die müsste beides, sich auf das Grundsätzliche konzentrieren und sich darum bemühen, im Detail zu schauen, womit wir es zu tun haben.

Gewissheiten und Zweifel

Es gibt ein Bedürfnis nach Klarheit. Nach Sortierung. Nach Grenzen. Nach Gewissheiten. Wo können wir sie heute finden? Worauf begründen wir unser Denken, unsere Debatten und damit auch das eigene Handeln? Religion, der Glaube an Gott? Früher ohne Zweifel mehr als heute. Ideologie, also der unbeirrbare Glaube an etwas im Diesseits? Wohl ebenfalls früher mehr als heute. Politische Überzeugungen, die kleine Schwester der Ideologie, ebenfalls – so sagt es die Empirie – rückläufig. Was bleibt, ist das Wissen. Was bleibt, sind Fakten. Sind sie womöglich zu unserer Ersatzreligion geworden?

Als Debattengrundlage klingt es verlockend: sich auf etwas verlassen zu können, was unabhängig von unterschiedlichen Perspektiven und Positionen Allgemeingültigkeit zugeschrieben bekommt. Wissen definiert der Soziologe Armin Nassehi als etwas, »das unabhängig vom Sprecher stimmen soll«. Das gilt für alltägliches Wissen, aber insbesondere natürlich für eine Gesellschaft, die sich als Wissensgesellschaft definiert, also gerade dank des professionell erarbeiteten Wissensstandes und durch die Wissenschaft konstitutiv verbunden ist.

Wir sind eine Wissensgesellschaft. Wir sollten dies angesichts von Fake News und Faktenfeindlichkeit einmal mehr betonen. Die Grundlage, auf der gesellschaftliche und politische Debatten und letztlich auch Entscheidungen aufgebaut sind, liegt im Faktischen, in dem, was wir ermitteln, bemessen, erforschen können. Argumente überzeugen dann, wenn sie eine rationale Grundlage haben. Das ist die DNA moderner Gesellschaften, die sich nicht mehr auf das Grundgerüst der Religion stützen (wollen) und das Zeitalter der Ideologien hinter sich gelassen haben. Natürlich heißt es nicht, dass es nur die Ratio ist, die uns prägt. Aber gerade im Bereich des Politischen ist sie die Grundlage dessen, auf das wir uns bislang verständigen konnten. Nur, auch hier zeigen sich Risse: geschürt von jenen, die es nicht gut mit einer demokratischen Auseinandersetzung meinen. Und verstärkt durch die, die sich ihrer Sache zu gewiss sind und zu wenig Raum für Zweifel lassen.

Fakten! Fakten! Fakten?

Was sind überhaupt Fakten? Wo fängt Faktenfreiheit an und wann sprechen wir von sogenannten alternativen Fakten? In einer immer komplexeren Welt, die thematisch und in ihrer Krisenhaftigkeit herausfordert, geht es um Belastbarkeit und die Überprüfbarkeit von Inhalten, die sich in Aussagen oder politischen Entscheidungen widerspiegeln. Wenn etwa die Einführung einer Bezahlkarte für Geflüchtete diskutiert wird, weil die Auszahlung von Bargeld, so die politische Argumentation, dazu führe, dass die Geflüchteten das Geld in ihre Heimatländer überweisen, ist die Frage berechtigt, ob und gegebenenfalls mit welchen Fakten diese Entscheidung unterlegt ist. Nur dann, wenn die Belastbarkeit und Überprüfbarkeit von Entscheidungen gegeben ist, besteht eine ausreichende Transparenz, um diese auch evaluieren und in der demokratischen Öffentlichkeit kritisch begleiten zu können.

Keine Frage: Fakten sind anstrengend. Auch wir können uns des Eindrucks gelegentlich nicht erwehren, dass man bitte nicht noch eine Statistik, nicht noch eine Studie oder dergleichen zu einem Thema lesen soll.

Berühren uns Themen persönlich, ist man jedoch schnell selbst hinterher zu fragen: Warum ist das so? Womit kann man das belegen oder begründen? Kennst du die Fakten dazu? Was sagt die Wissenschaft? Persönliche Betroffenheit lässt uns Fakten zugleich schnell missbrauchen: »Das ist eben Fakt!« – so kann jede noch so vielversprechende Debatte schnell beendet werden. Wie weit sind wir aber doch eigentlich aufgefordert, erst einmal der Debatte zu folgen, andere Positionen anzuhören, auf ihre Nachvollziehbarkeit hin zu überprüfen? Das Feld der Debatten, in denen Fakten in den letzten Jahren eine große Rolle spielten, ist schier unüberschaubar. Vier Beispiele:

Migration: Von der Einführung der erwähnten Bezahlkarte über die Existenz sogenannter »Pull-Faktoren« bis hin zur Zahl der ausreisepflichtigen Personen, die sich in Deutschland aufhalten. Weiter geht es mit dem Bürgergeld, das 2023 eingeführt wurde und das umstrittene »Hartz IV« abgelöst hat, ohne offenbar allerdings das Strittige vollends aufzulösen. Wie groß ist die Gruppe der Langzeitarbeitslosen eigentlich wirklich? Könnten da nicht viele de facto arbeiten gehen und tun es nicht? Liegen sie dem (Sozial-)Staat auf der Tasche? Wie hoch ist der Anteil von Aufstockerinnen und Aufstockern? In welchen Regionen beziehen Menschen häufiger Bürgergeld als anderswo und warum ist das so?

Noch ein Thema: Agrardiesel und Subventionen. Werden die Bauern nicht ohnehin schon seit Jahren über Gebühr belastet? Sind die Bäuerinnen das Rückgrat der deutschen Lebensmittelversorgung? Woran bemisst sich das? Wie viele Betriebe nutzen den Agrardiesel überhaupt? Wie hoch wäre in der Summe die wegfallende Subvention? Wie viele Betriebe würden den – nach den massiven Protesten – beschlossenen schrittweisen Wegfall der Subvention tatsächlich nicht schultern können?

Mindestens ebenso emotional: Das Gebäudeenergiegesetz – »Habecks Heizhammer«. Was genau ist für den Klimaschutz im Gebäudesektor eigentlich vorgesehen? Auf nationaler Ebene? Auf Ebene der EU? Was haben wir dort bereits mitbeschlossen und müssen es umsetzen, welche Beschlüsse kommen ursprünglich aus der Bundesregierung? Wie viele Heizungen welchen Typus gibt es überhaupt in Deutschland? Wird das erfasst? Welche Häuser sind in welcher Weise umrüstbar? Welcher Schaden entsteht dem Klima, aber auch der deutschen Volkswirtschaft, wenn die Transformation im Gebäudesektor nicht erfolgt? In welchen Kommunen gibt es Wärmepläne, wo gibt es Fernwärmenetze? Und wie genau funktioniert eigentlich diese blöde Wärmepumpe?

Die Welt ist voller Fragen und Fakten, voller Faktenbedürfnisse und voller Faktenskepsis. Verbunden mit dem Wunsch, dass Entscheidungen nachvollziehbar sind und vor allem zum Wohle der Bevölkerung getroffen werden. Politik soll doch – so eine idealtypische Annahme – das Leben der Menschen besser machen. Geht das nicht eigentlich nur dann, wenn Entscheidungen faktenbasiert und überprüfbar getroffen werden? Aber was, wenn wenige Tage nach der Entscheidung eine wissenschaftliche Studie zu einem anderen Ergebnis kommt? Wann müssten Entscheidungen korrigiert werden? Und selbst wenn Fakten existieren und anerkannt werden, können politische Entscheidungen anders, also entgegen den Fakten, ausfallen. Das kann man für sich als Defekt einer Debatte ausmachen, muss es aber aushalten. Fraglich ist dann jedoch, wie solche Entscheidungen im Nachhinein gerechtfertigt oder legimitiert werden, wenn etwa die erwarteten Wirkungen nicht eintreten oder sogar ins Kontraproduktive umschlagen?

In Situationen, in denen Menschen ein extrem hohes Maß an faktischen Begründungen erfahren, wie es viele heute etwa mit Blick auf die Schulschließungen während der Pandemie empfinden, besteht ebenfalls eine Gefahr. Auch wenn hier im Nachhinein politische Entscheidungsträger Fehler eingeräumt, Lernfähigkeit unter Beweis gestellt haben, bleibt erneut die Gefahr eines »Backfire Effect«, wenn sich Politik künftig einmal mehr auf Fakten bezieht. Das ist kein Freifahrtschein für Faktenfreiheit, aber fordert auf, darüber nachzudenken, wie wir die Einigung auf Fakten, als verlässliche und lagerübergreifende Grundlage, wieder neu in unserer Gesellschaft etablieren können. Muss die Politik die mit Fakten stets verbundene Restunsicherheit gerade in Transformationszeiten vielleicht einmal mehr aktiv artikulieren?

Es braucht einen reflektierten, ehrlichen und im Zweifel kritischen Umgang mit Fakten als Grundlage demokratischer Debatten und Entscheidungen. Denn es lauert die Gefahr einer grundsätzlichen Infragestellung, die in die Welt der alternativen Fakten führt.

Die inzwischen in Teilen der Gesellschaft etablierte Anzweiflung von Fakten, stellt einen zentralen Defekt unserer Debattenkultur dar. Mit der Verbreitung alternativer Fakten und regelrechter Fake News (also von Unwahrheiten und Falschinformationen) wird eine bewusste Störung der Diskursgrundlage in Kauf genommen.

Es stellt sich erst mal eine recht banale Frage: Warum hantieren Menschen, zumal wenn sie in gesellschaftlich verantwortlichen Rollen sind, mit der – ja, in vielen Fällen nachweisbaren Unwahrheit? Der Soziologe Nils Kumkar liefert eine Interpretation: »Alternative Fakten sind keine Versatzstücke von Parallelwelten oder Ad-hoc-Hypothesen in unklaren Situationen, sondern kommunikative Ausflüchte aus Situationen, in denen die Faktenlage vorgängig klar ist, aber Dilemmata konstituiert, mit denen man sich nicht auseinandersetzen kann oder will.« Er sieht in alternativen Fakten eine Form der »Erkenntnisabwehr«. Es gehe bei alternativen Fakten nicht darum, dass diese als Tatsachenbehauptungen funktionierten, sondern sie seien vielmehr als Widersprüche zu solchen Tatsachenbehauptungen einzuordnen. Ihre Verwendung erlaube »wider besseren Wissens weiterzumachen«. Kumkar sieht also Vermeidung als zentrales Motiv, wenn er schreibt, dass alternative Fakten keineswegs auf dem Weg seien gesellschaftliche Wahrheit »dauerhaft zu verdrängen«, sondern de facto darauf ausgerichtet seien, »die Auseinandersetzung mit den eigentlich bekannten Wahrheiten und ihren konfliktbehafteten Konsequenzen zu vermeiden«. Diesen Befund vorausgesetzt, zeigt sich, warum alternative Fakten das Potenzial haben, unsere Kommunikation massiv zu schädigen. Sie verunmöglichen konstruktiven, sachbezogenen Streit, weil die Sache, um die es geht, im Grunde nicht angetastet, befragt und hinterfragt werden soll.

»Alternative Fakten« sind als Begriff in der Welt, seitdem die damalige Beraterin des US-Präsidenten Trump im Jahr 2017 über Äußerungen zu dessen Amtsantrittsfeier sagte, der Sprecher des Präsidenten habe nicht gelogen, sondern alternative Fakten präsentiert. Binnen weniger Jahre hat der Begriff und die mit ihm verbundenen Verhaltensweisen einen Siegeszug in den USA und in Europa angetreten, in dem man eine »tiefgreifende Verunsicherung in der gesellschaftlichen Selbstverständigung« sehen kann.

Was passiert da? Kumkar macht drei zentrale Formen der Irritation aus. Es gehe erstens um unerwartete Ereignisse, die bisherige Realitätsannahmen als problematisch erscheinen ließen. Zweitens um das Phänomen lautstarken Zweifelns, artikuliert in der Frage, ob nicht alles »in Wahrheit ganz anders« sein könne. Und drittens zielten alternative Fakten darauf ab, auf den ersten Blick völlig abwegig erscheinende Tatsachenbehauptungen öffentlich sichtbarer zu machen.

Alternative Fakten haben leichtes Spiel, wo Unsicherheiten und Orientierungslosigkeit um sich greifen. Wie kann es sein, dass so viele Dinge im Grunde aus dem Nichts geschehen? Binnen weniger Tage findet sich die Welt in einer Pandemie wieder. Von heute auf morgen gibt es in der Ukraine einen Landkrieg in Europa. Die einen überfordert und verunsichert, suchend nach Erklärungen. Erklärungen, die andere nur allzu gerne liefern und dabei nicht verschweigen, dass sie so manches doch bereits vor all den anderen zu wissen vermocht haben.

Wie kann man sich dann je einer Sache sicher sein? Was überblickt man alles nicht, worauf kann man noch vertrauen? – All das eröffnet die Bühne für die destruktiven Kräfte im Debattentheater. Sie nutzen die Unsicherheit der Menschen, die Unruhe und Sorge darüber, dass solche Dinge passieren können, und gehen sogar noch einen Schritt weiter, indem sie Geschehnisse als Inszenierungen, als Fälschungen markieren. Plötzlich steht also zur Debatte, ob sich ein Ereignis überhaupt ereignet hat. Da werden Videoaufnahmen, Wortprotokolle, Zeugenaussagen und anderes bemüht, den Beweis zu erbringen: »So war es«. Und doch bleibt im Gesicht des Gegenübers lesbar: »Oder vielleicht auch ganz anders.« Wie soll ein solcher Defekt in den Debatten unserer Zeit reparabel sein? Kann man mit Vertretern alternativer Fakten überhaupt noch debattieren? Konstruktiv streiten? Treffen da nicht Wirklichkeit und Wirklichkeitsverweigerung aufeinander, die keinen gemeinsamen Raum und Rahmen mehr haben?

»Everyone is entitled to his own opinion, but not his own facts« (Jeder hat das Recht auf seine eigene Meinung, aber nicht auf seine eigenen Fakten) – die Formel des damaligen Nixon-Beraters Daniel Patrick Moynihan ist die passende Überschrift dieser Problembeschreibung. Wenn jede und jeder mit eigenen Fakten operiert, fehlt die Geschäftsgrundlage.

Wie sehr diese Muster auch in etablierte Politik einsickern können, zeigt ein Interview mit Finanzminister Christian Lindner. Gefragt, ob ihm der in internationalen Studien vielfach nachgewiesene Zusammenhang zwischen Austeritätspolitik und dem Erstarken von Rechtspopulismus Sorge mache, antwortete er im Mai 2024 lapidar, er glaube diesen Studien nicht. Wenn wissenschaftliche Erkenntnis zu einer Glaubenssache wird, spielen sich gefährliche Argumentationsmuster ein.

Wir könnten an dieser Stelle eine Abkürzung nehmen, denn Studien zeigen, dass zwar der Begriff »alternative Fakten« die Welt erobert hat, der Glaube an die alternativen Fakten hingegen nicht. Zumindest bislang haben sie in Wahlkämpfen keine so erhebliche Rolle gespielt, wie befürchtet. Die Wahlen der nächsten Jahre – und kurzfristig die nächste US-Wahl im November 2024 – werden zeigen, ob sich diese Erkenntnisse bestätigen. Zu postulieren, dass man den alternativen Fakten dieser Welt mit ein bisschen mehr politischer Bildung und gesteigerter Medienkompetenz schon beikommen wird, wäre dennoch fahrlässig. Denn vielmehr tangiert ihre Existenz zentrale Missstände der Debattenkultur. Wenn nicht nur Aushandlungsprozesse als Legitimationsgrundlage von Entscheidungen zur Disposition stehen, sondern schon die Anerkennung jener Fakten, die in den Aushandlungsprozess einfließen sollen, ausbleibt – wie soll dann noch Diskurs möglich sein? Zumal dann, wenn Wissenschaftsskepsis auf ihren Gegenpol trifft: die, die der Wissenschaft die handlungsleitende Rolle zuschreiben.

(Un)Follow the science

Es klingt nach einem Hort der Vernunft: der Wissenschaft folgen. Sich daran zu orientieren, was ist. Nicht politische Ränkespiele, keine Lobby-Interessen, keine falschen Rücksichtnahmen wären der Stoff, aus dem heraus Entscheidungen getroffen werden, sondern die Ratio. Welche Wissenschaftlerinnen würden einer grundsätzlichen Orientierung entlang von Fakten wohl widersprechen? Wenngleich sie wohl am besten wissen, dass die Fakten von heute durch die Wissenschaft von morgen hinterfragt und neu definiert werden können. Einzelne Plädoyers für eine solche Fakten- und Wissensbasiertheit kann man nicht nur in der Klimabewegung finden, die »Follow the science« bekanntermaßen zu ihrem Leitspruch erkoren hat. Aber würde man nicht ohnehin konstatieren müssen, dass wissenschaftliche Erkenntnisse in so vielen Politikfeldern schon jetzt und schon seit Langem schlicht unverzichtbar sind? Würde die Verkehrspolitik auskommen ohne Messwerte, Belastungsprüfungen, technische Innovationen? Gelänge Sozialpolitik ohne die Erkenntnisse ökonomischer und sozialwissenschaftlicher Forschungen über demografische Entwicklungen, Migrationsbewegungen und Veränderungen in der Arbeitswelt? Wohl kaum. Und doch bleibt ein Unbehagen. Denn wir erleben gelegentlich eine Verabsolutierung von Fakten. Die Demut der Wissenschaft gegenüber der Sicherheit der eigenen Fakten ist nicht ausreichend sichtbar. Und zwar sowohl wenn Wissenschaft kommuniziert, aber insbesondere dann, wenn Politik oder Medien sich auf wissenschaftliche Erkenntnisse beziehen. Wie häufig entsteht der Eindruck, dass es doch nicht um Fakten allein geht, sondern diese ideologisch geframed sind? Wie häufig werden sie als interessengesteuert wahrgenommen?

Dazu eine gute Nachricht: Das Vertrauen der Deutschen in die Wissenschaft ist nach einer Studie der Friedrich-Ebert-Stiftung und der Universität Bonn nach wie vor sehr hoch: Über 80 Prozent haben großes oder sehr großes Vertrauen in die Wissenschaft, selbst bei AfD-Anhängerinnen und -Anhängern sind es mit 56 Prozent mehr als die Hälfte, die sich so äußern. Grundsätzlich scheint die Anerkennung der Erkenntnisse von Wissenschaftlern stabil, also die Aura der Wissenschaft als Garant des Neutral-Verlässlichen stabil.

Risse zeigen sich aber auch hier: So lag das Vertrauen der AfD-Anhängerinnen und -Anhänger 2019 mit 66 Prozent noch zehn Punkte höher als bei der Erhebung 2022. Und auch im Vergleich mit anderen Parteien wird deutlich, dass auch hier eine gemeinsame Grundlage bröckelt.

Das kommt nicht von ungefähr: Wissenschaftsskepsis bis hin zur Wissenschaftsfeindlichkeit zählen nun mal zum Repertoire populistischer Kräfte im Kampf gegen etablierte Politikerzählungen. Es bleibt angesichts der Zahlen wesentlich, aber es wäre zu einfach, das Zweifeln an der Verlässlichkeit des Wissenschaftlichen allein dem destruktiven Spiel von den Rändern zuzuschreiben. Es gibt hausgemachte Ursachen für Irritationen, die unsere Debatten belasten. Die sich letztlich entlang der Grundfrage abspielen, inwieweit Verweise auf wissenschaftliche Fakten Debatten a priori unterbinden.

Gerade beim Klimaschutz ist das Dilemma greifbar: »You cannot make deals with physics«, erklärte Greta Thunberg

2020 als Antwort auf den Plan eines »European Green Deal«, eines angesichts der politischen Gemengelage und Mehrheitsverhältnisse durchaus weitreichenden Plans der EU-Kommission, Klimaschutz voranzubringen.

Der Konflikt ist bekannt und benannt: Wie viel demokratisches Aushandeln können wir uns noch leisten, wenn das »Notwendige« dadurch nur verzögert, verwässert oder möglicherweise gar nicht vollzogen wird? Man hört dabei oft einen Unterton: Hier die Vernunft, dort das politische Spiel. Hier die faktische Notwendigkeit, dort die zu langsamen oder – schlimmer noch – taktischen bis zynischen Mechanismen der Politik und die Erfordernisse der parlamentarischen Demokratie. Oder um es mit den Worten des früheren Präsidenten der Deutschen Forschungsgemeinschaft, Peter Strohschneider, zu sagen: Die Wissenschaft erscheint als »überlegene Macht einer vermeintlichen streitenthobenen Wahrheitsinstanz« – eine »Entpolitisierung« der politischen Auseinandersetzung ist die Folge. Er verweist auf dem Klimaaktivismus so unverdächtige Politiker wie den CDU-Ministerpräsidenten von Sachsen-Anhalt, Reiner Haseloff. Der hatte beispielsweise mit Blick auf die Energiewende ohne einen Anflug von Ironie gesagt, neben dem technologischen Fortschritt brauche es »mindestens zwei, drei Physiker oder Naturwissenschaftler im Bundeskabinett mit Sperrminorität«.

Strohschneider warnt vor einem »autoritären Szientismus«, der letztlich eine »vormoderne Vorstellung von Wissenschaft sowie eine vordemokratische Konzeption von Politik« zusammenführe: »Und dies […] in der Weise, dass wissenschaftliches Wissen, wie wenn es sich um altes Weisheitswissen handelte, ohne demokratische Zwischenschritte politisch scheinbar nur noch angewendet werden muss.«

»Follow the science« hat seine Tücken. Denn je mehr Politik über Wissenschaft begründet wird, desto mehr entsteht die Gefahr einer Politisierung von Wissenschaft. Und damit werden beide Sphären angreifbar. Politik, weil sie sich einer vermeintlichen Rationalität verschreibt, der sie konsequent folgen müsste – und genau das angesichts demokratischer Widerstände oft nicht schafft. Die Wissenschaft, weil sie Gefahr läuft, nicht nur beratend wahrgenommen, sondern für politische Entscheidungen verantwortlich gemacht zu werden. Die zeitweilige Rolle des Virologen Christian Drosten während der Pandemie stand dafür exemplarisch. »Ist das unser neuer Kanzler?«, fragte die Journalistin Mariam Lau in der *Zeit* im März 2020.

Die Pandemie war in vielerlei Hinsicht eine Ausnahmezeit. Und doch zeigte sich exemplarisch ein ganzes Set an Problemen, die im Dreieck zwischen Wissenschaft, Politik und Medien auftreten können. Wahrscheinlich kann man am wenigsten »der« Wissenschaft einen Vorwurf machen, wenngleich auch hier manch ein Protagonist nicht hilfreich sein dürfte. Wer mehr Zeit in Fernsehstudios als am Schreibtisch oder im Labor verbringt, wer vielleicht auch Gefallen daran gefunden hat, per se in eine Widerspruchslogik zu treten, tut der Zunft sicher keinen Gefallen in Sachen Anerkennung.

Die größeren Probleme erwachsen allerdings daraus, wie Medien und Politik Wissenschaft verstehen oder besser gesagt: missverstehen. Es gibt Übersetzungsschwierigkeiten aus der Wissenschafts- in die Politik- und Medienlogik. Ergebnisse von Studien lassen sich häufig nicht auf die eine Erkenntnis, die eine Schlagzeile reduzieren. Und doch erfragt die mediale Vermittlung genau dies. Man könnte sagen, sie nehme Erkenntnissen die Komplexität, was einerseits hilfreich und nötig sein kann, um wissenschaftliches Wissen in der breiten Öffentlichkeit überhaupt zugänglich und debattenfähig zu machen. Es kann aber auch zu den Verkürzungen führen, die letztlich falsche Sicherheiten suggerieren oder den Fokus auf einen Einzelaspekt legen.

Übersetzungsschwierigkeiten gibt es auch zwischen Wissenschaft und Politik. Die frühere Wissenschaftsministerin in Sachsen-Anhalt und heutige Rektorin der Universität Wuppertal, Birgitta Wolff, spricht von »unterschiedlichen Systemlogiken«, die dazu führen können, »dass wissenschaftliche Erkenntnis dann Gehör findet, wenn sie politischen Interessen dient, aber wo dies nicht der Fall ist, zunächst auch unbeachtet bleibt, bis sich neue Machtkonstellationen ergeben«. Es bleibt trotz der Rhetorik, dem Rat von Experten zu folgen, letztlich ein gehöriges Maß an Politik in den Entscheidungen, also an Priorisierungs- und Abwägungslogiken. Das ist nicht nur legitim, sondern geradezu notwendig. Aber es müsste in der Folge aus der Politik heraus auch klar kommuniziert werden.

Eine Hoffnung erfüllt sich in jedem Fall nicht automatisch – und möglicherweise immer weniger: dass über Expertise, über das Bild, das Expertinnen zeichnen, Debatten versachlicht und entemotionalisiert werden könnten. Psychologische Studien, schreibt der Politikwissenschaftler Reinhardt Wolf, bestätigen die Annahme, viele Bürger würden vor allem jene als Experten betrachten, die Positionen nah an ihrer eigenen Meinung vertreten. Wissenschaftlern mit abweichenden Positionen werde dagegen schnell die Fachkompetenz abgesprochen.

Am Kern vorbei

Die gute Nachricht: Wissen, Fakten und Erkenntnisse über so vieles sind verfügbar. Die schlechte Nachricht: Wir verkürzen Debatten allzu häufig auf wenige symbolträchtige Fragen, die zudem häufig am Kern der Probleme vorbeiführen. Man könnte auch sagen: Es ist eine besonders unterkomplexe Form der Komplexitätsreduzierung.

Beispiel Bürgergeld: Über was könnte man nicht alles sprechen, wenn man an das Bürgergeld denkt. Etwa über die schlichte Anzahl der Menschen, die heute Bürgergeld beziehen. Oder darüber, an welche Kriterien der Bezug des Geldes gebunden ist. Es ließe sich überlegen, ob alle im Bürgergeld enthaltenen Leistungen effektiv und wirksam sind, wie sie evaluiert werden. Auch soziodemografische Fragen stellen sich: Gibt es Regionen in Deutschland, in denen mehr Bürgergeldempfängerinnen und -empfänger leben als anderswo. Falls ja, woran liegt das? Lassen sich diese Ursachen bekämpfen? Welche Systeme gibt es in anderen Ländern?

Und man könnte zweifelsohne auch fragen, ob das Bürgergeld ausreicht, um »während einer persönlichen oder gesundheitlichen Krise« von diesem Geld leben zu können, wenn man etwa an steigende Lebenshaltungskosten denkt. All diese Fragen sollten Teil einer Diskussion über das Bürgergeld sein. Aber in der öffentlichen Debatte tauchen sie kaum auf. Sie sind nicht abwesend. Aber sie werden überlagert von zwei Fragen oder treffender formuliert: von zwei Behauptungen.

Erste Behauptung: Es gibt kein ausreichendes Lohnabstandsgebot mehr zwischen Empfängerinnen und Empfängern des Bürgergeldes und jenen Menschen, die in unteren Lohn- und Einkommensgruppen berufstätig sind. Zweite Behauptung: Es gibt zu viele Menschen, die Bürgergeld beziehen und »dem Staat auf der Tasche liegen«, obwohl sie arbeiten gehen könnten. Dazu kommt nicht selten ein Unterton, der andeutet, dass Menschen mit Migrationsgeschichte häufig gerade in dieser Gruppe zu finden seien.

Ein kurzer Rückblick auf die Debatte um die Frage, wie die soziale Grundsicherung neu aufgestellt werden soll, macht deutlich, wie diese Muster wirken: Die Bundesregierung sieht in der Abkehr von Hartz IV und in der Einführung des Bürgergeldes einen zentralen Baustein ihrer »Fortschrittsagenda«. Im Januar 2023 wird der entsprechende Gesetzentwurf mit den Stimmen der Koalition im Bundestag verabschiedet. Bis dahin hatte das Vorhaben aus den Oppositionsparteien reichlich Widerspruch erfahren – allerdings aus unterschiedlichen Motiven. Während die CDU die Abschaffung der Sanktionen gegenüber den Empfängerinnen und Empfängern für indiskutabel hält und sie als falsches Signal wertet, geht der Linken die Einführung nicht weit genug, weil die Höhe des Bürgergeldes nicht ausreiche. Die Debatten schien so bereits im Herbst 2022 zum ersten Mal festgefahren, denn das Gesetz scheiterte zunächst im Bundesrat. Im von der Bundesregierung angerufenen Vermittlungsausschuss erreichten die CDU/CSU-mitregierten Länder, dass die Bundesregierung das ursprüngliche Gesetz in weiten Teilen korrigierte. Der Einigungsvorschlag enthielt eine Verkürzung der vorgesehenen Karenzzeit, eine Reduzierung des geplanten Schonvermögens und den Wegfall der angedachten Vertrauenszeit. Alle drei Bestandteile waren für den ursprünglichen Entwurf der Regierung wesentlich. Von der Fortschrittsidee der Regierung war damit in Sachen Bürgergeld erst einmal nicht mehr viel übrig. Über das Jahr 2023 hinweg reißt die Debatte nicht ab. Die steigende Inflation und die stark gestiegenen Energiepreise rücken die Frage nach dem Lohnabstandsgebot erneut in den Fokus. Zahlreiche Vertreterinnen und Vertreter der Union und auch der AfD werfen der Regierung vor, der Abstand sei angesichts der geplanten Erhöhungen des Bürgergeldes zum 1. Januar 2024 des Folgejahres nicht mehr gegeben. Der soziale Friede stehe auf dem Spiel, das Vorgehen sei für die Menschen nicht nachvollziehbar. Die Erhöhung trat dann aber wie geplant in Kraft. CDU-Generalsekretär Carsten Linnemann wies kurz danach darauf hin, dass man als CDU im Falle eines Wahlsieges bei der nächsten Bundestagswahl das Bürgergeld sofort wieder abschaffen werde. Außerdem sei der Name nicht akzeptabel, denn er suggeriere, jede Bürgerin und jeder Bürger habe Anspruch auf diese Leistung, was – zurück zum Anfang – wieder falsche Signale aussende. Die Gruppe der »Totalverweigerer«, so Linnemann, müsse man zudem besonders hart sanktionieren. Wer nach drei Monaten keine Arbeit annehme, die ihm oder ihr angeboten werde, solle zwei Monate lang kein Geld mehr erhalten. Und auch die Tatsache, dass man damals nach Beginn des russischen Krieges gegen die Ukraine den Geflüchteten von dort gleich den Bezug des Bürgergeldes ermöglicht habe, müsse korrigiert werden. Das Problem ist nicht etwa, dass die Union heute etwas infrage stellt, was sie einst mitbeschlossen hat, sondern dass sie die Debatte auf einen Nebenschauplatz, in eine falsche Richtung lenkt.

Der kurze Zwischenruf der Vorstandsvorsitzenden der Bundesagentur für Arbeit, Andrea Nahles, dass es sich bei solchen Verweigerern um eine sehr kleine Gruppe, um wenige tausend Menschen (wenn überhaupt) handele, ging schon in den Wellen öffentlicher und wechselseitiger parteipolitischer Empörung unter. Die Tatsache, dass die meisten Leistungsminderungen bislang wegen Meldeversäumnissen ausgesprochen wurden, ging ebenso unter wie die Tatsache, dass bei 5,5 Millionen Bürgergeldempfängerinnen und -empfängern im Jahr 2023 in 201 465 Fällen Leistungen gemindert wurden. Der Minderungsgrund »Weigerung zur Aufnahme oder Fortsetzung einer Arbeit«, der vermutlich am ehesten jene umfasst, die keine Arbeit leisten wollen, wurde im entsprechenden Zeitraum in dieser Gruppe 13 838 Mal erfasst.

Für all die Empörung brauchte es in diesem Fall leider nicht einmal die zustimmenden Gesänge der AfD, die sich zwar häufig als Partei der kleinen Leute geriert, programmatisch aber weit davon entfernt ist, gerade jenen Menschen aus niedrigen Einkommensgruppen tatsächlich ein für sie politisch attraktives Angebot zu machen. Unabhängig von der Frage, wie man selbst zum Thema steht: Niemand wird ernsthaft behaupten können, dass diese über fast zwei Jahre geführte und teils intensive Debatte im Kern hilfreich war. Sie ist ein Beispiel für Debatten, die von vorneherein in die falsche Richtung laufen, weil sie kaum über Pauschalisierungen, Wir-gegen-die-Logiken und wechselseitige Beschimpfungen hinauskam. Differenzierung? Fehlanzeige! Etwa die Frage, warum unter diesen 5,5 Millionen Menschen so viele sogenannte »Aufstockerinnen und Aufstocker« sind? Also Menschen, deren reguläre Tätigkeit (häufig in Teilzeit) zum Leben nicht ausreicht und die daher zusätzlich Bürgergeld beziehen. Hätte nicht angesichts der für alle Menschen im Land steigenden Inflation und Lebenshaltungskosten eine Debatte über die viel zu niedrigen Löhne der unteren Einkommensgruppen ausbrechen müssen, anstatt jene gegen die Gruppe der Bürgergeldempfänger auszuspielen?

Schnell könnte man das Feld noch weiter differenzieren. Wer als Migrantin oder Geflüchteter Bürgergeld bezieht, benötigt unter Umständen mehr Qualifikation (z. B. Sprachkurse) und vor allem schnellere Arbeitserlaubnisse, um dem Bürgergeld zu entkommen. Wer aufstockt, braucht unter Umständen eine bessere Kinderbetreuung, flexiblere Arbeitszeiten und schlichtweg nicht nur mehr Netto vom Brutto, sondern einfach mehr Brutto, um später auch nicht in die Falle von Altersarmut zu tappen. Aber er oder sie hat nichts davon, wenn darüber debattiert wird, ob die Erhöhung des Bürgergeldes um 63 Euro zum 1. 1. 2024 den sozialen Frieden im Land gefährdet.

Damit ist nicht gesagt, dass die Kritiker des Vorhabens nicht auch berechtigte Argumente hätten. Im Gegenteil, käme es doch in einer differenzierten und an Argumenten ausgerichteten Debatte genau darauf an, diese wechselseitig zu betrachten. So ist wohl richtig zu sagen, dass die Datenlage nicht ausreichend ist. Dass die Bezieherinnen und Bezieher nicht so aufgeschlüsselt erfasst werden, wie es nötig und sinnvoll wäre. Auch die Tatsache, dass Arbeit sich lohnen soll, würde wohl kaum infrage gestellt. Ebenso wenig wie die Idee, dass der Staat Möglichkeiten zur Sanktionierung benötigt. Zu einer klugen Debatte gehört aber auch, die rechtlichen Grundlagen zu kennen und zu benennen. Etwa das Urteil des Bundesverfassungsgerichts, das eine hundertprozentige Kürzung der Leistungen – so wie sie nun die CDU zumindest für begrenzte Zeit fordert – ausschließt. Der Gedanke, ob es nicht nach einer Zeit einer Vermögensprüfung bei den betroffenen Personen bedarf, scheint ebenfalls mehr als legitim zu sein. All dies stellt das Bürgergeld als Leistung, seine Idee – Menschen in schwierigen Lebenssituationen zu unterstützen – nicht in Frage und sollte gerade deshalb keineswegs dazu einladen, Debatten auf dem Rücken der Bürgergeldempfänger zu führen, von denen eben der ganz überragend große Teil nicht freiwillig und mit Begeisterung von dieser staatlichen Unterstützung abhängig ist.

Das politische Framing bleibt nicht ohne Folgen für Einstellungen in der Bevölkerung. »Wer am Abgrund zum Bürgergeld steht, hat die größten Vorbehalte gegen dessen Erhöhung.« Eliten verstärken durch solche Debattenlogiken Spaltungen innerhalb der Gesellschaft, sie triggern Sozialneid, Konkurrenzdenken und emotionalisieren. Interessant ist zu beobachten, dass trotz einer dem eigenen Selbstverständnis nach regierenden »Fortschrittskoalition« die Debattenführerschaft nicht dort zu finden war und ist. Denn wo man über Bürgergeld debattiert, könnte auch über eine Reichensteuer debattiert werden oder andere Maßnahmen, die soziale Gerechtigkeit beeinflussen und das fortschreitende Auseinanderklaffen von Einkommens- und Vermögensverteilung in Deutschland einschränken könnten. Das Gegenteil passiert. In Folge der Debatte stellte nun auch die FDP als Koalitionspartner die gemeinsam so mühsam auf den Weg gebrachte und so stark wieder abgeschwächte Regelung infrage.

Die »falsche Richtung« erzeugt also häufig Freund-Feind-Debatten, Scheindebatten. Es sind solche, die das entscheidende Thema und den wunden Punkt verlässlich umkreisen und doch nicht berühren In Transformationszeiten, die so viele Umbrüche erzeugen, kann man sie sich eigentlich nicht erlauben. Denn sie bewirken eine Komplexitätsreduzierung mit Folgen – die Debatte wird unter dem Niveau geführt, welches dem Thema und seiner Komplexität angemessen wäre. Das kann mal passieren, aber nicht bei Debatten, die über Wochen oder Monate die Öffentlichkeit dominieren. Die Suggestionskräfte solcher Debatten darf man nicht unterschätzen. Sie erzeugen den

Eindruck, dass sich komplexe Themen »einfach« lösen lassen. So verständlich der Wunsch danach ist, so sehr zahlen Komplexitätsreduktion und Verkürzung potenziell auf das Konto derer ein, die genau damit ihr politisches Geschäft betreiben. Der Unterschied ist bloß: Von diesen Kräften erwarten häufig nicht einmal die eigenen Anhängerinnen und Anhänger, dass sie die Probleme der Menschen ernsthaft bearbeiten oder gar lösen. Gegenüber den Kräften der politischen Mitte besteht diese Erwartungshaltung durchaus. Ihre Fallhöhe und die Enttäuschungspotenziale sind ungleich höher.

Diskurshoheit als Ersatz für Veränderung

Es gibt eine besondere Form des Debattendefekts: Debatten, die besonders laut sind und dabei außerordentlich folgenfrei bleiben. Debatten, die ein erkennbares Missverhältnis aufweisen zwischen ihrer Intensität und ihrer Wirksamkeit im Sinne realer politischer oder gesellschaftlicher Veränderungen. Debatten, aus denen zunächst Kraft und Empowerment erwachsen können für jene, die sie anstoßen. Die aber in der Folge gerade dort einen wachsenden Frust hinterlassen.

In Deutschland gibt es ein Thema, das hierfür seit über 30 Jahren exemplarisch steht: die Ost-West-Debatte. Oder besser: die Ost-Debatte, denn in der Regel geht es um diesen kleineren Teil des wiedervereinigten Deutschlands, der in verlässlicher Regelmäßigkeit zum Gegenstand größerer Betrachtungen wird. Der jährlich wiederkehrende Bericht der Bundesregierung »zum Stand der deutschen Einheit« war und ist formaler Anlass, um im Umfeld Analysen, Kommentare und Polemiken im deutschen Debattenraum zu provozieren. Wahlkämpfe und schließlich Wahlen in ostdeutschen Ländern mit bemerkenswert vom West-Standard abweichenden Ergebnissen waren und sind andere Taktgeber regelmäßiger Debatten. »So isser, der Ossi«, titelte *Der Spiegel* noch im Sommer 2019.

Die Debatte hatte dabei stets zwei verlässliche Extreme auf einer emotionalen Ebene. Und eine verlässliche Gewissheit auf der faktischen. Emotional traf das westdeutsche Nichtverstehen des Ostens auf ein latentes Gefühl des Nichtverstandenwerdens im Osten. Faktisch blieben die gerade von ostdeutscher Seite benannten Ungerechtigkeiten und Probleme sehr stabil: höhere Arbeitslosigkeit und weniger Wirtschaftskraft. Niedrigere Löhne und Renten, geringere Vermögen, weniger Eigentum, die Tatsache, dass selbst in Ostdeutschland Führungspositionen mit Westdeutschen besetzt sind. Geschweige denn die mangelnde Repräsentation Ostdeutscher in den Eliten des gesamten Landes. Wie viele CEOs haben eine ostdeutsche Herkunftsgeschichte, wie viele Bundesrichter? Universitätspräsidentinnen? Oder Hochschullehrer?

Es sind beileibe keine neuen Beschreibungen der Ungleichheit zwischen Ost und West. Umso erstaunlicher war es, dass es einem bis dahin nur in Fachkreisen bekannten Literaturwissenschaftler aus Leipzig mit der erneuten Auflistung der Demütigungen und Ungerechtigkeiten gelang, eine fast das gesamte Jahr 2023 bestimmende Debatte loszutreten. Dirk Oschmann hatte mit seinem zornig-polemischen Buch *Der Osten: eine westdeutsche Erfindung* offenbar einen Nerv getroffen. Das Buch schnellte in der Bestsellerliste nach oben. Oschmann selbst landete auf allen Kanälen und erklärte, was schief läuft zwischen Ost und West. Oder vielmehr: in der Wahrnehmung des Ostens durch den Westen. So müssen sich Debatten anfühlen, die am Vorabend großer Veränderungen liegen.

Mit etwas Abstand darf man heute vorsichtig fragen: Hat sich an den beklagten Ungerechtigkeiten durch diese Debatte etwas Nennenswertes verändert? Schon kurz nach Veröffentlichung des Buches schaute der (ostdeutsche) Journalist Cornelius Pollmer mit einer gewissen Ermüdung auf die murmeltierartig wiederkehrende Debatte: »So läuft es immer. Jemand äußert etwas über den Osten, dann gibt es eine ›Debatte‹, am

Ende sind alle [...] müde und kommen sich noch spanischer vor als sonst schon. Wiederum danach passiert eine Weile zu einhundert Prozent nichts. Dann geht es wieder von vorne los mit Los Wochos in Lostdeutschland.«

Ist die Ost-West-Debatte also ein Paradebeispiel für viel Lärm ohne Konsequenz? Aufgeregte Debatten, die folgenlos bleiben? Das alleine böte schon ausreichend Anlass für Frustration. Aber es gibt eine weitere Ebene, die sich in diesem Beispiel zeigt – und die das Problematische sich wiederholender Debatten nochmal verstärkt: dann nämlich, wenn Debatten zu Ersatzhandlungen werden. Wenn bereitwillig die Diskurshoheit denen überlassen wird, die Missstände kritisieren, mit bewusstem Kalkül: Die Debatte selbst soll – je lauter, desto besser – darüber hinwegtäuschen, dass es keine greifbaren und konkreten Änderungen im Substantiellen gibt.

Debatten über Ungerechtigkeiten, die etwa aus der Herkunft, aus dem Geschlecht, aus dem sozialen Status heraus zu erklären sind, folgen häufig einem ähnlichen Muster. Egal, ob es um Rassismus, Sexismus oder Klassismus geht – in all diesen Feldern hat sich gerade im öffentlichen oder, besser gesagt, im veröffentlichten Diskurs eine Grundhaltung als dominierend etabliert, die sehr kritisch auf bestehende Ungerechtigkeitsstrukturen schaut. Kein OECD-Bildungsbericht vergeht, ohne dass die in Deutschland geringen Aufstiegschancen öffentlich thematisiert würden. Kein Weltfrauentag oder »Equal Pay Day« bleibt ungenutzt, um die nach wie vor bestehenden Geschlechter-Ungerechtigkeiten zu problematisieren. Das Problem des strukturellen Rassismus, sei es auf dem Wohnungsmarkt oder bei Polizeieinsätzen, wird regelmäßig benannt und skandalisiert. Nur: Ändert sich nach diesem Skandal etwas? Verringert sich die Benachteiligung von Frauen? Wird das Bildungssystem durchlässiger für Ärmere und Bildungsferne? Der Fortschritt ist bekanntlich eine Schnecke. Diskurse sind schneller als materielle Veränderungen. Und doch bleibt ein schales

Gefühl, wenn Zweifel entstehen: Führen wir manche Diskurse vielleicht vor allem als Ersatz? Leisten wir uns Empörung vor allem dort, wo sie nichts kostet, und umschiffen dabei die Bearbeitung der substantiellen Probleme und deren Lösung?

Die Kolumnistin Jagoda Marinić verweist in den Auseinandersetzungen um Gleichberechtigung und Feminismus auf viele Geschichten, die als »ergebnislose Debatte« im Raum stünden. Kritisch schaut sie auf ihre, die jüngere Feministinnen-Generation: »Wir haben tatsächlich zu neunzig Prozent der Zeit über das Gendern gestritten, ein bisschen ›Me Too‹ war noch dabei.« Die harten Fakten, für die sich noch Vorkämpferinnen wie Rita Süssmuth eingesetzt hätten, konkrete Gesetzesvorhaben, politische Prozesse, in die man eingreifen müsse, damit Frauen teilhaben könnten, seien darüber zu kurz geraten. Man könnte, haarscharf an der Verschwörungstheorie vorbei, die Frage stellen, ob es manchen eine recht bequeme Aufteilung der Welten ist: Der »weiche Teil«, die Diskurse und Debatten, die Veränderungsbereitschaft suggerieren, lenkt von den realen Machtverhältnissen ab. Von der Welt also, in der es um Ressourcen und Zugänge geht. Aber auch ohne dass man einen bewussten Prozess, eine Art Täuschungsmanöver vermuten müsste, bleibt das Problem: Letztlich erleben zu viele Menschen eine Entkoppelung von Debatten und Wirklichkeiten.

In der Berliner Mitte gibt es ein in Stein gemeißeltes Beispiel, wie Debattentonlagen und Faktisches auseinanderdriften. Während das Humboldt Forum als Reaktion auf Restitutionsdebatten bemüht ist, das wiederaufgebaute Stadtschloss im Sinne einer postkolonialen Perspektive inhaltlich zu bespielen und eben keine Reproduktion alter preußischer Traditionen zu betreiben, wird außen am Gebäude weiter fleißig rekonstruiert. Etwa die Kuppel inklusive Kreuz und Bibelversen. Oder die Statuen der acht alttestamentlichen Propheten, die wieder gut sichtbar die Balustrade schmücken. Der Architekturprofessor Philipp Oswalt spricht von der Zurschaustellung eines problematischen Nationalprotestantismus und kritisiert die »orthodoxe Form der Idealisierung Preußens«. Problematisch ist für Oswalt zudem, dass möglicherweise Spendengelder aus rechtskonservativen bis rechtsradikalen Kreisen geholfen haben könnten, diese Wiederherstellung zu finanzieren.

Ganz unabhängig davon, wie man zum »Schloss« und zum Grad der Rekonstruktion steht: Interessant an diesem Beispiel ist die Tatsache, dass es offenbar das in ausreichendem Maße privat gesammelte Spendengeld ist, das dem Projekt »Humboldt Forum« in einem stärkeren Maße den Stempel aufdrückt, als es die öffentlich laut geführten Debatten über Postkolonialismus und die daraus zu ziehenden Konsequenzen zu vermögen scheinen. Wie bei vielen Analysen lohnt es sich auch in diesem Fall, die Spur des Geldes im Blick zu behalten: »Follow the money.«

Man könnte also ein Muster vermuten: Das Laute, das Öffentliche oder – um es mit den Worten der Journalistin Yasmine M'Barek zu sagen – »der Protest [ist] die einzige erfolgreiche demokratische Partizipation jener, deren Meinung keine Lobby hatte«. Ob sie sich damit aber wirklich durchsetzen, ist keineswegs gegeben. Eine Diskurshoheit kann sich abkoppeln von der Frage, ob sie substantielle Konsequenzen hat, weil andere, nämlich weniger ostentativ zur Schau gestellte Machtfaktoren wirken.

Konkret findet sich dieser Gedanke beim belgischen Historiker Anton Jäger. Er verweist auf die aus seiner Sicht folgenlose Black-Lives-Matter-Bewegung: »Eben noch demonstrierten Tausende Menschen auf einem Platz – schon sind sie wieder verschwunden, doch die Probleme und Machtverhältnisse sind immer noch da beziehungsweise unverändert intakt.«

Was ist die Konsequenz aus solchen Gedanken? Es wäre ein falscher Schluss, den Kopf in den Sand zu stecken und die Hoffnung auf Veränderungen durch Protest und Debatten komplett aufzugeben. Viele Bewegungen haben – ohne dass es für die Zeitgenossen gleich ersichtlich gewesen wäre – über eine längere Strecke durchaus Veränderungen der realen Verhältnisse bewirkt. Und auch das gilt: Debatten können legitimerweise folgenlos bleiben, wenn die Argumente eine Mehrheit nicht überzeugen.

Es muss vielmehr darum gehen, den Debattenfokus nicht aus dem Blick zu verlieren: Wo bewegt man sich auf dem Glatteis symbolischer Auseinandersetzungen? Wo sind die wahren Stellschrauben zu identifizieren? Wie weit reicht die Kraft des Arguments? Und wo treffen wir auf Machtverhältnisse? Und Strukturen?

Arenen

Debatten können in diesem Land von 180 Zeichen ausgelöst werden. Oder von 180 Seiten. Manchmal ist es ein Tweet, manchmal ein Gesetzentwurf, der zu größten Auseinandersetzungen führen kann. Debatten brauchen Auslöser, aber sie brauchen auch Orte, an denen sie geführt werden. An denen sie für eine Allgemeinheit sichtbar werden. Demokratie braucht »funktionale Arenen und Medien der öffentlichen Meinung und der politischen Meinungsbildung«, schreibt der Soziologe Hartmut Rosa. Trotz aller Individualisierungsprozesse: Ohne Orte der Begegnung kann eine öffentliche Debatte und damit schließlich eine öffentliche Willensbildung nicht stattfinden. In Demokratien sind sie – so Rosa in Anlehnung an Habermas – der »Zwischenraum« zwischen Gesellschaft und Staat, in dem sich »eine als legitim oder vernünftig erscheinende öffentliche Meinung herausbilden kann«.

Die beschriebenen Defekte spiegeln sich in veränderten Arenen der Öffentlichkeit wider. Gesellschaftliche Polarisierungen, die uns vor allem auf der Ebene der Sozialen Medien begegnen. Fragen von Tonalitäten, nach Sagbarkeiten, Bekenntnisbedürfnissen und Absolutheitsansprüchen, die die Debatte im klassischen Feuilleton oder auf den Meinungsseiten der gedruckten Presse prägen. Aber auch die Debattenräume der politischen Institutionen, allen voran die Parlamente, bieten die Bühne, auf der wir das Spiel betrachten können. Uns selbst und unsere Fähigkeit, miteinander zu reden, zu streiten, abzuwägen. Zugleich betrachten wir Vorbilder, jene, die Orientierung geben. Wie Politik spricht, wirkt sich aus auf die politische Kultur.

Diese Arenen aber sind mehr als nur ein Spiegel. Sie selbst haben eine Wirkung darauf, wie gut es uns gelingt, unterschiedliche Perspektiven und Positionen zu verhandeln. Sie selbst haben ihre Defekte, die die Debatten erschweren. Politische Diskussionen, die unbefriedigend zwischen Koalitionsausschüssen und Pressescharmützeln der Beteiligten geführt werden, bevor sie das Parlament erreichen. Ungesunde Routinen in den Betriebsabläufen der Medien, des professionellen Betriebs, aber zusehends auch im Grenzbereich des öffentlichen und privaten, den Sozialen Medien.

Journalismus unter seinen Möglichkeiten

Leben wir in einer Mediendemokratie? Oder gar in einer »Mediokratie«, einer Herrschaft der Medienlogik über das Politische, wie es vor gut 20 Jahren der Medienwissenschaftler Thomas Meyer konstatierte? Es gab Zeiten, da hatte dieses Analysemuster Konjunktur. Zeiten, in denen ein Bundeskanzler sagte, zum Regieren brauche er nur »Bild, BamS und Glotze«. Gerhard Schröders Aussage beschreibt eine alte, nicht mehr selbstverständliche Dominanz der klassischen Presse.

Die Zeit, als (wenige) Journalistinnen und (deutlich mehr) Journalisten die Debatten aussuchten, die Tonlagen setzten und als Gatekeeper sehr bewusst mitbestimmen konnten, was die Öffentlichkeit erreicht oder nicht, ist spätestens mit der Konkurrenz durchs Digitale passé. Von einem »Relevanzverlust der klassisch-journalistisch gestalteten Medien« spricht Stephan Detjen, der Leiter des Hauptstadtstudios des *Deutschlandradio*. An der Reichweite der Zeitungen lässt sich dies beispielsweise ablesen. Die gedruckten Auflagen sind seit Jahren rückläufig, die Zahl neuer Digitalabos wiegt das nicht in gleichem Maße auf.

Müssten wir uns also gar nicht mehr mit den klassischen Medien und der Arbeit von Journalistinnen beschäftigen? Sowieso ein Auslaufmodell? Es gibt einiges, das dagegenspricht. Die Tatsache, dass es schließlich nach wie vor die »alten« Medien sind, die »neue« Phänomene erst zu einer Aufmerksamkeit führen, die gesellschaftliche Sichtbarkeit und Rezeption mit sich bringt: Hashtags wie #MeToo oder auch #BlackLivesMatter haben zwar viele Menschen in den Sozialen Medien wie auch auf den Straßen mobilisiert, Wucht und Wirkung bekamen die Debatten häufig dann, wenn die Leitartikler und Feuilletonistinnen und die TV-Hauptnachrichten sie aufgegriffen haben. Es gibt messbare Indikatoren, dass der klassische Journalismus nach wie vor eine prägende Rolle hat und wertgeschätzt wird. Schaut man auf die Glaubwürdigkeit von Institutionen, rangieren die klassischen Medien, allen voran der öffentlich-rechtliche Rundfunk mit 51 Prozent großem bis sehr großem Vertrauen, nach wie vor deutlich vor dem Vertrauen, das die befragten Deutschen etwa in den Bundestag (35 Prozent), die Bundesregierung (28 Prozent) oder die Kirchen (20 Prozent) haben. Auch die Qualität der Medien wird laut der jährlich von Infratest dimap erhobenen Langzeitbeobachtung für das Jahr 2023 von 80 Prozent mit gut bis sehr gut bewertet.

Die (öffentlich-rechtlichen) Medien haben also offenbar nach wie vor eine stabile Basis. Aber auch hier zeigen sich Risse, die auf Probleme hinweisen. So bröckelt das Vertrauen in die Glaubwürdigkeit messbar. Nach wie vor halten zwar 56 Prozent der Befragten die Medien für glaubwürdig, allerdings sind dies elf Prozent weniger als ein Jahr zuvor und ähnlich gering wie zuletzt 2015. Die Zahlen zeigen, dass es auch hier Schwankungen geben kann. Noch alarmierender ist insofern eine andere Beobachtung: In fast allen Detailfragen zeigt sich eine Spreizung von links nach rechts: Oder besser gesagt: von grün nach blau. Während das Vertrauen von Grünen-Anhängern stets das größte ist, ist es bei den AfD-Anhängern das entgegengesetzte Bild. Es gibt den hier häufig gehörten Verdacht: Sind die Medien in Deutschland, insbesondere die öffentlich-rechtlichen, »zu links«? Zu sehr verwurzelt in den urbanen, progressiv tickenden, akademisch geprägten Welten? Wer dieses Bild befeuern möchte, kann auf eine stichprobenartige Umfrage unter ARD-Volontärinnen und Volontären verweisen, die im Jahr

2020 ein in diesem Sinne recht eindeutiges, weil einseitiges Bild zeichnete: 57 Prozent der journalistischen Nachwuchskräfte würden die Grünen wählen, 23 Prozent die Linke, die CDU würde es nicht mal über die 5-Prozent-Hürde schaffen.

Wer widersprechen möchte, findet nicht nur in einer Untersuchung der Universität Mainz Material. Die Forscher hatten zwischen März und Juni 2023 fast 10 000 Nachrichtenbeiträge sowohl aus öffentlich-rechtlichen als auch privaten Medien analysiert, um zu prüfen, inwieweit der vielfach vorgebrachte Vorwurf, die Öffentlich-Rechtlichen seien politisch einseitig, berechtigt ist.

Darin zeigte sich, dass nach Einschätzung der Wissenschaftler »in den Nachrichtenformaten von *ARD*, *ZDF* und *Deutschlandradio* durchaus an der ein oder anderen Stelle Raum für eine Stärkung konservativer und marktliberaler Positionen wäre«. Der Publizistik-Professor und Studienmacher Marcus Maurer kommt allerdings zu dem Schluss: »Insgesamt trifft die Behauptung, die Nachrichtenformate des öffentlich-rechtlichen Rundfunks seien im Vergleich zu anderen Nachrichtenmedien besonders einseitig, aber nicht zu.«

Es bleibt trotz Untersuchungen wie dieser ein gefühliges Feld. »Warum gibt es einen wie mich nicht mehr? Wo sind heute die Konservativen im Öffentlich-Rechtlichen?«, fragte beispielsweise der frühere Fernseh-Chefredakteur des *Bayerischen Rundfunks*, Sigmund Gottlieb, in einem Gastbeitrag für *Die Zeit*, der zu seiner aktiven Zeit nach eigener Auskunft als der »Schwarze aus dem Süden« galt. Andere würden entgegenhalten, dass *ARD* und *ZDF* regelmäßig in Talkshows allein durch die häufige Setzung von Migrationsthemen mit mitunter zuspitzender Fragestellung durchaus eine konservative, wenn nicht sogar populistische Agenda bedienten.

Generell stellt sich die Frage: Hat das deutsche Mediensystem auch jenseits der Öffentlich-Rechtlichen nicht eine verlässliche Breite – mit *FAZ*, *Welt*, *Bild* und Magazinen wie *Cicero* ein dezidiert liberales und konservatives Angebot? Dieser Einwand gegen all jene, die eine zu große linke Schlagseite im Journalismus insgesamt beklagen, ist berechtigt. Und auch ein kleiner Rückblick dürfte hier eventuell beruhigen. Als der frühere Direktor des Grimme-Institutes, Lutz Hachmeister, im Jahr 2007 »Politik und Journalismus in der Berliner Republik« analysierte, kam er zu dem Schluss, im Metier habe sich eine »konservative Sinnsuche«, vermischt mit »wirtschaftsliberalen Plädoyers zur Rettung von Kapitalismus und freiem Unternehmertum«, breitgemacht. Die einst linksliberale Medienelite der Bonner Republik, abgelöst von neokonservativen Stimmungsmachern. Möglicherweise lassen sich auch im Journalismus mitunter gesellschaftliche Stimmungen und Trends ablesen, ein Pendel, das idealerweise mal in diese, dann aber auch wieder in eine andere Richtung ausschlagen kann.

Jedoch darf dieser Gedanke nicht über eine Gefahr hinwegtäuschen, die in anderen Ländern bereits klar sichtbar ist: eine Medienlandschaft, die mit ihren Angeboten in zwei Hälften zerbricht. In den USA teilt sich die Welt nicht nur politisch in Demokraten und Republikaner, sondern auch medial in *Fox News* auf der einen und *CNN*, *New York Times* oder den dort weniger bedeutenden öffentlichen *NPR* auf der anderen Seite. In Großbritannien geriet die altehrwürdige *BBC* in der Zeit des Brexit-Referendums in den Verdacht, zu klar für einen Verbleib in der EU zu stehen und damit die Position von schließlich ja mehr als der Hälfte des Landes nicht angemessen abgebildet zu haben. Medien, die in diesem Maße in den Sog der Polarisierung geraten (oder sich freiwillig hineinbegeben), verlieren ihre zentrale Funktion: als Arena eines breiten gesellschaftlichen Diskurses, als gleichsam sortierender, aber im Grunde der Recherche, den Fakten und der Einordnung verpflichteter common ground bereitzustehen.

Vor den großen Gefahren lauern kleinere. Interessanterweise kamen die Wissenschaftler der Uni Mainz bei ihrer Untersuchung einem anderen Einseitigkeitsproblem auf die Spur: dass in der Berichterstattung, egal ob in den öffentlichen oder privaten Medien, die Negativ-Berichterstattung im Vordergrund stand. In acht der neun untersuchten öffentlich-rechtlichen Formate sowie in allen untersuchten Vergleichsmedien stellten die Redaktionen sowohl Parteien links der Mitte als auch Parteien rechts der Mitte überwiegend negativ dar. Die Studie konstatiert eine Berichterstattung, die sich vor allem auf Probleme beschränkt, ohne über Lösungen zu berichten. Die Konzentration liege auf den Fehlern und Versäumnissen der Politik.

Only bad news are good news. Gilt das mehr denn je? Und das vor einer Kulisse, die ohnehin von Krisen belastet ist? Verstärkt Journalismus damit die gewachsene Demokratie-Skepsis nur noch mehr? Grundsätzlich stellt sich die Frage an die Macher von »News«: Über was wird überhaupt berichtet? Und an uns alle als Medienkonsumenten: Wann bleibt man an einem Text, an einer Meldung hängen? Wann klickt man auf eine Schlagzeile oder auf ein Bild? »Nachrichtenfaktoren« sind seit Langem Forschungs- und Diskussionsgegenstand. Die »Nachrichtenwerttheorie« nach Galtung und Ruge besagt, dass je mehr Nachrichtenfaktoren von einem Ereignis erfüllt werden, desto höher dessen Nachrichtenwert und damit die Wahrscheinlichkeit, dass über das Ereignis berichtet wird.

Solche Nachrichtenwerte bewegen sich nicht im luftleeren Raum. Veränderte Sehgewohnheiten, Aufmerksamkeitsökonomien und neue Präsentationsstile, also Formate, beeinflussen unsere Wahrnehmung von Nachrichten. Und trotzdem ist auf die Nachrichtenfaktoren weiterhin Verlass. Was früher »gut ging«, geht auch heute zumeist noch gut. Hierzu zählen zuvorderst Konflikte, also Streitigkeiten und Kontroversen und vor allem die damit verbundenen möglichen Schäden: »Nächster Streit in der Ampelkoalition«, »Immer Ärger mit der Ampel«, »So zermürbend wie mit dieser Koalition war es noch nie« – wir sind alle wohlvertraut mit den Schlagzeilen.

Prominenz, Personen und Reichweite sind ebenfalls verlässliche Indikatoren der Berichterstattung. Die Fragen, wie viele Menschen von einem Ereignis tangiert werden (»Habecks Heizhammer«), wie bekannt die involvierten Personen sind und wie sehr es bei einem Ereignis um konkrete Persönlichkeiten geht statt etwa abstrakter um Institutionen, sind allesamt relevant für den Nachrichtenwert einer Sache. Wurde über das Thema bereits berichtet, kann auch die Kontinuität von Berichterstattung einen eigenen Nachrichtenwert darstellen. Und natürlich spielt die Nähe zum adressierten Publikum eine Rolle – sei es auf einer kulturellen, geografischen oder auch ökonomischen Ebene. Und last, but not least geht es natürlich um Überraschungseffekte – im positiven wie im negativen Sinne. Kommt ein Ereignis besonders unerwartet, war es nicht vorherzusehen, steigt der Nachrichtenwert stark an. Denken wir nur einmal an die Flutkatastrophe im Ahrtal, an Terroranschläge, an den Sieg von Lena Meyer-Landrut beim Eurovision Song Contest oder an den Unfalltod von Prinzessin Diana.

Populistische Akteure profitieren von dieser Nachrichtenwertlogik. Gepaart mit einer beobachtbaren Zunahme von Skandalisierung, Vereinfachung, Emotionalisierung und Personalisierung, gelten sie laut Gianpietro Mazzoleni als »clever newsmakers«, die gerade in ihrer Gründungszeit viel Berichterstattung generieren können. Es wurde bereits deutlich, dass dies nicht bedeutet, dass Medien populistischen Akteuren per se eine Bühne bieten. Vielmehr hat eine kritische Auseinandersetzung begonnen, die die Rolle der Medien in diesem Zusammenhang hinterfragt und analysiert. Zu beobachten ist dennoch, dass Medien immer wieder aufs Neue über die »Stöckchen« springen, die ihnen populistische Akteure hinhalten. Da liefert Alice Weidel im ARD-Sommerinterview, zum Ende des Zweiten Weltkriegs befragt, erwartbar die Aussage, es sei für sie kein Tag der Befreiung, sondern ein Tag der Niederlage und zack – Empörung allerorts. Hatte jemand wirklich etwas anderes erwartet?

Wohl kaum. Sollte man die AfD zu diesen Dingen nicht mehr befragen? – Doch. Aber entscheidend ist, worauf der Fokus liegt. Wenn die Berichterstattung nach solchen Interviews nahezu ausschließlich auf einzelne Aussagen rund um die Themen Migration oder Rechtsextremismus fokussiert, liefert man der AfD, was sie haben will. Denn sie lebt von der Empörung der anderen. Beispiele dieser Art gibt es viele: Beatrix von Storch, die sich über die vermeintlich nichtdeutschen Spieler in der Fußballnationalmannschaft empörte und damit am nächsten Tag die Titelseite der *Bild* einnahm. Alexander Gauland und der Nationalsozialismus als »Vogelschiss« in der deutschen Geschichte – die einzige Passage einer Rede im Bundestag, die am nächsten Tag überall zu lesen war. Selbstverständlich müssen solche Aussagen problematisiert und kritisiert werden. Aber es sollte nicht alleine dabei bleiben.

Was wäre, wenn es statt Empörung schlicht einen sachlichen Bericht und eine kurze Einordnung und im Anschluss Desinteresse und Ignoranz für solche Aussagen gäbe? Wenn die Journalistinnen solchen Aussagen nach einer kurzen Bemerkung die kalte Schulter zeigen würden und stattdessen die zumeist raren inhaltlichen Aussagen solcher Interviews oder Reden in der Analyse fokussieren würden?

2018 konnte Bernd Gäbler in einer Studie zeigen, dass vor allem in der Berichterstattung der Lokalpresse zur AfD journalistische Schwächen zu beobachten waren. Statt die eigene Region zu betrachten, konnte man in vielen Berichten – so Gäbler – den Eindruck gewinnen, die AfD sei ein Problem irgendwo in der Ferne. Dass viele Lokalredaktionen die Politikberichterstattung heute von Zentralredaktionen erhalten, ist zweifelsohne Teil dieses Problems. Hier hat es, vor allem in Ostdeutschland, in den letzten Jahren Veränderungen und Verbesserungen gegeben. Die Erosion und das Zusammensparen der Lokalredaktionen bleibt als Problem gleichwohl bestehen. Verschärfen könnte die Situation sich, wenn auch bei den öffentlich-rechtlichen Landesrundfunkanstalten redaktionell gespart werden muss.

Für die Debattenkultur einer Gesellschaft ist die Frage danach, *was* überhaupt berichtet wird, so wichtig wie jene danach, *wie* über Dinge berichtet wird. Die Tendenz zur Zuspitzung, zur Skandalisierung, zur Personalisierung, zur Konstruktion von Dichotomien ist den Medien seit jeher nicht fremd und nicht nur ein Thema in Zeiten, in denen populistische Parteien erfolgreich sind. Vielmehr hat Boulevardjournalismus dieses Kalibers die Geschichte der Bundesrepublik seit ihrer Gründung begleitet. Bis heute ist die *Bild* die erfolgreichste deutsche Tageszeitung – wenn auch mit stark sinkender Auflage im Print. Doch auch die Qualitätspresse kann sich dieser Entwicklung zunehmend weniger entziehen. Zu stark ist der Druck durch Klicks, Paywalls und die Konkurrenz um die erste oder beste Schlagzeile. So nachvollziehbar diese Entwicklung angesichts der Digitalisierung und des Wandels von Öffentlichkeit ist, so gefährlich ist das Prinzip »Ansprache via Akklamation« vor dem Hintergrund der gegenwärtigen Herausforderungen für die Demokratie. Andreas Dörner hat für das Phänomen schon im Jahr 2001 – also vor 23 Jahren! – den Begriff des »Politainment« geprägt. Dass Organe der Boulevardpresse allerdings Verbündete der Populistinnen und Populisten sein sollen, bestätigt sich in Forschungen, etwa in den Niederlanden, bislang nicht.

Die Auswirkungen eines solchen Politainments lassen sich an der journalistischen Berichterstattung zum GEG nachzeichnen. Wobei sich erst mal eine Frage stellt: Wer unter den Hauptstadtjournalisten hat diesen Gesetzentwurf überhaupt gelesen? Wie fundiert und auf eigener Urteilskraft beruhend waren Kommentare, die konstatierten, der Gesetzentwurf sei unzureichend und weise erhebliche handwerkliche Fehler auf? Es gibt auf diese Fragen keine verlässlichen statistischen Antworten, bloß Beobachtungen und Vermutungen. Sie stützen sich auf das Klagen derjenigen im Regierungsviertel, die als Lobbyisten oder Fachpolitikerinnen tief in den Themen stecken: Viele dürften es nicht gewesen sein, die sich die Zeit nehmen konnten (oder wollten). Das begünstigt eine problematische Entwicklung: Einschätzungen und Bewertungen reproduzieren sich und werden zum bestimmenden Sound einer Debatte, ohne dass es genügend checks and balances gäbe. Sie können mitunter so bestimmend werden, dass selbst die, die es anders sehen, sich kaum noch hervorwagen. Wer hätte auf dem Höhepunkt der Heizungsgesetz-Debatte gewagt, von einem guten Gesetz zu sprechen? Stattdessen versieht auch eine vielleicht wohlmeinende Kommentatorin es mindestens mit dem Attribut »umstritten«. Eine Studie des Progressiven Zentrums in Zusammenarbeit mit der Universität Mainz analysierte später, dass es in der Berichterstattung in erster Linie um die Regierungspolitiker, um die Auseinandersetzung zwischen Regierung und Opposition, aber deutlich weniger um die Auswirkungen für die betroffenen Bürgerinnen und Bürger ging. Eine Analyse, die sich mit der Wahrnehmung der Bürgerinnen und Bürger deckt: Dass es beim Streit um klimaschonende Heizungsanlagen den Parteien von Regierung und Opposition mehr um die eigene Wirkung als um eine gute Lösung gegangen sei, erklärten 75 Prozent der Befragten im ARD Deutschlandtrend vom Juni 2023.

In einem von Aufmerksamkeitsökonomien, Schlagzeilen, Klicks und Quoten getriebenen Journalismus verhalten sich viele Protagonisten zu oft wie Lemminge. Es ist ein Problem, das sich immer wieder einstellt und Themenlagen prägt: Die auch im Journalismus begleitete »Willkommenskultur« ließ in der Phase der Euphorie über ein Land, das offenbar ganz ressentimentfrei sein freundliches Gesicht zeigen konnte, wenig Platz für kritisches Nachfragen, was die Voraussetzungen sein müssten, damit wir es »schaffen«. Nach der Kölner Silvesternacht 2015/2016 schlug das Pendel dann in die andere Richtung. In der Pandemie war es zunächst das überaus wohlwollende Lob des Krisenmanagements der Politik, das sich später umdrehte in eine grundlegende Kritik. Während die Ampel anfangs mit ihrem »Fortschritts«-Narrativ auch publizistisch gut davonkam, wagen mittlerweile nur wenige eine andere Erzählung als die der »zerstrittenen«, eigentlich per se unvereinbaren Koalition. In allen geschilderten Fällen ist es nicht etwa »Meinung, die gemacht wird«, wie Harald Welzer und Richard David Precht beklagten, gleichsam kontrafaktisch und gegen die Mehrheitsmeinung. Die Stimmungslagen, die sich auch im Journalismus widergespiegelt haben, waren so. Sie basierten und basieren auf faktischen Herleitungen. Aber wie haben sie sich reproduziert? Aus Gedankenfaulheit? Oder aus Mangel an eigener Recherche? Die Fragen sind ernst gemeint und nicht nur rhetorisch (und der Journalist in diesem Autoren-Duo hat sie sich selbst schon häufig gestellt): Denn natürlich gibt es viele Journalisten, die anders arbeiten und denken. Es dürfte vor allem viele geben, die anders arbeiten wollten – aber an Grenzen stoßen. Denn es gibt strukturelle Ursachen im Journalismus, die diese Debattendefekte verstärken.

Erstens: Die sinkende Zahl von Fachjournalistinnen und die damit verbundene Schwächung einer Inhaltsorientierung bei Recherchen und in der Berichterstattung sind ein Problem angesichts der Tatsache, dass alle großen Fragen unserer Gegenwart, von Klimaschutz über globale Finanz- und Handelspolitik bis hin zu sicherheits-, geopolitischen oder digitalpolitischen Fragen, mehr denn je inhaltliche Auseinandersetzungen erfordern. Insbesondere erfordern sie das Vorhandensein von Kompetenzen für diese Auseinandersetzung. Immer mehr Journalisten berichten darüber, dass sie für eine sehr große Zahl von Themen gleichzeitig zuständig sind. Die Zeiten, als man für ein Thema/Ressort und/oder eine Partei zuständig war, sind in vielen Redaktionen lange vorbei. Eine ausführliche Berichterstattung mit tiefergehenden Analysen ist da kaum leistbar. Und jene, die über Wochen hinweg tausende Seiten lesen und recherchieren, schreiben zwar große Titelgeschichten oder drehen Dokumentarfilme, sind aber eben den Aufmerksamkeitslogiken der digitalen Welt und der Flut an schlagzeilengetriebenen Ad-hoc-Medienkonkurrenten gnadenlos ausgeliefert.

Dadurch fällt auch die notwendige Langzeitbeobachtung von Themen zurück. Wir erleben stattdessen viel Ankündigungsjournalismus, wann immer politische Akteure neue Ideen, Pläne, Gesetze in die Welt bringen. Zwangsläufig orientiert sich dieser stark an der offiziellen politischen Agenda. Es gibt wohlgemerkt Gegenbewegungen: eine neue Form des Newsletter-Journalismus, der teils von etablierten Medien wie dem *Tagesspiegel* oder der *Süddeutschen Zeitung*, teils aber auch von neuen Akteuren wie *Table Media* bespielt wird. »Deep journalism« ist das Versprechen, also tiefe, nicht an Schlagzeilen orientierte Berichterstattung, die sich die unterschiedlichen Anbieter allerdings häufig teuer bezahlen lassen. Wird guter Journalismus ein Luxusgut – und verschärft damit ein in der Demokratie ungesundes Gefälle zwischen wenig gutinformierten und vielen nur oberflächlich versorgten Bürgerinnen und Bürgern? Oder sickern die Ergebnisse guter Recherchen letztlich doch durch die Wiedergabe in die breite Masse? Diese Frage ist noch offen.

Es gibt ein zweites strukturelles Problem, das sich wiederum schwer fassen lässt. Es ist möglicherweise auch eine Folge des lemminghaften Verhaltens. Denn selbst wenn es eine breitere Meinungsvielfallt in den deutschen Redaktionen gibt, als dass der Vorwurf, alle seien nur »links«, so pauschal berechtigt wäre, erleben wir immer wieder erstaunliche Meinungsleerstellen. Bestimmte Positionen finden keine Fürsprecher, die sich hervorwagen wollten, obwohl es sie sicherlich gibt. Geben müsste es sie angesichts der Tatsache, dass sie im politischen Raum durchaus gedacht werden. Auch das ist ein Bereich, über den es keine Zahlen gibt, die man heranziehen könnte, aber doch Beobachtungen: Der Leiter des Streit-Ressorts einer großen Wochenzeitung, der berichtet, wie schwer es ist, bei Pro & Contra-Gesprächen Protagonisten zu finden, die die in einem urbanen Milieu weniger beliebten Positionen besetzen. Die Meinungsredakteurin, die berichtet, dass es ihr nicht gelungen sei, in der gesamten Redaktion jemanden zu finden, der einen Kommentar für die Beibehaltung des Schwangerschaftsparagrafen § 218 StGB schreiben würde. Der frühere Chefredakteur eines Radiosenders, der sich daran erinnert, dass sich niemand fand, der bei Merkels Atomausstieg für eine Beibehaltung der Kernkraft argumentieren wollte.

Der Chefredakteur des *WDR*, Stefan Brandenburg, hat eine Vermutung, woher es kommen könnte, dass Perspektiven fehlen in der Berichterstattung: »Wir sind uns zu ähnlich. In unserer Herkunft, in unserer Ausbildung, in Wohnorten und Lebensweisen.« Ein Befund, der auch von Studien belegt wurde. In einem Gastbeitrag für *Die Zeit* wirft er einen kritischen Blick auf die eigene Zunft, den öffentlich-rechtlichen Rundfunk, bei dem er eine »Tendenz zur Anpassung« sieht, die – so Brandenburgs Einschätzung – »alle Redaktionen kennen« und die sich durch »Meinungsführerschaft, Trampelpfade, Korridore« ausdrückten. Man darf davon ausgehen, dass es zumindest zu dieser Einschätzung des *WDR*-Journalisten intern durchaus kontroverse Diskussionen gegeben haben dürfte.

Jenseits des öffentlich-rechtlichen Journalismus stellt sich aber auch die Frage nach Themen- und Meinungskonjunkturen. Sei es die Corona-Pandemie, sei es die Debatte um Waffenlieferungen an die Ukraine. Alle denkbaren Positionen – das kann niemand ernsthaft leugnen – hatten ihre »air time«, waren also öffentlich vernehmbar. Aber waren die Tonlagen so, dass alle Positionen als legitim eingeordnet wurden? Oder wurden sie häufig entweder pflichtschuldig oder aber in einem starken Maße voreingenommen im Debattenraum verarbeitet? Diese Fragen zu stellen, heißt nicht, sie zu bejahen. Ein Austausch darüber scheint dennoch notwendig.

Urteilskraft und Umfragen

Es gibt ein großes Bedürfnis der Vermessung der Gegenwart. Was denkt »das Volk«, beziehungsweise etwas moderner ausgedrückt: Wie sind dic Stimmungen, Meinungen und Präferenzen in der Bevölkerung? Umfragen, Erhebungen und Studien, die genau das ergründen wollen, haben in den öffentlichen Debatten des Landes eine zentrale Rolle eingenommen. Als regelmäßige Temperaturmessung der gesellschaftlichen Grundhaltungen existieren das ZDF-Politbarometer, der ARD-Deutschlandtrend, dazu zahlreiche Institute von Allensbach bis Forsa, die teils seit Jahrzehnten wichtige Tiefenbohrungen vornehmen. Gleichzeitig entwickelt sich zusehends ein hektisches Geschäft mit den Zahlen, befeuert etwa durch neue Online-Abstimmungen. Aber auch gefordert von Medien und Politik, die allzu hungrig erscheinen nach schnellen Antworten und dem Ergründen von Stimmungslagen. Von einer »Inflationierung der Umfragen« sprach bereits vor Jahren der Meinungsforscher Matthias Jung von der Forschungsgruppe Wahlen. Und um es mit den Worten des *WDR*-Journalisten Jörg Schönenborn zu sagen: Was dabei herauskommt, sind häufig nicht mehr als »Spuren im Sand«.

In der medialen und politischen Rezeption kommt aber gerade diesen Momentaufnahmen eine immense Beachtung und Bedeutung zu. Sie bilden dabei nicht nur ab, was die »öffentliche Meinung« ist oder zu sein scheint, aus ihr heraus können auch neue Realitäten erwachsen. Ein eindrückliches Beispiel lieferte der in der Sonntagsfrage gemessene Zuwachs für die AfD ab dem Frühsommer 2023. Jeder zusätzliche Prozentpunkt wurde Gegenstand einer Berichterstattung, die an das Finish eines Laufwettbewerbs erinnerte. Markierungspunkte wie etwa das Überholen der Kanzlerpartei SPD, das Überschreiten der 20-Prozent-Marke, das Erreichen des Status der stärksten Partei in Bundesländern wie Thüringen oder Sachsen waren meist eigene Schlagzeilen wert.

Ohne Frage: Letztlich bildete Berichterstattung hier »nur« gemessene Stimmungsbilder ab, nicht ohne dabei allerdings selbst in eine eigene, die öffentliche Meinung mitprägende Rolle zu geraten. Das Dauer-Thema AfD-Aufstieg erhöht das Nervositätslevel im öffentlichen Raum. Schlimmer noch: Aus einer solchen situativen Intensivbetrachtung kann im Zweifel eine sich selbst erfüllende Prophezeiung erwachsen. Der minutiös abgebildete wachsende Rückhalt für die AfD führt am Ende de facto zu einer größeren Aufmerksamkeit. Und im Zweifel zu einem weiter wachsenden Rückhalt. Zumindest in den Umfragen.

Es ist schwer messbar, wie sehr Umfragen Auswirkungen auf politische Entscheidungen haben. Trifft Olaf Scholz mit seiner aus politischen Abwägungen und Prinzipien heraus getroffenen Linie im Ukraine-Krieg auf eine zustimmende Mehrheit in der Bevölkerung – oder ist die grundsätzliche wie auch immer wieder gebremste Unterstützung Kiews, für die Scholz steht, andersherum die Reaktion, quasi die Umsetzung dessen, was man als Präferenzen der Bevölkerung in der Kriegsfrage messen kann? Kann man, wenn man lange genug als Politiker aktiv ist, überhaupt noch eine klare Trennlinie ziehen? Wo ist es das eigene normative Gerüst, wo sind es die Notwendigkeiten oder auch Opportunitäten, die sich als Motivation für Entscheidungen identifizieren lassen?

Interessant ist in diesem Zusammenhang das, was der *Spiegel*-Hauptstadtkorrespondent Markus Feldenkirchen zu Papier brachte, nachdem er 2017 den Wahlkampf des glücklosen Martin Schulz aus größter Nähe begleiten durfte. Wie sehr das Team um den SPD-Kanzlerkandidaten auf gemessene Stimmungen und Umfragen reagierte und teils kurzfristig Strategien änderte, hatte selbst ein erfahrener und mit den zynischen Prinzipien des Politik-Betriebs nicht unvertrauter Journalist nicht erwartet.

Schulz hat die Kraft der Umfragen in extrem widersprüchlicher Weise erleben müssen: die unheimliche Geschwindigkeit, mit der der Schulz-Zug Fahrt aufnahm, der kaum noch zu stoppen schien. Dann der jähe Absturz in den Umfragen, die mit jedem Prozentpunkt, das wegbröckelte, die Gewissheit lange vor dem eigentlichen Wahltag verstetigte, ein Kandidat ohne Fortune und ohne Chance zu sein. Auch hier könnte man die Frage stellen: Wie sehr haben sich die Wählerinnen und Wähler damals aufgrund ihrer eigenen politischen Präferenzen gegen Schulz entschieden, wie sehr war es das dank Umfragen anhaftende Verlierer-Image, das ihm die Zustimmung versagte?

»Wir leben in einer Demokratie, nicht in einer Demoskopie.« Dieser Satz des einstigen DDR-Bürgerrechtlers und grünen Bundestagsabgeordneten Werner Schulz, den er in einem Akt des letzten Aufbäumens gegen die vorgezogenen Neuwahlen 2005 seinen rot-grünen Fraktionskollegen zurief, mag einem angesichts der Omnipräsenz von Umfragen in den Sinn kommen. Der Journalist Heribert Prantl spricht von »Dauerumfragen«, durch die »der Unterschied zwischen Umfrage und Wahl verwischt«. Und ja, man stelle sich kurz einmal die Welt ohne Umfragen vor: Wahlabende voller Überraschungspotenzial. Politik, Medien und Bevölkerung, die sich ihrer eigenen Urteilskraft bedienen müssten und nicht Stimmungslagen hinterherdenken.

Dieser Gedanke, so verlockend er erscheinen mag, ist fern jeder Realität in modernen Gesellschaften. Und verlockend ist er auch nur vor der Kulisse des vordergründigen Demoskopie-Zaubers. Tiefenbohrungen, umfragebasierte Beschreibungen der Veränderungen von Einstellungen in der Bevölkerung können dagegen wichtige Informationen liefern für den Debattenraum, beschreiben sie doch den wichtigen Raum jenseits der stets öffentlich auffindbaren, dem Diskurs ausgesetzten Sphäre: den Raum des Privaten.

Die Kritik an der Meinungsforschung ist fast so alt wie Meinungsforschung selbst. Keine fünf Jahre nachdem Elisabeth Noelle-Neumann 1947 mit dem Institut für Demoskopie Allensbach das erste deutsche Meinungsforschungsinstitut gegründet hatte, appellierte Theodor W. Adorno, das demokratische Potenzial der Meinungsforschung als oberste Verpflichtung wahrzunehmen. Er warnte vor der »Gefahr einer Fehlsteuerung, ja einer Manipulation der Bevölkerung« durch die empirische Sozialforschung.

Heute ist der Fokus der Kritik ein anderer: die Gefahr einer Gleichsetzung der Ergebnisse von Meinungsumfragen mit dem, was man als öffentliche Meinung vermutet. Oder um es mit den Worten des Politikwissenschaftlers Wilhelm Hennis zu sagen: »Aus 40 % Ja's und 35 % Nein's und einem Rest ›Ich weiß nicht‹ besteht keine öffentliche Meinung.« Meinungsumfragen bilden nicht die öffentliche Meinung ab, sagt auch der Soziologe Hartmut Rosa, sondern die »Aggregation von (gleichsam vorpolitischen) Privatmeinungen. Sie bilden den Ausgangspunkt der öffentlichen Meinungsbildung, aber nicht den Endpunkt, das Ergebnis; sie sind nicht die öffentliche Meinung, sondern die Basis, auf deren Grundlage jene sich entwickeln kann.«

Öffentlichkeit entsteht, wenn wir mit unseren ersten Antworten, die sich aus der eigenen Erfahrung, aus unseren Lebenswelten, manchmal einfach auch nur aus dem Bauch heraus begründen, auf andere Perspektiven und Argumentationen treffen. Eine Bürgerversammlung zur geplanten Flüchtlingsunterkunft in der eigenen Gemeinde kann im Konkreten ein solcher Moment sein, der aus vielen privaten Meinungen eine öffentliche Meinung generiert. Im größeren Maßstab sind es die medialen Debatten, in denen sich »Positionen potenziell auf ein Gemeinsames« zubewegen können.

Umfragen, die nicht in diesem Rosa'schen Sinne als Ausgangspunkt von Meinungsbildung, sondern als das fertige Meinungsbild betrachtet werden, sind eine Hypothek für die Debattenkultur. Weil sie einladen zu einer kurzatmigen öffentlichen Betrachtung – und in der Folge zu kurzatmiger umfragenhöriger Politik und Berichterstattung. Die klaren Zahlenbilder haben dazu noch eine andere problematische Wirkung: Sie untermauern im Zweifel das Bild einer gesellschaftlichen Spaltung. 51 Prozent Ja, 49 Prozent Nein wirken in einer Grafik wie unversöhnliche Blöcke. Sie müssen es aber per se nicht sein, sofern man davon ausgeht, dass sich in einem Diskurs diese Menschen austauschen, ihre Perspektiven kennenlernen und möglicherweise sogar ihre Position ändern könnten.

»Monster« oder Möglichkeiten

Das Netz vergisst nichts. Früher mussten Historiker staubige Akten in Archiven wälzen, wollten sie einst getätigte Aussagen eines Politikers hervorkramen oder überprüfen. Heute können sie und alle anderen lässig in ihren Lesezeichen bei X oder Instagram suchen. Manche der dort gespeicherten Postings altern schlecht. Werden sie nicht gelöscht, bieten sie heute eine perfekte Vorlage, um Politiker an Gesagtes zu erinnern. Da wäre etwa Markus Söder, der einst mit Rücktritt drohte, wenn der Atomausstieg nicht vollzogen werde, während er heute für die Rückkehr zur Kernkraft plädiert, und der – während er heute das von der CDU/CSU-geführten Bundesregierung beschlossene »Verbrenner-Aus« als falsch bezeichnet – dieses noch im Jahr 2020 mit größter Vehemenz forderte.

Oh du schönes soziales Internet. Wie einfach wäre es, den Text an dieser Stelle zu beenden oder einfach noch ein paar Seiten länger die Vorzüge und Vorteile des Internets und Sozialer Medien zu erläutern. Dass es sie gibt, ist unbestritten. Soziale Netzwerke und das Internet insgesamt haben uns mit Menschen in der Ferne auf neue Art in Verbindung bleiben lassen, sie haben Unsichtbares sichtbar gemacht, haben zur Formierung von Protest in autoritären Regimen beigetragen und viele Nachrichten, die uns früher erst viel später oder gar nicht erreicht hätten, für uns greifbar und nahbar gemacht – insbesondere aus Regionen in der Welt, die wir aus einer eurozentristischen Perspektive ohnehin häufig weniger im Blick hatten und haben. Sie haben – vor allem das ist im Kontext der Debattenkultur wichtig – öffentliche Meinungsbildung demokratisiert. Die Teilnahme am Diskurs ist per Smartphone oder PC jederzeit möglich. Und zwar für jeden und jede und nicht länger den medialen Gatekeepern vorbehalten.

Doch inzwischen sind vermutlich auch die größten Fans und Verfechter ein Stück weit desillusioniert. Es gehört zu den Binsenweisheiten unserer Zeit, dass die einst hochgepriesenen Sozialen Medien inzwischen an Anerkennung und Begeisterung eingebüßt haben. Habermas selbst hat diesen durch die digitalen Disruptionen der letzten Jahre geprägten erneuten und gravierenden Strukturwandel der Öffentlichkeit im Jahr 2022 beschrieben. Die Intensität dieses Wandels hat die Debattenkultur des Landes erheblich beeinflusst. Mit der Komplexitätssteigerung durch Krisen und Transformation nimmt auch die Komplexität und Dichte von Kommunikation spürbar zu. Es muss noch mehr erklärt, eingeordnet und kommuniziert werden. Will man zugleich in der Debatte sichtbar oder gar führend sein oder zumindest nicht Gefahr laufen, sich dem Vorwurf des »Zu-spät-Seins« auszusetzen, geschieht diese Kommunikation häufig unter enormem Zeitdruck und in immer höherer Schlagzahl.

Da liegt doch zunächst der Gedanke nahe, dass die Logiken Sozialer Medien diesen Erfordernissen de facto gut Rechnung tragen könnten: Kurze Texte, viel visueller Inhalt, die Möglichkeit, Dinge interaktiv und animiert zu veranschaulichen, und überdies die Chance, eine sehr große Zahl von Menschen zeitgleich und blitzschnell zu erreichen. Der Realitätscheck fällt anders aus. Die durch soziale Medien notwendige Verknappung und Beschleunigung erzeugt nicht nur eine »Verschlichtung der Sprache« (was sich unter Umständen wohl noch verschmerzen ließe), sondern sie erzeugt auch einen »unheilvollen Umkehrprozess der Wichtigkeiten«.

Nicht die Relevanz einer Nachricht, sondern die Frage, wie gut sie »klickt«, macht heute zumeist ihren Wert aus. Intransparente und von kommerziellen Prämissen getriebene Algorithmen entscheiden, was klickt und was nicht. Verführt hier die Orientierung am klickenden Publikum und geht zulasten von Relevanz und Wichtigkeit? Habermas hat diesen Prozess anschaulich beschrieben: »Ein demokratisches System nimmt im Ganzen Schaden, wenn die Infrastruktur der Öffentlichkeit nicht mehr die Aufmerksamkeit aller Bürger gleichmäßig auf die relevanten und entscheidungsbedürftigen Themen lenken und wenn sie die Ausbildung konkurrierender öffentlicher, und das heißt: qualitativ gefilterter Meinungen nicht mehr auf einem angemessenen Niveau leisten kann.«

Der SPD-Parteivorstand, der *Deutschlandfunk*, viele weitere ziehen sich bei Twitter zurück. Instagram schränkt im Frühjahr des Superwahljahrs 2024 aktiv die Anzeige politischer Inhalte ein – zynisch formuliert: Politik klickt eben weniger gut als Katzen- und Kochvideos. Unter den 10 erfolgreichsten Politik-Accounts bei TikTok kommen 6 von der AfD, zahlreiche Medien, unter anderem *Der Spiegel*, haben die Kommentarfunktion unter ihren Beiträgen ganz oder teilweise eingeschränkt. Kommentare können jetzt nur noch in der Paid-Version hinterlassen werden. Alle anderen können mitlesen, aber nicht kommentieren. Die ersten Kapitulationserklärungen sind also unterschrieben? Oder beginnt hier womöglich gerade erst eine grundlegende Art der Strukturierung, auch der Reglementierung, die eine neue Öffentlichkeit dieser Art genauso benötigt, wie einst unsere analoge Öffentlichkeit ihre Regeln erhielt? Denken wir nur an Jugendschutzvorgaben, die Einrichtung des Presserates oder Vorgaben für das Filmen in der Öffentlichkeit und vieles mehr.

Zunächst einmal ist festzuhalten, dass viele über lange Zeit von den Neuerungen unserer digitalen Öffentlichkeit profitiert haben. Alle Parteien etwa profitieren von der in Sozialen Netzwerken möglichen Direktkommunikation, die für sie einen »Autonomiegewinn« darstellt. Diese 1:1-Kommunikation hat viele Gesichter. Die Interaktion in Kommentarspalten, die Verbreitung eigener Botschaften (»Kacheln«) bis hin zum eigenen digitalen TV-Kanal (zum Beispiel »CDU-TV«) hat ihnen manchen Umweg über einstige Gatekeeper »erspart«. So schaut man also im Zweifelsfall den CDU-Parteitag nun im Stream auf der CDU-eigenen Website und nicht beim Spartensender Phoenix, wo die Parteitagsregie von kritischen Einordnungen und Interviews begleitet wird. Doch trotz aller Vorteile haben auch die Parteien, Politikerinnen und Politiker die Nachteile Sozialer Medien intensiv erleben müssen. Hass und Hetze sind fortwährend Alltag – allen juristischen Versuchen, dies zu unterbinden, zum Trotz. Dies ist unter anderem der Tatsache geschuldet, dass mit jedem Post, mit jedem Kommentar ein Überbietungswettbewerb beginnt. Will man überhaupt sichtbar sein, muss jeder Witz noch witziger sein als der vorherige. Jede Schlagzeile noch krasser klingen, jede Grenzüberschreitung noch ein paar Millimeter weiter reichen. Dabei belohnen Algorithmen nicht nur jene, die ständig interagieren, sondern insbesondere jene Beiträge, die skandalisieren, emotionalisieren und polarisieren. Damit sind diese Logiken vor allem populistischen, radikalen und extremistischen Kräften zuträglich. Diese Akteure profitieren von der Digitalisierung der politischen Kommunikation besonders und aus zweierlei Gründen. Erstens, weil es erhebliche Überschneidungen zwischen den »Aufmerksamkeitskriterien der Social Media und den Merkmalen populistischer Kommunikation« gibt, sowie zweitens, weil ebenso eine Verzahnung zwischen der »Kommunikationslogik der Digitalplattformen und der populistischen Ideologie« im zuvor beschriebenen Sinne besteht.

Der Journalist Justus Bender bezeichnete daher 2017 die AfD und nicht etwa die Piraten-Partei als »erste Internet-Partei«. Erst eroberte sie Facebook, nun TikTok, und ihre Präsenz und Wirkmächtigkeit bei YouTube und über Messengerdienste wie Telegram lässt sich bislang allenfalls erahnen.

Wer hat denn hier was verschlafen, könnte man fragen? Die Idee, wenn nun bloß alle anderen schnell auf den Plattformen zu finden sind, lasse das nach, ist ein Trugschluss gegenüber den Algorithmen. Andererseits ist klar: Tauchen die anderen auf den Plattformen (die gerade von jungen Leuten stark genutzt werden) nicht auf, überlassen sie das Feld vollends populistischen und radikalen Kräften.

Es lohnt ein Blick auf die Diagnose Benders, was die AfD im Internet so erfolgreich mache. Bender urteilt, die AfD habe im Unterschied zu anderen politischen Kräften »keinerlei netzpolitische Ambitionen«. Sie habe zum Internet ein »völlig unkritisches, ja naives Verhältnis« und nutze einfach alles, was es online gibt. Sind die anderen also allesamt Bedenkenträger? Fehlt es ihnen an netzpolitischer Offenheit? Erneut könnten wir es uns einfach machen und im Folgenden seitenweise die Sozialen Medien verteufeln und ihre Abschaffung oder zumindest eine starke politische Regulierung als eine entscheidende Gelingensbedingung unserer Debattenkultur präsentieren. Es wäre so einfach und doch so falsch! »Nutzerinnen und Nutzer können heute einerseits weitaus freier als früher entscheiden, welche Informationen sie erreichen. [...] Ob sie dabei eine neutrale Perspektive suchen oder nur Verlautbarungen von Gleichgesinnten in ›Echokammern‹ rezipieren, bleibt ihnen überlassen. Dies befördert jedoch die Herausbildung einer ›Gesellschaft der Singularitäten‹, die auf Kosten des Allgemeinen beziehungsweise Gemeinsamen gehen kann. Die überwiegende Kommunikation mit Gleichgesinnten führt wiederum häufig zu einer Radikalisierung der Meinungen und verstärkt damit die Polarisierung der Gesellschaft«, schreibt die Politikwissenschaftlerin Claudia Ritzi im Jahr 2023 und liegt damit völlig richtig. Allerdings – und das ist wichtig – für die digitale und die analoge Welt gleichermaßen. Nicht wenige sehnen wohl eine Eindeutigkeit in der

Empirie zur Schädlichkeit der Sozialen Medien herbei. Doch so einfach ist es nicht.

Forschungen zeigen, dass »filter bubbles« und »Echokammern« bislang entgegen der öffentlichen Wahrnehmung eher Ausnahmeerscheinungen und nicht die Normalität zeitgenössischer digitaler Kommunikation darstellen. Aber sie bewirken natürlich eine Ausdifferenzierung der Arenen. Andere Forschungen unterstreichen, dass polarisierende Inhalte im Netz starke Verbreitung erfahren, finden jedoch keine Belege dafür, dass diese auch die Polarisierung derjenigen erhöht, die mit diesen Inhalten interagieren.

»Selektives Verhalten im Umgang mit Nachrichten (Zuwendung, Wahrnehmung, Erinnerung), also die Präferenz für Inhalte, die den eigenen Interessen entsprechen und eine homogene Nachrichtenumgebung begünstigen, tritt online und offline auf. Einige Studien deuten darauf hin, dass gerade offline bestehende Kommunikationsnetzwerke zur Entwicklung populistischer Echokammern beitragen.« Zudem zeigen sie, dass offline häufig weniger Kontakt mit anderen Positionen im Debattenraum entsteht als online.

Uneinigkeit statt Eindeutigkeit. Wurden die Stammtische, Kegelclubs, Kneipentresen, Schützen- und Kleingartenvereine der Republik schlicht ins Digitale dupliziert? Zumindest macht man es sich zu einfach, die digitale Welt zu verteufeln und sie gegen eine vermeintlich bessere (einstige) analoge Welt in Stellung zu bringen. Schon immer waren Menschen in Gruppen von Gleichgesinnten unterwegs. Wer kann von sich sagen, dass er oder sie früher auf dem Schulhof oder heute im Betrieb, am Gartenzaun, beim Elternabend oder im örtlichen Verein sich gezielt mit jenen umgab, die man nicht zu den Gleichgesinnten zählte? Welches Parteimitglied bewegt sich nicht nur in den eigenen Arbeitsgemeinschaften oder Gremien, sondern sucht aktiv den Austausch mit jenen, denen man im politischen Spektrum (besonders weit) fernsteht?

Wir machen uns etwas vor, wenn wir die uns allen wohlbekannten Logiken gesellschaftlicher Gruppenbildung als digitales Problem abtun und unser Verhalten im analogen Raum dahingehend nicht reflektieren. Unsere Sensibilität für die Gefahren von Filterblasen und Echokammern muss der digitalen und analogen Welt gleichermaßen gelten. Ein Unterschied lohnt dabei jedoch erwähnt zu werden: die unmittelbare Verfügbarkeit. Jederzeit – in der Bahn, beim Kochen, auf dem Spielplatz, im Café, selbst auf der Toilette – jederzeit haben wir die Möglichkeit zuzugreifen auf diese Berge voller Meinungen, Kommentare, Texte und Bilder im Netz.

Musste man zum Stammtischtreffen, Kegeln oder Kleingärtnern zumindest das Haus verlassen, ist nun alles vom Sofa aus verfügbar. Ein verführerischer Sog, der viele mal eben schnell für ein paar Minuten oder auch deutlich länger in seinen Bann zieht, obwohl man doch eigentlich nur eben rasch etwas nachschauen wollte. Von Schnipsel zu Schnipsel, von Meldung zu Meldung, von Reel zu Story und wieder zurück. Alles kurz und knapp, in Zeichen und Länge beschränkt, konsumierbar aufbereitet. Eine solche Art der Zusammenstellung ist vielfach beschrieben: »Kollaps der Kontexte«, »Konnex tritt an die Stelle von Kontext«, eine permanente »Entkontextualisierung der Inhalte«. Plattformen, so der Medienwissenschaftler Bernhard Pörksen, seien darauf angelegt den Erfolg von »Informationspartikeln« radikal zu fördern. Diese »Schnipsel-Logik« Sozialer Medien ist uns gut bekannt – auch aus Vorwürfen gegenüber der AfD, die etwa mit Ausschnitten aus Parlamentsdebatten im Bundestag provoziert und diese zielgruppentauglich für ihre Plattformen aufbereitet. Aber sie ist auch eine wohlbekannte Strategie der anderen Parteien, die ebenfalls passgenau Content für ihre Kanäle kreieren.

Wenn wir auf die Sozialen Medien schauen, schauen wir auf ein *moving target*. Ein Phänomen, bei dem es schon erste Nachrufe zu vermelden gibt. So zitiert der *Zeit*-Feuilletonist Lars Weisbrod die Erwartung des US-amerikanischen Marktforschungsinstituts Gartner, dass bis zum Jahr 2025 die Hälfte der Verbraucher ihren Social-Media-Konsum erheblich einschränken oder ganz aufgeben wird. Und spitzt diese und andere Beobachtungen in einer Schlagzeile zu: Das Ende von Social Media! Dabei geht es nicht nur um die bedenkliche Musk'sche Transformation von Twitter zu X. Auch anderes, wie die erwähnte Einschränkung politischer Inhalte bei Instagram und Facebook, stellt die Funktion der Sozialen Medien als Debattenräume in Frage. Zudem verabschieden sich immer mehr Nutzer aus den öffentlichen Sozialen Medien und verlagern ihre Aktivitäten ins »Dark Social Media« – also in Messenger-Dienste wie Telegram oder WhatsApp, in einen Raum, der im Grunde ohne jede öffentliche Kontrolle ist.

Was sich an diesen Unsicherheiten zeigt: Es greift zu kurz, wenn wir die Erfolgsbedingungen guter Kommunikation und gelungener Debatten entlang der Spezifika bestimmter Plattformen denken. Anders gesagt: Die Regeln, sowohl konkreter regulatorischer Art als auch die Regeln im Sinne von Konvention, im Sinne eines guten und wertschätzenden Umgangs miteinander, müssen so aufgestellt sein, dass sie auch angesichts der mitunter schnellen Verschiebungen und Verwerfungen im digitalen Raum plattformunabhängig Bestand haben.

Nebenbühnen der Politik

Schauen wir nochmal auf das Gebäudeenergiegesetz. Gab es eigentlich Alternativen zum Plan des Wirtschaftsministers Robert Habeck, das Heizen von Gebäuden klimafreundlicher zu machen? Angesichts der heftig geführten Debatten rund um das GEG – und der letztlich ja auch vorgenommenen Änderungen – dürfte es eigentlich keinen Zweifel daran geben. Generell, so könnte man in einer Demokratie vermuten, müsste es immer auch die Möglichkeit geben, andere Lösungswege anzudenken.

Schaut man in den Gesetzentwurf des Gebäudeenergiegesetzes, findet sich auf die Frage nach Alternativen nur ein kleines Wort. Alternativen? »Keine.« Bevor hier allerdings die nächste Empörungswelle ausgelöst wird: Was Habecks Ministerium hier den Abgeordneten des Deutschen Bundestages vorgelegt hatte, war keine unverschämte Friss-oder-stirb-Logik, keine Ignoranz, keine Anomalie im Parlamentsbetrieb. Es war und ist die Regel. Alternativen? Keine.

Wer sich einmal in die ganz eigene Prosa von Gesetzentwürfen vertieft hat, findet ein immer wiederkehrendes Muster. Vor dem Paragrafen-Werk findet sich eine Übersicht, die durchbuchstabiert, A) was das Problem und Ziel ist, B) worin die Lösung besteht und C) welche Alternativen zum Punkt B) bestehen. Fast immer, wenn Gesetzentwürfe von der Regierung oder den sie tragenden Mehrheitsfraktionen erstellt werden, dient C) zur Untermauerung der Alternativlosigkeit des eigenen Plans. Häufig reicht das eine kleine Wort. »Keine«. Manchmal – wie im Falle des genannten Gesetzes – folgt zumindest der Hinweis, Alternativen seien »intensiv« geprüft worden.

Es ist – das dürften diejenigen, die das politische System der Bundesrepublik kennen und analysieren – ein recht normaler Vorgang. Die Antworten auf politische Probleme und Herausforderungen kommen in der Regel »fertig« ins Parlament. Ministerien prüfen Alternativen vorab. Häufig haben sie bereits durch Entscheidungen, wie sie in Koalitionsverträgen festgelegt oder in Koalitionsausschüssen oder anderen Koordinierungsrunden getroffen werden, Leitplanken, welches Ziel auf welchem Weg erreicht werden soll. All das fußt in den meisten Fällen auf politischen Ideen, die in einzelnen Parteien und Fraktionen entstanden sind und zum Gegenstand des politischen Versprechens wurden, dessen Umsetzung im Falle einer Regierungsbeteiligung den Wählerinnen und Wählern versprochen wurde.

Beispiel Kindergrundsicherung. Aus der bei Grünen und Sozialdemokraten formulierten Problembeschreibung, die Kinderarmut in Deutschland sei zu groß und müsse reduziert werden, entstand vor allem in der Programmatik der Grünen die Idee eines Instrumentes zur Bekämpfung dieses Problems: die Kindergrundsicherung, also die für die Empfänger-Familien niedrigschwellige und weniger bürokratische Bündelung im Grunde bestehender sozialer Leistungen. Zwischen dieser politischen Genese und dem Zeitpunkt im November 2023, als den Abgeordneten des Bundestages zum ersten Mal ein Gesetzentwurf vorgelegt wurde, lag eine lange Wegstrecke politischer Auseinandersetzung – von der grundsätzlichen Vereinbarung im Koalitionsvertrag zur Einführung der Kindergrundsicherung über zahlreiche langwierige, teils dramatische Streitigkeiten etwa über den finanziellen Bedarf für das Projekt.

Etwas anders gelagert ist es beim Beispiel GEG: Hier gab es ohne Frage vor der Kulisse der selbst gesteckten Klimaziele, Deutschland bis zur Mitte des Jahrhunderts klimaneutral aufzustellen, das theoretische Wissen, dass auch die Beheizung von Gebäuden dabei nicht außen vor bleiben kann. Konkrete politische Pläne waren aber bis zum medialen Sturm um das GEG nicht in der Breite diskutiert, sondern letztlich ein Feinschmecker-Thema in einem übersichtlichen Experten-Kreis. Um es mit den Worten eines Energie-Lobbyisten im Regierungsviertel zu sagen: Interesse für das Thema und entsprechend Kompetenz hatte bis zum Regierungseintritt der Grünen eigentlich nur der Thinktank »Agora Energiewende« um einen gewissen Patrick Graichen, den zeitweiligen, schließlich zurückgetretenen Staatssekretär in Habecks Klimaministerium.

Ein kleiner Kreis – offensichtlich zu klein, um zu enge private und berufliche Verbandelungen in der Erneuerbaren Energie-Szene zu vermeiden. Und offenbar zu sehr »im Stoff«, um realisieren zu können, wie wenig die breite Öffentlichkeit bereits ihrerseits »im Stoff« war, um den großen Transformationsschritt in diesem Tempo zu realisieren.

Beiden Beispielen ist gemein, dass das Parlament als doch eigentlich zentraler Aushandlungsort der Demokratie den formalen, gesetzgeberischen Prozess erst zu einem Zeitpunkt begonnen hat, als die Messe bereits gesungen war. Insbesondere die mediale Debatten-Karawane war im Grunde schon weitergezogen, als das einsetzte, was im Maschinenraum des Parlamentarismus die eigentliche Verfertigung von Politik ist: eine erste allgemeine Debatte im Plenum des Bundestages, anschließend die Feinarbeit in den Ausschüssen, schließlich die abschließende Wiedervorlage im Bundestag zur Abstimmung. Das Einmaleins der Gesetzgebung.

Und ja: Im Grunde geht in diesen Beispielen alles seinen gewohnten bundesrepublikanischen Gang. Politik funktioniert so in einem System, in dem eine feste Regierungsmehrheit eine Regierung stützt, in dem also die Gewalten getrennt und gleichzeitig auch miteinander verschränkt sind. In der ersten Hälfte der Wahlperiode seit der Bundestagswahl 2021 kamen mit 225 Gesetzentwürfen mehr als die Hälfte aller 418 Gesetzesvorlagen direkt von der Bundesregierung. Aus dem Parlament selbst, der Institution, die qua Definition der Gesetz*geber* ist, kamen dagegen gerade einmal 158 Vorschläge für neue Gesetze. Diskussionsprozesse haben vor diesem Hintergrund in der Tradition deutscher Koalitionsregierungen schon immer im großen Maße stattgefunden, ja zwangsläufig stattfinden müssen, bevor der Bundestag dran war.

Vielleicht war es schon in den stabilen Zeiten politisch sich weitgehend wohlgesinnter Zweier-Koalitionen ein Versäumnis, die Möglichkeiten parlamentarischer Debattenräume nur wenig zu nutzen. Spätestens aber seit den letzten großen Koalitionen der Ära Merkel, vollends mit dem Start der ersten Dreier-Koalition hat sich dieses Versäumnis zu einer Quelle größeren Debattenverdrusses entwickelt. Denn der Versuch, Politik »vorab« zu klären, erfordert zunehmend größere Anstrengungen. Und offenbar scheint er immer häufiger zu scheitern. Exemplarisch dafür stehen die Tage dauernden Koalitionsausschüsse, die mit entsprechender medialer Begleitung über lange Berichterstattungsstrecken ein Bild des Streits vermitteln. Gerungen wird mit Hilfe der öffentlichen Zurschaustellung: mit Interviews, in denen Koalitionspartner öffentlich rote Linien verkünden. Mit offenem Widerspruch zu Wünschen der eigentlich in politischer Partnerschaft verbundenen Parteien. Im Zweifel mit Hilfe des Durchstechens von an sich noch vertraulichen Details im Abspracheprozess. Zu guter Letzt mit dem späteren Infragestellen bereits gemeinsam getroffener Beschlüsse, was inzwischen in bedauerlicher Regelmäßigkeit geschieht.

Der entscheidende Unterschied zu früheren Zeiten: Die Geräuschlosigkeit ist weg, das Getöse im politischen Streit hat zugenommen. »Streit in der Koalition« ist zu einem fast immer greifbaren und schlüssigen Analysemuster geworden. Wegen der großen Widersprüchlichkeit der drei Parteien, so die Lesart der Kritik, ist eine kohärente Politik nicht möglich. Protagonisten der Ampel, allen voran der Kanzler selbst, beschreiben die Situation anders: Seine Regierung verhandele stellvertretend für die Gesellschaft die sich dort zeigenden Konflikte.

Nur: Tut sie das in einer Form, die den Streit als fruchtbar erscheinen lässt? Und nicht als nerviges Hickhack? Eine Kakophonie der Stimmen – ohne zufriedenstellende Resultate? Möglicherweise lässt sich in diesen Zeiten noch am ehesten ein Konsens darüber herstellen, dass Politik in diesem Sinne viel Verdruss und wenig Zuversicht produziert. Denn es fehlen die Verfahren und Formate, in denen in einem konstruktiven Sinn zunächst über politische Ziele und im zweiten über den Weg dorthin gerungen werden kann. Es zeigt sich, dass die Vorsortierkammern der alten bundesrepublikanischen Ordnung, Parteistrukturen und Koalitionsgremien, nur noch mit Mühen und häufig aber auch gar nicht mehr in einem geräuscharmen Sinne Konsense herstellen oder zumindest vorbereiten können.

Der Wunsch beziehungsweise die über lange Jahre etablierte Erwartungshaltung an Politik, im Moment des Bekanntgebens eines Vorschlages die möglichen Widerstände bereits ausverhandelt zu haben, in der Tat davon ausgehen zu können, alle (also im Zweifel zumindest die für eine Mehrheit Nötigen) an Bord zu haben, erweist sich zusehends als Illusion. Die Widerstände sind erkennbar präsent, allerdings auf einmal nicht nur im vertrauten Spiel von Regierungsmehrheit und Opposition. Sondern querbeet durch alle Reihen – in der öffentlich zelebrierten Auseinandersetzung von jenen, die eigentlich als Partner wahrgenommen werden wollten. Der notwendige politische Streit, das Ringen um Alternativen, erscheint dadurch mehr und mehr wie eine demokratische Quälerei. Der Dissens wird als Dysfunktionalität der Demokratie wahrgenommen, nicht als ihr natürlicher Ausgangspunkt.

3 Besser Streiten

Wir müssen als Gesellschaft besser streiten. Diese Aufforderung ist in ihrem appellativen Ansatz zuallererst eine Zumutung. Denn idealerweise muss man gar nichts in freien Gesellschaften. Als dieses Buchprojekt das erste Mal auf der Plattform »X« bekannt wurde, erreichte uns aus berufenem Munde eines Soziologen genau diese Reaktion: »Ich muss gar nichts.« Ein »Wir«, so groß, wie es in unserem Titel klingt, ist außerdem nicht ohne Tücken, steckt darin doch eine kollektive Vereinnahmung, die Kreation eines großen »Wir«, dem man selbst vielleicht gar nicht so selbstverständlich angehören möchte. Wir, das kleine Wir dieses Autoren-Duos, wissen um diese Reaktionen, die wir provozieren. Und doch können wir uns diese Zumutung nicht ersparen.

Wir »müssen«, weil wir offensichtlich wollen. Kaum ein Tag vergeht, an dem die Debattenkultur in diesem Land nicht beklagt wird.

Aber: Welche Debatten-Defekte lassen sich reparieren, welche nicht? Wo haben wir womöglich nur das richtige Werkzeug noch nicht gefunden? Wo haben wir eine Idee, welches wir benutzen könnten, kamen aber bislang noch nicht dazu? Will man über Lösungen und Ideen für konstruktiven Streit sprechen, die gegen Polarisierung, gegen die Verrohung von Sprache und Diskurs und insbesondere gegen den erstarkenden Populismus wirken, muss man – müssen wir – uns ehrlich machen. Sosehr wir es uns wünschen würden: An den ganz großen Problemen wird auch dieses Buch nichts ändern können, außer wie viele andere auf diese Probleme aufmerksam zu machen und für sie zu sensibilisieren. Doch selbst der produktivste und konstruktivste Streit, selbst im idealtypischen Sinne geführte Debatten sind nicht allein in der Lage, ökonomische oder machtpolitische Gefälle zu verändern. Dennoch haben öffentliche Debatten eine

Wirkmächtigkeit, die nicht zu unterschätzen ist. Wir tun dies häufig, weil wir sie eben nicht gut führen. Wenn wir davon ausgehen, dass sich sowieso nichts ändern wird, verkaufen wir unsere Debatten unter Wert.

Unsere Ideen für Lösungen und Reparaturen – eigentlich ein vermessen großer Begriff – zielen auf konkrete Kleinigkeiten und auch mal aufs große Ganze. Vorab muss deutlich werden, dass so manche Reparatur zwar kurzfristig, viele aber nur verbunden mit Geduld und Ausdauer würden Wirkung zeigen können. Sollen sie nachhaltig wirken und resilienter machen für die Zukunft, müssen sie kombiniert werden mit Maßnahmen, die über eine Erste Hilfe hinausgehen. Reparaturmöglichkeiten sind dabei keiner Gruppe exklusiv vorbehalten. Nicht allein die Politik oder zuvorderst die Medien sind dazu aufgerufen. Wenn sie funktionieren sollen, ist die Gesellschaft insgesamt gefordert, auch wenn manche unserer Ideen eine Gruppe stärker in den Blick nehmen als andere. All unsere Überlegungen gründen auf einer Überzeugung: Wir brauchen eine gemeinsame Öffentlichkeit. Wir benötigen Aushandlungsorte und Begegnungsräume, Orte an denen gestritten, diskutiert, um Argumente gerungen wird. Der Demokratie wohnt der Grundmechanismus von »Zustimmung und Begründung« inne. Dieser setzt den »kommunikativen Austausch zwischen den Bürgerinnen und Bürgern mit der Politik voraus, in welcher Gestalt von Akteuren, Institutionen und Verfahren auch immer. ›Legitimation durch Kommunikation‹ bleibt das Kernprinzip demokratischer Herrschaftsbegründung«.

Ambivalenzen

Wenn wir darüber nachdenken, wie wir besser miteinander streiten, kommen sehr naheliegende Appelle: Wir müssen einander zuhören. Bereit sein, andere Perspektiven einzunehmen. Zweifel zulassen, bei uns selbst und bei anderen. Versuchen, andere zu überzeugen, statt sie zu überschreien. Überhaupt: anderen Meinungen einen legitimen Platz einräumen. Gibt es jemanden, der dem widersprechen würde? Interessanterweise findet man eine paradoxe Einigkeit, wenn es um die Defekte unserer Debatten geht. Egal ob von rechts oder links, im neuen Buch des Bundespräsidenten Frank-Walter Steinmeier oder in den Leitartikeln der Presse: Ein vielbeschriebener Grunddefekt ist die mangelnde Bereitschaft, auf andere einzugehen und sich auf Argumente einzulassen. Von einer »sich immer weiter steigernden Unduldsamkeit gegenüber Standpunkten, die nicht die eigenen sind«, spricht der liberale Justizminister Marco Buschmann. Nicht sehr viel anders klingt es in einer anderen Ecke des politischen Spektrums, wenn Sahra Wagenknecht sagt, es sei »kaum noch möglich, irgendwie rational über eine Lösung von Problemen zu diskutieren«.

Man müsste es eben einfach nur machen. Duldsam sein, rational diskutieren. Um es mit den Worten des Bundespräsidenten zu sagen: »Dafür braucht es zuallererst die Einsicht, dass das eigene Interesse nicht der alleinige Maßstab sein kann. Und es braucht Geduld, auch die Fähigkeit, Ambivalenzen auszuhalten, und die Bereitschaft, Kompromisse einzugehen.«

Die gute Nachricht: Der Befund, was die eigentliche gesellschaftliche Aufgabe wäre, ist da. Er trifft auf eine breite Zustimmung. Die schlechte Nachricht: Offenbar gelingt die Zustimmung vor allem in der Abstraktion. Und in der Projektion auf andere. Intolerant, engstirnig und irrational sind selbstverständlich die anderen. Wir erleben in dieser Hinsicht eine Ritualisierung der Debatte über die Debattenkultur. Sie hat ihren eigenen Sound entwickelt, der sich durch eine große verbale Aufgeschlossenheit ausdrückt. Dazu gehört die Ablehnung eines klaren Entweder-oder. Die Kritik daran, dass ausgeschlossen, abgegrenzt, verdächtigt wird, noch bevor jemand überhaupt das Wort ergreift. Auch wenn es keinen Zweifel gibt, dass es allen, die dies betonen, sehr ernst sein dürfte. Der Appell, Ambivalenzen zuzulassen, birgt die Gefahr, zur Pose zu werden. Er hat vor allem eine handlungsentlastende Metaebene: Indem ich mich klar bekenne zu den hehren Grundsätzen einer toleranten Diskussionskultur, habe ich meinen Beitrag zur Zivilisierung der Debattenkultur bereits geleistet. Dabei liegt der Lackmustest selten im Grundsätzlichen, sondern im Konkreten: Migration, Krieg in Gaza oder der Ukraine, die Entschlossenheit beim Kampf gegen den Klimawandel. Wie schnell verfallen wir von einer verbalen Aufgeschlossenheit in reale Blockaden, wenn wir frontal auf andere Positionen treffen? Wer es ernst meint mit einer offenen Debattenkultur, merkt es eigentlich erst, wenn es weh tut.

Überhaupt stellt sich dabei natürlich eine Frage: Von welchem »Wir« reden wir hier? Wie breit ist der Kreis derjenigen, die ein wirkliches Interesse an einem Austausch haben? Wir gehen davon aus, dass er größer ist, als manche Wahlergebnisse und Umfragen vermuten lassen. Und doch wird man über appellative Zugänge gerade jene nur schwer erreichen, die ein durchwachsenes Verhältnis zur aktuellen politisch-gesellschaftlichen Lage haben. Wer das Gefühl hat, nicht durchdringen zu können mit seiner Perspektive, nicht gehört zu werden, wird nicht mit allgemeinen Beschwörungen der Notwendigkeit einer guten Diskurskultur überzeugt werden. Es geht nicht in erster Linie darum, Menschen von »der Demokratie« zu überzeugen (denn das sind ja eben doch ohnehin immer noch sehr viele), sondern ein Vertrauen zurückzugewinnen, sodass ein fairer und breiter Diskurs möglich ist. Es kommt also darauf an, möglichst konkret zu werden. Es geht darum, Freude am Diskurs (wieder-)zu gewinnen, aber vor allem die Akzeptanz von Diskursen zu steigern, indem wir die Diskursivität von Problemen trainieren. Dazu gehört auch, anzuerkennen, dass das Zeit brauchen wird. Wir reden also von Selbstverständlichkeiten, die vor allem das sind: anstrengend und fordernd.

Mut zu Mehrdeutigkeit

Am coolsten bringt immer noch Barack Obama die Ambivalenzen einer Welt in Unordnung auf den Punkt: »The world is messy. There are ambiguities«, erklärte der frühere US-Präsident im Oktober 2019 bei einem Gespräch seiner Stiftung vor hauptsächlich jungen Leuten. »Menschen, die richtig gute Sachen machen, haben Fehler. Menschen, gegen die du kämpfst, lieben ihre Kinder und haben andere Dinge mit dir gemein.« Für Obama ist es ein Phänomen vor allem unter jungen Leuten, das durch Social Media beschleunigt werde: Veränderungen herbeiführen zu wollen, indem man in größtmöglichem Maße verurteilend auf andere schaue. »Wer nur mit Steinen schmeißt, wird nicht weit kommen.«

Es ist der Wunsch nach maximalem Wohlwollen, der aus den Aussagen Obamas spricht. Und der so bereits eine erste Handreichung gibt, was wir ändern müssen. Schauen wir auf »Feinde«, bei denen die Möglichkeit von Gemeinsamkeiten von vornherein ausgeschlossen ist? Sind wir Teil der beschriebenen »bösartigen Polarisierung«, die andere so weit abwertet, dass man mit ihnen bestenfalls nicht einmal mehr sprechen wollen würde? Sehen Politiker in Debatten auf der anderen Seite einen Gegner oder Mitbewerber? Sehen wir in alltäglichen Dialogen Menschen, die uns politisch fern sind, doch in manchen Fragen durchaus ähnlich sein können – sogar sympathisch? Wir dürfen uns prüfen und fragen, wie häufig wir selbst uns in diesen Beschreibungen wiederfinden. Wie häufig haben wir den Mut, Mehrdeutigkeit(en) zuzulassen und anzuerkennen?

Eigentlich scheint die Sache doch recht einfach. Wie häufig sind wir selbst ambivalent oder unentschlossen? Wie häufig ändern wir Meinungen, Positionen oder Einschätzungen, wenn wir neue Informationen erhalten haben? Haben wir verlernt, diese Dinge als Stärke zu betrachten? Unentschlossen zu sein bedeutet nicht, dass man keine Position hat. Wohl aber, dass man noch dabei ist, diese zu festigen. Wann hat das Abwarten und Abwägen, das Nachdenken vor einer Festlegung so an Attraktivität eingebüßt? Wir müssen dieses Verhalten wieder mehr wertschätzen. Jede und jeder kennt es, ambivalent oder unentschlossen zu sein. Wir wissen es also längst besser und können es vermutlich auch besser, als wir es in den Debatten zeigen. Es geht erstens darum, die Unentschlossenheit oder Ambivalenz eines anderen auszuhalten und als legitimes Verhalten anzuerkennen. Zweitens dürfen wir in diesem Zustand nicht verharren, sondern müssen dazu bereit sein, die Kraft des Arguments wieder neu anzuerkennen. Das gilt vor allem für die Argumente der anderen: Argumente, von denen wir uns überzeugen, umstimmen oder widerlegen lassen.

Nicht jedes Argument kann überzeugen, und das muss es nicht notwendigerweise. Es geht zunächst einmal um die Anerkennung einer Möglichkeit. Was häufig fehle, kritisiert der frühere Journalist und heutige Professor für Journalismus an der Universität Mainz, Tanjev Schultz, sei die Einsicht, dass es auch für andere Positionen gute Gründe geben könne. »Wie wäre es mit »Team Wohlwollen?« lautet seine Frage an die Debattenkultur. Schultz' Kritik gilt in erster Linie den Medien und der medialen Berichterstattung. Dort führten vor allem jene das Wort, die sich selbst sehr wichtig nehmen. Da fehle es nicht an »billigen Bekenntnissen, emotionalen Appellen und schnell gefassten Urteilen«. Der Druck von extremistischen Kräften auf Politik und Medien, so Schultz, verschärfe die Lage, was Überreaktionen provoziere – getrieben vom Willen, klare Grenzen gegenüber jenen »gefährlichen Akteuren« zu ziehen und ihre »abstrusen Positionen« fernzuhalten. Diese Überreaktionen endeten jedoch darin, dass auch »gut begründete Zweifel und legitime Meinungen ausgegrenzt und verächtlich gemacht« würden. Jeder Dissens werde als Angriff des Bösen gewertet. Legitime Einwände nur mehr Störgeräusche, getrieben von dem Ziel, nicht »den Falschen Gehör zu schenken«, so Schultz. Man solle sich im Streit nicht an den schwächsten, sondern an den stärksten Argumenten der anderen messen. Die Äußerungen des anderen sollten gemäß des »principle of charity« wohlwollend ausgelegt werden.

Es ist absolut erwartbar, dass manche dieser Gesprächssituationen uns einiges abverlangen würden. Da geht es nicht nur darum, dem anderen zuzuhören, sondern nicht gleich bei jedem Satz zu denken »Ja, ja, genau« oder »Der hat sie doch nicht mehr alle«.

Die stellvertretende Geschäftsführerin des Progressiven Zentrums in Berlin, Paulina Fröhlich, hat dies mit dem Begriff der »Absurditätstoleranz« umschrieben. Sie umfasst kein schieres Aushalten (und heimliches Belächeln oder Verzweifeln). Fröhlich meint vielmehr, es gehe darum, dass man in Kombination einerseits Nachvollziehbares bestätigen solle und andererseits Unverständlichem widersprechen müsse. Fairness im Dialog, dem anderen nicht in jeder Aussage Böses oder Absurdes unterstellen. Auch der Politikwissenschaftler Marcel Lewandowsky schildert in seinem neuen Buch ein passendes Beispiel. Er hält im Frühjahr 2023 einen von einer Partei organisierten Vortrag zum Thema Rechtspopulismus. In der anschließenden Diskussion gibt ein Ehepaar zu erkennen, dass sie zur Wählerschaft der AfD zählen. Erste Reaktionen? Augenrollen, Sorgenvolle Blicke, Wut, vielleicht sogar Hass? Und vermutlich die sofortige Delegitimation der beiden für den weiteren Fortgang der Runde, oder? Lewandowsky fragt die beiden nach den Gründen. Das

Ehepaar erläutert, es halte einige Themen der AfD für wichtig, auch wenn es sich inzwischen aufgrund der Radikalisierung von der Partei abgewandt habe. Beide schildern Angst vor einer Frühsexualisierung von Kindern, die aus ihrer Sicht von der Bundesregierung und anderen vorangetrieben werde. Womöglich kämen demnächst Drag Queens in Schulen, das wollen sie nicht. Daher hätten sie AfD gewählt. Erneut: Was wären vorstellbare Reaktionen? Eine Tirade wegen Transfeindlichkeit? Wäre es nicht wichtig, dass Kinder über alle Geschlechter und Lebensformen lernen? Dass es ja wohl zum aufgeklärten Unterricht gehöre, dass auch diese Menschen in Schulen sichtbar werden? Vieles vorstellbar. Es kommt anders. Ein anwesender Lehrer erläutert, dass dies nicht in den Lehrplänen vorgesehen sei. Lewandowsky schildert, das Ehepaar habe daraufhin erleichtert gewirkt und mitgeteilt, dass es unter anderem um solche Informationen zu erhalten zur Veranstaltung gekommen sei. Kann es womöglich so einfach sein, Menschen zum Nachdenken anzuregen?

Wann es Widerspruch braucht, weil Ängste keine Ängste mehr sind, sondern offen zur Schau gestellte Ressentiments oder Anfeindungen, ist nicht leicht festzustellen. Diese Störgefühle aushalten zu müssen, ist Teil der Aufgabe aller in der Demokratie. Dies als essentielles Abbild von Pluralismus zu betrachten, ebenso.

Pluralismus schließt auch ein, unterschiedliche Grade der Betroffenheit und der Empörung beziehungsweise auch der ausbleibenden Empörung anzuerkennen und zuzulassen. Manch einen mögen soziale Ungerechtigkeiten mehr triggern als Diskriminierungen aufgrund der sexuellen Orientierung. Menschen haben unterschiedliche persönliche Prägungen und Perspektiven. Für manche mag die schlimme Reihung islamistischer Anschläge vom 11. September 2001 in New York bis zum 19. Dezember 2016 in Berlin dazu geführt haben, dass sich eine Angst verfestigt hat. Für andere, zumal wenn sie selbst migrantische

Wurzeln haben, waren die rechtsradikalen Morde des NSU prägender. Dies anzuerkennen, ohne es zu skandalisieren, die Möglichkeit anderer Gewichtungen und Priorisierungen nicht als ein Infragestellen der eigenen Perspektiven zu empfinden, wäre ein wichtiger Schritt.

Auch für die Politik gilt der Appell für mehr Mut zur Ambivalenz. Denn auch hier greifen die Muster »ja versus nein« oder »gut versus böse« zunehmend. Angesichts der stetigen Komplexitätszunahme sind politische Entscheidungen selten ausschließlich gut oder schlecht. Sie müssen einer ausdifferenzierten Welt und einer ausdifferenzierten Gesellschaft begegnen. Sie müssen Lösungen für Probleme finden, die im Hier und Jetzt vorliegen. Gleichzeitig geht es um Probleme, die weit in die Zukunft reichen, sodass Lösungen die Gesellschaften von heute resilienter für künftige Krisen und Herausforderungen machen sollen. Dies scheint kaum vorstellbar, wenn nicht Ambivalenzen und Mehrdeutigkeiten wieder mehr Ansehen und Anerkennung in unseren Debatten finden. Denn eventuell ist eben auch die zweitbeste Lösung mal die beste Lösung, womöglich sogar ein Erfolg. Wer wirbt dafür? Womöglich haben Entscheidungen Nebenwirkungen, die man nicht absehen kann. Wer sensibilisiert bereits während der Entscheidungsfindung dafür? Wie weitreichend vermittelt Politik, dass ein und dieselbe Entscheidung für unterschiedliche Gruppen unterschiedliche Auswirkungen haben wird?

Im Zweifel für den Zweifel

Es ist ein naheliegender Schluss: Es gibt keine einfachen Antworten. Fast jede klare Positionierung ist letztlich eine Komplexitätsreduzierung. Das ist nicht verwerflich, eher geradezu nötig, um auch in Zeiten der Unsicherheiten zu Entscheidungen zu kommen. In der Corona-Zeit mussten teils ad hoc schwierige Entscheidungen getroffen werden, bevor wir das ganze Bild hatten. Viele unserer Entscheidungen beruhen zudem auf dem, wie wir die Welt sehen oder sehen wollen, sei es bei der Bewertung von Migration oder bei der Frage, ob man mit Waffen einen Krieg schneller beenden kann oder ihn im Gegenteil dadurch erst in die Länge zieht. Je größer die Frage, desto eher müssen wir akzeptieren, dass sie wahrscheinlich erst in den Geschichtsbüchern beantwortet wird.

Wir brauchen Raum für Zweifel. Oder um es mit einem etwas aus der Zeit gefallenen Begriff zu fassen: Demut. Die Bescheidenheit, davon auszugehen, dass man selbst falsch liegen könnte. Wir könnten viele Debatten unserer Zeit entschärfen, indem wir diesen Gedanken verinnerlichen. Wer dem anderen mit der Haltung begegnet, auch er könnte recht haben, trägt zu einer Abrüstung bei. Gerade die Corona-Zeit hat gezeigt, dass sich viele der Kritiker sehr häufig vor allem an der Sicherheit gestört haben, mit der Entscheidungen begründet wurden. War genug Raum für Zweifel. Für die, die gezweifelt haben? Es gibt das Phänomen des nachgereichten Zweifels – oder man könnte auch sagen: der nachgereichten Entschuldigung. In großen Krisen ein häufiges Muster: die Vernachlässigung der Bundeswehr, die Aussetzung der Wehrpflicht, der Bau von Nordstream 2, sowieso das Sichabhängigmachen vom billigen russischen Gas. Das falsche Appeasement gegenüber Russland. Wie konnten wir zulassen, dass die Infrastruktur des Staates, von den Schulen über die Schienen bis zu den Straßen, in einem derart desolaten Zustand ist? Viele Politiker, aber auch Expertinnen und Kommentatoren bekennen sich aus heutiger Perspektive oft selbstkritisch ob der eigenen blinden Flecken, der falschen Sicherheiten, der vorschnellen Festlegung. Nach der Corona-Pandemie gab es zum Beispiel schnell ein allgemeines Schuldeingeständnis, man habe die Belange der jungen Leute nicht ausreichend berücksichtigt.

Möglicherweise führen diese nachgereichten Zweifel aber zu einem noch größeren Frust, als dass sie alte Konflikte befrieden helfen. Rufen sie doch in Erinnerung, dass die Differenzierung, Abwägung oder schlicht die Berücksichtigung anderer Sichtweisen vorher offenbar nur ungenügend stattgefunden hat. Dass die, die entschieden haben, zu wenig eingegangen sind auf Fragen, Zweifel oder Gegenargumente. Man stelle sich vor, die Politik der schwarzen Null wäre schon damals breiter diskutiert worden unter der Fragestellung, welche Probleme einhergehen könnten mit dem verfolgten Ziel, neue Schulden zu vermeiden und Haushalte zu konsolidieren – nämlich ein eben sträfliches Versäumnis, genug zu investieren für einen weiterhin funktionierenden Staat. Es gab die warnenden Stimmen – hierzulande, aber vor allem in Mittel- und Osteuropa, die vor der deutschen Energieabhängigkeit von Russland gewarnt haben. In den Momenten der Entscheidung aber spielten diese Überlegungen wohl keine nennenswerte Rolle. Und Zweifel fanden kein Gehör

Es geht nicht darum, heute alles besser zu wissen. Eine Entscheidung wie etwa die Aussetzung der Wehrpflicht war vor der Kulisse des Jahres 2012 sicherlich nachvollziehbar. Die Sparpolitik des Wolfgang Schäuble hatte nach der Euro-Krise eine zwar latent die europäischen Partner belehrende, aber doch erklärbare Logik. Es geht darum, den Möglichkeitsraum breiter zu denken. Dazu gehört vor allem das Wissen darum, wie gegenwartsabhängig unsere Antworten oft sind. Man könnte es als Hybris der Gegenwart bezeichnen, dass jede Generation, jede Zeit davon ausgeht, »weiter« zu sein, also fortschrittlicher, besser, klüger als die vorherige. Wie werden Menschen in 30 Jahren auf unsere Antworten zurückblicken? Wir sollten uns nicht in der falschen Sicherheit wiegen, ewigkeitstaugliche Antworten gefunden zu haben.

Sich seines eigenen Verstandes zu bedienen. Das Grundprinzip der Aufklärung wurzelt tief im europäischen Denken. Wenn es gerade in der Politik eines gibt, dem sich jeder selbst verschreibt, egal welcher Couleur, dann ist es die Ratio. Politik wird damit begründet, dass es das Notwendige ist, das Richtige, das realisiert, angestrebt oder auch verhindert werden soll. Selbst Diktatoren und Autokraten kommen um eine gewisse Rationalisierungsrhetorik ihres Handelns kaum herum, für Demokratien ist es konstituierend, dass sie fakten- und evidenzbasiert und dem Verstand folgend handeln oder zumindest glaubhaft vermitteln, es zu tun.

Machen wir eine kleine gedankliche Gegenprobe: Stellen wir uns vor, ein führender Politiker würde etwas vorschlagen mit der schlichten Begründung, es fühle sich richtig an? Oder aus Angst heraus? Oder weil er an diese Lösung schlicht und einfach glaubt. Wie fühlt sich das an? Steigert das den Wunsch nach mehr Rationalität? Menschelt es, weil wir alle diese Situationen kennen? Wenn Gefühle, Ängste oder Sorgen sich Bahn brechen und unsere Entscheidungen und Wahrnehmungen beeinflussen? »Die gefährdete Rationalität der Demokratie« ist ein Dauerthema seit dem Aufstieg des Populismus in den westlichen Demokratien. Statt Argumenten werden Ängste stark gemacht. Statt solider Lösungen bespielen manche lieber die Sorgen der Leute, gepaart mit Ressentiments auf dem Rücken anderer. Stimmungen und Gefühle setzen eine vernunftgetriebene Politik erheblich unter Druck. Aber hilft angesichts der Tatsache, dass dieser populistische Politikansatz immer erfolgreicher zu sein scheint, der mahnende Ruf an die Bürger: »Seid doch vernünftig!«?

Wir sind skeptisch und schlagen einen anderen Ton vor. Wir sollten uns ehrlich machen: Wir alle sind immer mal wieder unvernünftig, lassen uns von Gefühlen leiten lassen. Einfache Lösungen erscheinen uns allen irgendwann einmal verlockend. Selbst die ambitioniertesten Demokratieverteidiger dürften einen Moment der Schwäche erleben, sich manchmal wünschen, dass die Dinge doch für einen Moment einfach mal einfach sein dürften. Aus unserer Sicht bedeutet das: Auch in der Demokratie dürfen Gefühle, Sorgen und Ängste eine legitime Rolle spielen. »Die Gefühle sind die wahren Einwohner der menschlichen Lebensläufe. Von ihnen kann man sagen, was man von den Kelten (mehrheitlich unsere Vorfahren) gesagt hat: Sie sind überall, man sieht sie nur nicht.«

Politik kommt häufig aseptisch, überrational und damit am Ende nicht menschlich daher. »Man verliebt sich nicht in einen großen Binnenmarkt [...]«, hat mit Jacques Delors ausgerechnet der Mann gesagt, der ihn als EG-Kommissionspräsident maßgeblich auf den Weg gebracht hat. Weil er wusste, dass die beste – rationale – Lösung mitunter nicht das liefert, was Menschen abholt. Es fällt schwer, in diesen Zeiten die US-amerikanische Demokratie als Beispiel anzuführen. Aber nicht erst seit Trump'schen Zeiten gucken gerade wir Europäer mit einer wunderbaren Ambivalenz über den Atlantik. Einerseits ist da seit jeher ein gewisser Grusel über die Spielarten der amerikanischen Politik mit ihrer Hyperpersonalisierung, mit ihrem Pathos und Patriotismus, mit der Fähigkeit, Realität auszublenden. Andererseits steckt genau darin die Faszination der amerikanischen Demokratie mit ihren charismatischen Figuren, die halb Politiker, bisweilen mal halb Prediger sind und damit verkörpern, was demokratische Systeme auch sein können. Räume der Rationalität, die aber auch Platz lassen für Irrationales. Während Demokratie in Deutschland fast immer wie ein Volkshochschulkurs daherkommt, hat sie in den USA nahezu Volksfestcharakter.

Womöglich haben wir in Deutschland vor historischer Hintergrundfolie ein gesteigertes Rationalitätsbedürfnis. Seriöse Politikangebote in Deutschland begründen sich mit und in Rationalität. Auch ihre prägenden Personen, denken wir nur einmal an den Politikstil Angela Merkels und an den von Olaf Scholz, sind Sinnbilder dieses Ansatzes. Emotionen, Gefühle, Sorgen und Ängste gibt es auf dem Rummelplatz der Populisten. Und wird es im seriösen Terrain einmal ansatzweise emotional – wir erinnern uns an Angela Merkels denkwürdigen Satz »Wir schaffen das« –, flackert die Republik in Nervosität. Dennoch existiert diese emotionale Seite der Politik aber de facto überall. Gesellschaftliche Dynamiken entstehen eben auch durch Gefühlslagen. Das Gefühl, mit dem sich Politik idealtypisch nie begründen soll, war eine der Triebfedern wichtiger Politisierung ganzer Generationen und damit die Begründung neuer Politikfelder in den 1970er und 1980er Jahren: die Angst. Angst vor der Atomkraft, Angst vor dem Waldsterben, Angst vor dem nuklearen Overkill im Ost-West-Konflikt. Der Begriff »German Angst« hat sich aus dieser Zeit heraus etabliert. Ängste sind auch heute relevant und in gewisser Weise produktiv: Die Angst um die Demokratie und die Wirkungsmacht der Menschenrechte ist eine relevante und messbare Reaktion auf den Vormarsch autokratischer Überzeugungen. Ängste sind Vorwarnmechanismen, Frühwarnsysteme. Bevor Fakten eine klare Sprache sprechen, sind es ja oft von Minderheiten erspürte Lagen und Gefahren, die später politisch eine breite Relevanz erlangen.

Ängste haben dabei natürlich unterschiedliche Level an Rationalitäten. Die Angst vor dem Klimawandel wird in einem Maße wissenschaftlich genährt und durch tägliche Katastrophenmeldungen bestätigt, dass hier wohl kaum von Irrationalitäten die Rede sein kann. Die Angst vor einer Überfremdung der Gesellschaft durch zu viel Zuwanderung ist hingegen ohne Zweifel diffuser. Es darf also kein *false balancing* geben nach dem Motto, jeder habe eben so seine Ängste. Doch ein erster wichtiger Schritt im Sinne einer Debattenfähigkeit liegt darin, anzuerkennen, wie emotionsgetrieben eben auch vermeintlich rationale Politik immer wieder ist. Wie sehr wir dazu neigen, Gefühle zu rationalisieren, um sie zum Argument werden zu lassen, und dabei das Gefühl dahinter verstecken.

Das wahrscheinlich stärkste Gefühl ist wohl die übergeordnete Angst vor Veränderung. Und auch hier zeigt sich, dass dies erst mal politisch und lebensweltlich eine durchaus neutrale Beobachtung ist: Angst gibt es in klassisch links beziehungsweise progressiv verorteten Feldern: Angst vor der nicht mehr umkehrbaren Veränderung unserer ökologischen Lebensgrundlagen. Angst vor einer Veränderung der Gesellschaft, in der Minderheiten sich nicht frei und sicher bewegen können. Angst vor Veränderung ergreift Menschen, wenn sie sich Sorgen machen, inwieweit sich ihr Arbeitsleben und damit ihre soziale Grundlage verschieben könnte. Ein Feld, das klassischerweise politisch links aufgenommen wurde, aber sich bekanntermaßen zum neuen Erfolgsfeld gerade rechtspopulistischer Kräfte entwickelt hat. Entwertet dies diese Ängste als irrational?

Das gesellschaftlich wahrscheinlich schwierigste Feld sind kulturelle Ängste. Wie verändert sich mein direktes Lebensumfeld, wenn durch Zuwanderung meine Nachbarschaft anders aussieht, anders isst, anders glaubt? Bin ich abgehängt, wenn ich sprachlich nicht mehr mitkomme (oder mitkommen will) bei jüngsten »woken moves«, um geschlechtergerecht und Minderheiten gegenüber sensibel zu sprechen? Fragen wie diese sind zum zentralen Kampffeld rechtspopulistischer, teilweise aber auch konservativer Kräfte geworden – in einer sicher ungewollten, aber im stetigen Hochschaukeln kultureller Konfliktlinien effizienten Kollaboration mit linker Identitätspolitik. So unterschiedlich Veränderungsängste also begründet sein mögen, so sehr gibt es einen sie einenden Faktor: Sie erwachsen aus Emotionen. Aus Gefühlslagen, die sich den engen Grenzen der Rationalität entziehen. Emotion *matters,* sie spielt eine Rolle im Politischen, ganz unabhängig vom politischen Blickwinkel. Dies anzuerkennen und dem Gegenüber nicht sofort Irrationalität und Unvernunft vorzuwerfen, während die eigene Position nur rational hergeleitet wird, wäre ein großer Schritt für unsere Debatten. Wir würden damit de facto viel Debatten-Energie einsparen, die bisher häufig darauf verwendet wird, andere Positionen schon in ihrer Entstehung und Begründung zu delegitimieren. Wir könnten uns stattdessen darauf konzentrieren, Ängste, Gefühle und Stimmungen im diskursiven Wettbewerb mit der Realität abzugleichen. Die Triebkraft der Irrationalität zu rationalisieren und daraus nach vorne gerichtete politische Antworten zu entwickeln. Einen Diskurs zu etablieren, der nicht der Selbstvergewisserung durch Abgrenzung dient, sondern durch die Anerkennung der Perspektive des anderen Gesellschaft zusammenführt statt zu spalten.

In gewisser Weise wäre es ein Erfolg populistischer Kräfte, wenn sich der Eindruck festsetzt, es gebe diesen Dualismus, diese Trennlinie zwischen der »vernünftigen« Politik hier und der »gefühls- oder angstgeleiteten Politik«, wie sie Populisten betreiben. Natürlich kann auch das eine Strategie sein, die in bestimmten, tendenziell höher gebildeten Kreisen verfängt: darüber eine Stigmatisierung des Populismus als Methode ohne wirkliche Lösungskompetenz zu erreichen. In der Breite bedient es aber eher eine andere Erzählung, derer sich die Populisten selbst nur allzu gerne bedienen. Dass nämlich die etablierten Kräfte, die »Eliten«, den Kontakt zur Bevölkerung verloren hätten, die »Sprache der Menschen« nicht mehr sprächen und somit auch nicht mehr »offen und ehrlich« benennen würden, was die wahren Probleme sind.

Es gibt seit einiger Zeit einen recht einfach gestrickten Gegenentwurf: dem Populismus von rechts einen linken Populismus entgegenzusetzen. Die Gründung der Partei um Sahra Wagenknecht zeigt, dass diese Gedankenspiele, etwa einer Chantal Mouffe, politisch ebenso in Deutschland relevant werden könnten. Die Zweifel, ob dies die Debattenfähigkeit der Republik erhöhen würde, sind allerdings groß. In Frankreich etwa gibt es mit der politischen Bewegung um Jean-Luc Mélenchon ein relevantes linkspopulistisches Bündnis neben dem schon lange etablierten Rechtspopulismus der Familie Le Pen. Dies hat keinesfalls zu einer Verringerung der Tiefe der politischen Gräben, geschweige denn einer besseren Verständigungskultur über Lagergrenzen hinaus beigetragen. Populismus in dieser Lesart, ob von links oder von rechts, muss in den Logiken des Widerspruchs bleiben. Er kann nur erfolgreich sein, wenn er sein Gegenüber – die etablierten, mittigen politischen Strukturen mit ihren Eliten – als Feindbild aufrechterhält.

Politik muss also Räume fürs Irrationale öffnen, es als einen Teil der Auseinandersetzung anerkennen und diese Art des Zugriffs unter keinen Umständen allein den Populisten überlassen. Es geht aber keinesfalls darum, dabei die Methoden der Populisten zu kopieren, Ängste zu schüren, ohne Antworten anzubieten, oder sich deren Plattitüden und Pauschalisierungen zu bedienen. Das Ziel muss vielmehr sein, was im Rheinland in der saloppen Aussage »nah bei de Leut« beschrieben wird. Interessanterweise ist das etwas, was jenseits theoretischer Ansätze oder konkreter Politikmethoden vor allem über einen Weg funktioniert: Personen. Persönlichkeiten in der Politik, die mit Hilfe eines inneren Kompasses genau diesen immer wieder schmalen Grat zwischen dem Erfühlen und Zulassen von Stimmungen gehen.

Es ist wahrscheinlich unserem Hang zur Nostalgie geschuldet, dass es uns vorkommen mag, früher hätte es mehr dieser politischen Persönlichkeiten gegeben. Aber nicht nur. Dass Politikerinnen und Politiker diesen Kompass ausbilden, ist nicht bloß ein glücklicher, charakterlicher Zufall. Es hängt damit zusammen, welche Erfahrungen sie machen, welchen Weg sie gehen, und letztlich auch, wie »nah sie an den Leuten sind«. Die Professionalisierung im Wortsinne, also dass Politik für zunehmend mehr Personen schon von früh auf und ohne viele andere Lebenserfahrungen zum Beruf wird, führt zu einer Verschiebung der Wahrnehmung.

Wer abends eher in Parteigremien sitzt, als auf Partys zu tanzen, wer schon früh in der Parteijugend aktiv war und vielleicht nicht im Sportverein, wer nie ein Arbeitsumfeld hatte, das gerade nicht durch Politik geprägt war, verpasst nicht nur für sich selbst womöglich viel, sondern er verpasst auch zu häufig Momente, in denen klar wird, wie unwichtig Details von Politik für die allermeisten Menschen sind. Wie sehr sie aber doch einen eigenen Kompass, eine Meinung und ein Gefühl haben mit Blick auf die Dinge, die gesellschaftlich um uns und sie herum passieren.

Grenzen ziehen – Grenzen weiten

Politische Räume, die nicht nur und ausschließlich mit dem Rationalitäts-Zeigefinger auskommen wollen, brauchen Regeln. Dazu zählt, dass die Notwendigkeit von Fakten anerkannt werden muss. Nicht im Sinne einer statischen Festlegung, was Fakt ist und was nicht. Die unterschiedliche Auslegung, Interpretation und Gewichtung von Studien, Daten und Zahlen gehört zum demokratischen Debattenprozess. Das generelle Infragestellen der Möglichkeit faktischer Annäherung aber darf nicht sein. Es ist ein Spiel, das Populisten par excellence beherrschen. Indem sie suggerieren, Fakten seien im Grunde immer abhängig von der eigenen Sicht auf die Welt, quasi eine Art Geschmacksverstärker für Meinungen, aber kein Wert an sich, entwerten sie jeden Versuch, eben genau unabhängig von vorgefertigten Erwartungen und Perspektiven gemeinsame Debattengrundlagen zu erarbeiten. Debatten werden so schließlich zu Glaubenskriegen. Es bleibt also nichts Geringeres, als folgende Herausforderung anzugehen: das Gefühlige, also Emotion, Wut, Angst und sicherlich auch Voreingenommenheit als Triebfedern zuzulassen und dabei aber vor allem zu reflektieren. Das bedeutet zunächst einmal, ein Gefühl dafür zu entwickeln, wie sehr eigene Perspektiven und Positionierungen den harten Rationalitätscheck fürchten müssten. Oder um es so zu sagen: Wer argumentativ im Glashaus sitzt, wird weniger schnell zu den Steinen greifen.

Wir sind in einer Phase, in der klar wird: Ein Laisser-faire, ein vermeintlich liberaler, aber vor allem gedankenloser Ansatz, der im Debattenraum alles möglich sein lässt, birgt viele Gefahren. Ein Laisser-faire ist möglich, wenn wir davon ausgehen können, dass fast alle Debattenteilnehmerinnen und -teilnehmer mit guter Absicht, oder zumindest ohne böse Absicht, handeln. Das ist heute jedoch kaum noch anzunehmen – angesichts innerer Herausforderungen durch populistische und extremistische Kräfte, die sich nicht selten in Allianzen begeben mit den äußeren Akteuren; Staaten wie Russland oder China, die ein offensichtliches Interesse daran haben, Diskurse zu beeinflussen und sogar zu torpedieren. Wir müssen Grenzen wieder weiten, wo es um Wahrnehmungen und Haltungen geht, und Grenzen ziehen, wo die Verfasstheit unserer Demokratie und ihr Wertefundament angegriffen werden.

Dabei gilt, dass Grenzen sauber gezogen werden müssen, sonst verlieren sie ihre zivilisierende Wirkung auf Debatten und werden selbst zum Politikum. Wichtig sind daher Maßstäbe, auf die wir uns verständigen können, die über das eigene Weltbild beziehungsweise die eigenen Positionen hinausreichen. Der Philosoph Wolfram Eilenberger hat die Aufgabe treffend beschrieben: »Meinungsfreiheit ist der Dienst am anderen, weil sie der Meinungsbildung dient.« Sie wird häufig missverstanden als Freiheit, alles sagen zu dürfen. Zugleich aber geht sie sehr weit. Meinungsfreiheit muss ertragen werden, sie – so Eilenberger – umfasse auch »Unsinniges, Falsches und Verrücktes«, so sehr wir uns daran stören mögen. Es ist die Probe aufs Exempel in der Demokratie: Wie gut sind wir darin, die Zumutungen jener Meinungen auszuhalten, mit denen wir nicht übereinstimmen, die aber von der grundgesetzlichen Meinungsfreiheit umfasst werden?

Die mäßig gut gelingenden Grenzsetzungen und Grenzweitungen beschreibt der Verfassungsrechtler Christoph Möllers zum 75. Jahrestag des Grundgesetzes mit klarer Sprache: »Und dass die Meinungsfreiheit rassistische, sexistische und antisemitische Äußerungen vor Sanktionen schützt, wird heute eher ungern laut gesagt. Schlimmer noch: Manche sagen es nicht über sexistische, andere nicht über antisemitische Äußerungen, um bestimmte Communities nicht zu verprellen. Inhaltsneutraler Schutz, das Herz der Meinungsfreiheit, funktioniert als Grenze staatlichen Handelns aber nur, wenn diese einigermaßen gesellschaftlich akzeptiert wird.« Es geht also darum, dass wir klare Grenzen ziehen gegenüber jenen, die die freiheitlich-demokratische Grundordnung anzweifeln oder offen infrage stellen. Und zugleich geht es darum, dass wir eine Debatte stilbildend führen, damit an sich Wohlmeinende, die ihre Position nicht als legitime Position anerkannt finden, nicht dorthin – in die Extreme und die Radikalität – abbiegen.

Eine Neubelebung der Streit-Idee

Wir sollten uns eines vergegenwärtigen: Streit ist der Normalzustand, keine unangenehme und möglichst schnell zu beendende Anomalie. Die Störung einer Harmonie, die möglichst schnell wiederhergestellt werden muss. Konflikte sind eine natürliche Begleiterscheinung von dem, was wir Gesellschaft nennen. Konflikte stehen zwar dafür, dass es Reibungen gibt. Aber, daran erinnert Armin Nassehi: »Für einen Konflikt muss es ein Mindestmaß an Gemeinsamem geben, worüber man in Konflikt geraten kann.« Jeder Streit ist in diesem Sinne eine gute Nachricht: Wir haben eine gemeinsame Grundlage. Und wir haben weiterhin ein Interesse daran, diese gemeinsame Grundlage fortgesetzt zu verhandeln.

Wir brauchen eine positive Neubesetzung des Streitbegriffes. Eine Abkehr von der Aura des Negativen, die ihn so häufig begleitet. Der Politikwissenschaftler Jan-Werner Müller formuliert es so: »Das Merkwürdige an deutschen Debatten ist, dass man zwar Streitkultur sagt, aber offenbar doch letztlich alles andere als Konsens oder – mit dem Klischee unserer Tage: ›Zusammenhalt‹ – für suspekt hält. Der Gedanke, dass aus gut geführten Konflikten mehr Kohäsion entstehen kann, kommt gar nicht erst auf.« Woher kommt das? Gibt es ein vielleicht sogar spezifisch deutsches Bedürfnis nach Zusammenhalt, wie Müller, der selbst in Princeton, USA, tätig ist, vermutet? Haben uns die glücklichen 1990er und frühen 2000er Jahre, als sowohl das Ende der Ideologien im Großen als auch die Überwindung vieler kleiner gesellschaftlicher Trennlinien und Konflikte erreicht schienen, zu harmonisch getrimmt? Man muss gerade in diesen Zeiten daran erinnern, dass es dafür allemal Anlass gab. Man möge sich zum Beispiel die Rede Wladimir Putins vor dem Deutschen Bundestag im September 2001 anschauen. Eine Rede, in der der damals dienstfrische russische Präsident voller Stolz betonte, Russland gebe erstmals mehr Geld für Ausbildung aus als fürs Militär. Und generell: »Was die europäische Integration betrifft, so unterstützen wir nicht einfach nur diese Prozesse, sondern sehen sie mit Hoffnung.«

Wer hätte ahnen können, dass es nochmal so grundsätzlich wird? Dass sich nicht nur die Tonlage so massiv verschieben würde, sondern auch die Idee, zumindest in Europa Konflikte regelbasiert und friedlich zu lösen, derart torpediert würde? Denn darin besteht ja gerade die Errungenschaft ziviler, rechtsstaatlicher Demokratien. Am Beispiel der vor über 20 Jahren selbst von einem Wladimir Putin noch gewürdigten Idee der europäischen Zusammenarbeit lässt sich sehr gut verdeutlichen, wie weit wir gekommen sind. Ein Kontinent, dessen Konflikte über viele Jahrhunderte in Regelmäßigkeit kriegerisch ausgefochten wurden, hat in seinem Kern einen neuen Modus geschaffen, unter anderem dank der Europäischen Union. Die Konfliktlösung übers Aushandeln.

Am Beispiel der EU zeigt sich aber auch das oftmals falsche Harmoniebedürfnis, das sich eingestellt hat. Das Bild der »uneinigen« oder »zerstrittenen« EU ist ein gängiges in der medialen und politischen Kommentierung. Sosehr dieses Bild etwa in der Dauerdebatte über eine gemeinsame Migrationspolitik auch Futter bekommt, so sehr arbeitet es doch mit einer falschen Grundannahme: dass Konflikte zwischen ja immerhin 27 Staaten und im Zweifel einem Europäischen Parlament, das immerhin 450 Millionen Bürgerinnen und Bürger repräsentiert, Ausdruck von Krisenhaftigkeit sind. Die Errungenschaft der EU ist nicht, dass sich alle einig sind, sondern dass wir Mechanismen gefunden haben, diesen Streit zu lösen, ohne die Keulen rauszuholen. Guter Streit findet idealerweise seinen Ausgang in einer gemeinsamen Lösung. Aber auch das gehört in den Möglichkeitsraum einer gesunden Debattenfähigkeit: dass Konflikte offenbleiben, ungelöst, verschoben oder nur mit einer halbgaren Lösung zeitlich befriedet. Wer Sehnsucht nach Konsens hat, wird enttäuscht bleiben. Wer den Kompromiss zu würdigen weiß, eher nicht.

Man ist bei diesen Gedanken nicht weit weg von den innenpolitischen Zerwürfnissen der Ampel-Regierung. Die – es zieht sich durch viele Beispiele dieses Buches – eine dankbare Quelle für die Beschreibung von Debattendefiziten ist. Nur müssen wir auch hier präzise bleiben: Wann kommt das Beklagen des Streits geradezu reflexhaft und häufig zu früh? Dann nämlich, wenn eine Debatte überhaupt erst begonnen wird und es durchaus hilfreich ist, öffentlich transparent unterschiedliche Vorstellungen präsentiert zu bekommen. Wo steckt darin der falsche Wunsch nach einem Konsens, den es offenbar nicht gibt. Wann aber handelt es sich dagegen um Debattendefizite. Streit, der nicht fruchtbar ist im Sinne einer Verständigung. Sondern zum nervigen Selbstzweck wird. Streit kann also misslingen. Oder gelingen. Und genau darin liegt die Verantwortung der Streitenden.

Verantwortung

Alle Verabredungen und Appelle funktionieren lediglich unter einer Prämisse. Man muss es tun, machen, beherzigen. Das gilt insbesondere für die, die »Verantwortung tragen«. Allein diese gängige Formulierung sagt es bereits: Wer in Führungspositionen ist, wer gesellschaftlich prägende Rollen einnimmt, kurzum: wer Elite ist, wirkt über sich und sein direktes Umfeld hinaus. Es geht hier noch mehr als für alle darum, richtig zu handeln.

Es geht aber auch um uns alle. Denn das ist der Clou einer demokratischen Debattenkultur, die gelingt: dass es keine Bühnenshow ist, die ein kleiner Teil aufführt, während der größere Teil zurückgelehnt zuschaut, buht oder applaudiert. Wir müssen uns von einem konsumistischen Demokratieverständnis verabschieden. Dass »der Staat« oder »die Politik« grundsätzlich für die Beseitigung der großen und kleinen Sorgen und Herausforderungen zuständig ist, hat sich als Haltung gerade in den Großkrisen der letzten 15 Jahre verfestigt. Das ist die Aufgabe eines jeden, aber auch Verantwortung der Politik, in dem sie weniger paternalistisch, sondern partizipativ Politik denkt.

Elitenverhalten und Eigenverantwortung

Es könnte alles schlimmer sein. Das muss angesichts vieler Beispiele aus anderen Ländern, die uns als stabile, gefestigte Demokratien erschienen, einmal gesagt werden. In Großbritannien konnte man beobachten, wie der politische Spieltrieb weniger Männer den von ihnen selbst gar nicht gewünschten Bruch mit der EU zur Folge hatte. In Italien wurde Politik zur bunten Fernsehunterhaltung, bevor sie in den Postfaschismus abgebogen ist. In Österreich ruinierte Kurzzeit-Kanzler Kurz in wenigen Monaten das letzte Vertrauen in die konservative Partei. Und in den USA? Oh boy.

Die große Zahl derer, die in der deutschen Politik Verantwortung tragen, tun dies im Vergleich dazu mit einer erstaunlichen Zurückhaltung gegenüber der Verlockung, auf Kosten der Stabilität des demokratischen Systems mit dem populistischen Feuer zu spielen. Und doch gibt es auch hier erste Alarmsignale und Herausforderungen, die sich oftmals im Kleinen zeigen. Wir brauchen mehr Solidarität der demokratischen Kräfte untereinander. Es darf nicht im Ansatz angezweifelt werden, dass etwa bei Gewalt gegen Politikerinnen Parteien einander solidarisch sind. Das gilt aus unserer Sicht selbstverständlich, gerade auch dann, wenn Politiker der AfD angegriffen werden. Was zugleich nicht heißt, dass man die destruktiven Kräfte der Partei nicht klar für das zugrundeliegende Klima und die Vergiftung des öffentlichen Diskurses (mit-)verantwortlich machen darf. Wir brauchen gerade vor diesem Hintergrund alle, die es mit dem konstruktiven Streit gut meinen. Und weniger »Spiel mit dem Feuer«: weniger Normalisierung rechtspopulistischer Diskurse, weniger persönliche Diffamierungen und boshafte Polarisierungen, Verbreitung von Fake News, weniger verantwortungsloser Umgang mit wissenschaftlichen Erkenntnissen.

Wenn wir lesen, dass im Mai 2024 die Mehrheit der Befragten nicht in der inhaltlichen Politik, sondern im Streit der Bundesregierung den Hauptgrund für die Unzufriedenheit mit der Regierung sieht, dann geht es bei verantwortungsvollem Elitenverhalten auch um rhetorische Abrüstung. Innerhalb der Regierung also um gegenseitige Anerkennung und Rücksichtnahme, um Streit, der hart in der Sache, aber verbindlich im Ton geführt wird, und um Kompromisse, die länger halten als wenige Stunden. Über die Regierung hinaus geht es für alle Eliten darum, sich nicht von falschen Vereinfachungen und dem Rückzug in ausgetestete Argumentationsmuster verführen zu lassen. Weder ist die gesamte FDP nur und ausschließlich die »Partei der Besserverdienenden«, noch sind alle Grünen oder Politikerinnen der Linken sogenannte »Lifestyle-Linke«. Wir – und damit sind auch Eliten in Wissenschaft, Medien, Kultur und Wirtschaft gemeint – müssen Differenzierung wollen, sie geradezu einfordern und uns gegen Pauschalisierung – so verlockend sie zur Markierung der anderen ist – wehren.

»Heute hier, morgen dort« sang einst Hannes Wader und liefert damit eine Überschrift für ein wesentliches Thema, wenn es um die Verantwortung politischer Eliten für die Debattenkultur unseres Landes geht: Kohärenz. Oder um es etwas differenzierter auszudrücken: Es geht um den schmalen Grat zwischen der – in der Politik immer notwendigen und im Sinne einer Fehlerkultur wünschenswerten – Korrektur eigener Positionen und dem Abgleiten in einen zumeist machtstrategischen Opportunismus. Die Grenze zu ziehen, fällt nicht leicht. Und doch sollte die Frage nach der Kohärenz der eigenen Politik unbedingt handlungsleitend sein. Denn ist sie nicht kohärent, sondern widersprüchlich, wirkt sie orientierungslos, Werte und Fundament erscheinen wie ein Fähnchen im Wind, das sorgt für Misstrauen in Politik und leistet populistischen Erzählungen Vorschub.

Ein Baustein, um diesen schmalen Grat gut zu überwinden, wäre eine bessere Fehlerkultur. Die eigenen Dilemmata offenlegen, manche würden sagen, den »Habeck machen«. Eine solche Fehlerkultur, geprägt von Selbstreflexion und Selbstkritik, ist wie bereits beschrieben nicht risikofrei, denn sie basiert im Grunde genommen auf der zutiefst menschlichen Annahme, dass wir alle – vor allem in neuen, unerwarteten und uns womöglich überfordernden Situationen – Fehler machen. Beruflich wie privat. Damit ist impliziert, dass wir uns alle wechselseitig mit gleichem Maß messen sollten. Womit aber auch gleiche Maßstäbe in der Sanktionierung von und in den Reaktionen auf Fehler verbunden wären. Selbstkritisch lohnt es sich zu fragen, nach welchen Fehlern wer in der Politik noch was werden kann? Es lohnt sich darüber nachzudenken, was wir uns selbst verzeihen würden, aber Politikerinnen und Politikern womöglich nicht. Eine gute Fehlerkultur ist stets auch mit dem Lernen für die Zukunft und mit dem Streben nach Resilienz verbunden. Wir konnten in den letzten Jahren beobachten, wie wichtig es ist, dass Politik nicht nur aus Fehlern lernt, sondern auch vorausschauend in Szenarien denkt. Eigentlich erscheint es schlicht unvorstellbar, dass dies zum Beispiel beim Urteil des Bundesverfassungsgerichts zum Bundeshaushalt im Jahr 2023 vorab nicht geschah. Im Gegenteil: Kanzleramtschef Wolfgang Schmidt berichtete bei einer Podiumsdiskussion über das jährlich einmal stattfindende gemeinsame Abendessen von Bundesregierung und Richtern und Richterinnen, terminiert eine Woche vor der Urteilsverkündung. Über den Abend sagte er, es habe von Seiten des Gerichts keinerlei Vorwarnung gegeben, und offenbarte so, dass die Regierung das Worst-Case-Szenario nicht berücksichtigt hatte. Dabei lehren uns Krisen und Verschiebungen doch, dass wir flexibler sein, dass wir in Alternativen und Szenarien denken müssen. Dabei Komplexität nicht zu verschweigen, ist essentiell angesichts unserer erlebten Gegenwart und Erfahrungen, aber vor allem auch im Kampf gegen Populismus und dessen Strategien. Eine Strategie hierfür könnte eine stärker prozesshafte Kommunikation sein, die nicht erst vom Ende, von den Ergebnissen her denkt. Ein hohes Maß an Elitenverantwortung würde dabei sichtbar, wenn erreichte Ergebnisse und Kompromisse dann auch verbindlich von allen getragen würden. Wie wäre es etwa mit einer Art »Rücktrittsausschluss«, wie wir es aus der Reklamation im Verbraucherschutz kennen? Zwei Wochen lang dürfen Beteiligte den gefundenen Kompromiss in Frage stellen, danach nicht mehr. Beziehungsweise nur noch dann, wenn sich die Rahmenbedingungen dramatisch und weitreichend verändert haben.

Voraussetzungen dafür sind, dass solche Ergebnisse und das Handeln von Politik von Menschen überhaupt wahrgenommen werden. Damit sind wir einmal mehr beim Thema Eigenverantwortung. Denn die Frage, wie wir uns informieren, ob überhaupt, liegt in erster Linie in unserer Hand. Steigende Zahlen bei sogenannter »News Avoidance«, also Nachrichtenvermeidung, machen deutlich, dass immer mehr Menschen den Nachrichtenkonsum aktiv vermeiden. Zudem zeigen Studien, dass die themenspezifische Vermeidung von Nachrichtenkonsum zugenommen hat. Besonders häufig wird dies mit Blick auf den Krieg in der Ukraine angegeben.

Es muss Aufgabe von Politik, Medien und Zivilgesellschaft sein, diesem Trend den Kampf anzusagen. Der Hauptgrund für die News Avoidance liegt in der Krisenhaftigkeit unserer Zeit, in der schier endlosen Fülle schlechter Nachrichten und immer wieder neuer Hiobsbotschaften aus der ganzen Welt. Diese kann Politik, können andere nur bedingt eindämmen. Was aber möglich ist, ist Programme und Ideen zu schaffen, die Gutes und Gelungenes stärker in den Blick nehmen. Wir brauchen mehr konstruktive Botschaften, mehr Sichtbarkeit dessen, was geschafft wurde, was gut geklappt hat. Das Verhältnis zwischen guten und schlechten Nachrichten muss ausgewogener sein.

Im Jahr 2023 wurde beispielsweise im Reuters Digital News Report erstmals danach gefragt, für welche Arten von Nachrichten Menschen sich besonders interessieren. Das Ergebnis: »Insgesamt haben mit 58 Prozent anteilig die meisten Befragten angegeben, äußerst oder sehr an positiven Nachrichten interessiert zu sein. 28 Prozent sind einigermaßen und sechs Prozent überhaupt nicht beziehungsweise nicht sehr daran interessiert. Ebenfalls stark ausgeprägt ist das Interesse an lösungsorientierten Nachrichten, gefolgt von Nachrichten, die dabei helfen, komplexe Themen zu verstehen. 53 Prozent beziehungsweise 50 Prozent der Befragten bekunden ein sehr hohes Interesse an derartigen Nachrichten. Am geringsten ist hingegen das Interesse an Nachrichten, die von Menschen handeln, die den Befragten ähnlich sind.« Diese Befunde können uns ermutigen, nicht in den Skandalisierungs- und Emotionalisierungslogiken zu verharren, sondern durch konstruktive und zugleich nicht weniger kritische Sicht auf die Dinge zu blicken.

Es geht im weiteren Sinne um eine Wahrnehmungsveränderung – weg vom Destruktiven hin zum Konstruktiven. Der Politikwissenschaftler Claus Leggewie warb schon 2011 dafür, dass es in der Politik wohl ein »neues Gefühlsmanagement« brauche, welches aus »Wutbürgern« oder »Frustbürgern« bestenfalls »Mutbürger« mache. Leggewie argumentiert, dass auch eine rationale Politik sich auf das »Terrain politischer Leidenschaften« begeben und für die eigenen demokratischen Werte »neue Gefühlsenergien« mobilisieren müsse. Das Problem dabei sei, dass etwa das europäische Projekt, die politische Kultur des Westens oder auch die freiheitliche Demokratie in der Bevölkerung häufig als »abstrakt, nicht bürgernah und unemotional« gelten. Das erschwert, demokratische Emotionen oder, vielleicht besser: demokratische Leidenschaften zu etablieren. Politik sollte im konstruktiven und guten Sinne ein wenig mehr Montesquieu wagen. Der ging laut Friedbert Rüb davon aus, dass »nur Leidenschaften und Emotionen die jeweilige Regierungsform ›am Leben halten‹ in dem Sinne, als sie das Handeln der Bürger, das Arbeiten der Institutionen und des Herrschaftsapparates bestimmen. Nur eine gemeinsame emotionale Lage [...] verbinde[t] die Institutionen und die Mitglieder der jeweiligen Gesellschaft zu einem lebendigen Ganzen. Kühlen die Emotionen ab, so setzen Institutionen Rost an: Sie verlieren an Regulierungspotential, werden durch informelle Praktiken unterlaufen, man beutet sie im Eigeninteresse aus und sie verlieren dadurch an Legitimität.« Diese Zeilen stehen nicht ohne Grund im Kapitel zu Elitenverhalten und Eigenverantwortung. Denn die Frage, wie sehr wir uns auf demokratische Emotionen einlassen, wie sehr wir sie selbst aktiv leben und mobilisieren, ist die Aufgabe aller. Demokratie lebt vom Engagement aller, davon, von vielen Schultern getragen zu werden.

Erinnern wir uns kurz an die Koalitionsverhandlungen der Ampel-Regierung. Freude bei den einen und Frust bei den anderen. Freude oder Frust darüber, dass während der Verhandlungen so wenig bekannt wurde. Ungewohnt schien dies damals im Herbst 2021 – nicht nur für die Hauptstadtpresse –, nachdem man zuvor über Jahre vor allem, wenn es um interne Diskussionen der Union ging, aber auch bei den gescheiterten Jamaika-Verhandlungen 2017, durch eine Art Live-Ticker quasi Teil des Geschehens gewesen war. Gegenwärtig macht es auch die aktuelle Bundesregierung nicht besser, obwohl sie sich damals während der Verhandlungen auch für die eigene Regierungsarbeit anderes vorgenommen hatte. Durchstechereien sind zunehmend an der Tagesordnung, wie das Gebäudeenergiegesetz im Jahr 2023 beispielhaft gezeigt hat.

Studien zeigen, dass Verhandlungen besser ablaufen und größere Erfolge erzielen, wenn sie vertraulich und vertrauensvoll stattfinden. Insofern plädieren wir dafür, dass Diskretion wieder mehr als Stärke wahrgenommen und anerkannt werden muss. Und zwar nicht nur durch die Handelnden, sondern auch durch jene, die von außen auf die Handelnden blicken. Wir alle kennen diese Situationen, ob privat oder beruflich. Der Moment, wenn eine heikle Angelegenheit erst einmal im kleinen Kreis besprochen werden soll. Wenn man sich wünscht, dass andere erst dann davon erfahren, wenn eine erste belastbare Idee zur Lösung des Problems gefunden ist. Warum gelingt es uns nicht, diese Erfahrungen auch auf Politik zu übertragen?

Da wird polemisch, fast populistisch, von Medien gefragt, ob da nun mal wieder Dinge »im Hinterzimmer« verhandelt werden. Da muss der Bundesverteidigungsminister im Interview bei Sandra Maischberger darauf insistieren, dass nicht alle Details von Waffenlieferungen und die Verfügbarkeit von Waffen innerhalb der Bundeswehr presseöffentlich vor der Bevölkerung verhandelt und diskutiert werden können und sollten. Der populistische Reflex – »aber das Volk hat ein Recht darauf« – liegt da sehr nahe. Ebenso nahe liegen die journalistischen Verweise darauf, dass Medien doch dazu da sind, der Politik kritisch und auch investigativ auf die Finger zu schauen. Und doch widerspricht die Formel »Diskretion als Stärke« in keiner Weise den Anforderungen der repräsentativen Demokratie. Denn jeder verhandelte Vorschlag, jeder in die Öffentlichkeit gelangte Beschluss, jedes Papier stellt sich bei seiner Veröffentlichung der öffentlichen Debatte und wird in aller Regel anschließend den Logiken und Mechanismen des parlamentarischen Verfahrens unterzogen.

Bis zum Moment, in dem dies geschieht, brauchen wir eine Debattenkultur, die Vertraulichkeit und Diskretion als Stärken anerkennt und verteidigt. Gerade in Zeiten multipler Krisen müssen Räume existieren, in denen erste Überlegungen in geschützter Umgebung geäußert, ausgelotet und gemeinsam durchdacht werden können. Damit ist der Appell auch einer an jene, die politisch Verantwortung tragen. So verlockend im politischen Wettbewerb die strategische Diskreditierung des Gegners sein mag, so sehr geht sie zu Lasten einer guten Debattenkultur und damit der Demokratie. Denn es entsteht leicht der Eindruck, dass dort in der Politik, wo Akteure miteinander arbeiten sollen und wollen, der eine dem anderen nicht über den Weg traut. Dass es den Parteien ohnehin nur um eigene Interessen und nicht um die Sache geht. Dann ist der gedankliche Weg nicht mehr weit zum »Hinterzimmer«, in dem »die da oben« machen, was sie wollen. Die Konsequenz: ein erheblicher Vertrauensverlust in die Mechanismen und Institutionen der Demokratie, insbesondere in Parteien. Dieser Entwicklung gilt es entschieden entgegenzutreten. Zugleich dürfen Vertraulichkeit und Diskretion nicht in Bürgerferne und intransparente Absprachen umschlagen, will Politik Akzeptanz für Entscheidungen erreichen und Politikverdrossenheit entgegenwirken.

»Wir müssen jetzt den Schalter umlegen« oder »klare Kante zeigen«. Oder: »Wir brauchen hier eine nachhaltige Politik« – Phrasen, leere Worthülsen, wenig anschaulich? Manche würden sagen: Ja. Andere: Nein. Mit der Sprache von Politikern ist es wie mit dem Streit in der Politik und erneut wie mit dem Wetter – man kann es keinem wirklich recht machen. Sprechen Politikerinnen unter Verwendung vieler Fachbegriffe, geben die ersten genervt auf. Zu kompliziert, versteht ja niemand, typisch Politiker! Sprechen sie anschaulicher, volksnaher oder schlicht zielgruppenspezifischer, heißt es schnell: »Für das Amt unangemessen«, »So spricht doch keine Politikerin« oder »Das wirkt künstlich, das ist nicht authentisch«. Man denke etwa an Bundeswirtschaftsminister und Vizekanzler Robert Habeck, der in einem Interview im *heute-journal* über finanzielle Anreize zum Gassparen sagte: »Und wenn da einer sagt, ich mach nur mit, wenn ich 50 Euro kriege, würde ich sagen: Die kriegst du nicht, Alter.« Unangemessen oder anschaulich? Zu salopp? Politische Sprache ist immer eine Gratwanderung. Trotzdem gibt es Dinge, die sprachlich besser laufen könnten. Verklausulierungen wegzulassen, Dinge konkreter und anschaulicher zu formulieren, Fachbegriffe zu ersetzen oder zumindest zu erklären, all das könnte nachhaltig helfen, um unsere Debattenkultur zu verbessern. Denn wer will schon gerne zuhören oder gar den Versuch unternehmen, mitzudebattieren oder mitzudenken, wenn er oder sie von dem Gesagten kaum etwas versteht?

Niklas Luhmann beschrieb einst mit dem Begriff »Lingua Blablativa« die oftmals phrasenhafte Sprache von Politikerinnen und Politikern. Inhaltsleer sei sie häufig und unkonkret. Sonntagsreden und plakative Bekenntnisse, zu wenig Belastbares – so die Diagnose des *FAZ*-Journalisten Oliver Georgi, der in einem Buch 2019 Bundeskanzlerin Merkel eine »schablonenhafte« und »technokratische« Sprache attestierte, die das

Vertrauen »in die Wahrhaftigkeit der politischen Klasse nachhaltig beschädigt« habe.

Die Beispiele zeigen, dass hier begrifflich einiges durcheinanderging und -geht. Wann handelt es sich in der Sprache um Phrasen und Floskeln? Wann handelt es sich um Wert- oder Haltungsaussagen? Und ist das wirklich gemeint, wenn es um den Wunsch nach einer anschaulichen und verständlicheren Sprache geht? Wir glauben nein, zumindest geht es nicht nur um die Vermeidung von Phrasen und dergleichen mehr. Anschaulich sprechen, so, dass möglichst viele – im Idealfall alle – das Gesagte verstehen. Leichter gesagt als getan. Ist das »Gute-Kita-Gesetz« anschaulich, aber doch zu platt, weil es seinen Leserinnen und Lesern im Titel die von ihnen ja eigentlich noch vorzunehmende Bewertung des Gesetzes gleich mitgibt? Ist die »Bazooka«, von Bundeskanzler Scholz als Bild verwendet, angemessen? Und wie tauglich sind Wortspiele wie das »Fair Heizen statt Verheizen« aus der CDU-Kampagne, um Bürgerinnen und Bürger wirklich zu erreichen? Wer hat eine Chance, zu verstehen oder zumindest zu ahnen, was im »Netzwerkdurchsetzungsgesetz« geregelt oder im »Lieferkettensorgfaltspflichtengesetz« auf den Weg gebracht werden soll?

Anschauliche Sprache birgt zweifelsohne die Gefahr der Infantilisierung. »Wumms«, »Doppelwumms« – was Medien dankbar aufgegriffen haben, was vielen als griffiges Bild für die Reaktions- und Handlungsfähigkeit der Bundesregierung galt, löste bei anderen Kopfschütteln aus. So spricht man doch nicht als Bundeskanzler. Jede und jeder von uns ist sprachlich auf eine eigene Art sensibel. Die Frage, was man als authentisch betrachtet und was nicht, ist demnach äußerst subjektiv. Bei der Forderung nach einer anschaulichen und lebensnahen Sprache geht es also nicht einfach um Authentizität, sondern darum, wie über Sprache das Interesse an Politik, aber vor allem die Nachvollziehbarkeit politischer Prozesse gesteigert und die Debattenkultur verbessert werden kann. Politik muss heute mehr

Übersetzungs- und Vermittlungsprozesse gestalten als früher. Politik muss häufiger und besser erklärt werden, sonst tun es andere: jene, die suggerieren, mit pauschalen und einfachen Erklärungen ließen sich die großen Herausforderungen unserer Zeit regeln. Eine interessante Entwicklung lässt sich in diesem Zusammenhang beobachten: Viele Menschen haben offenbar das Bedürfnis nach einer einfachen Sprache. Es lässt sich beobachten, etwa bei der Wahl zwischen den »Nachrichten« und den »Nachrichten in einfacher Sprache« im Radio, beim Museumsbesuch und der Entscheidung zwischen einem Audioguide »auf Deutsch« und der Variante »auf Deutsch in einfacher Sprache« oder auf der Website des Deutschen Bundestages. Beim Begriff »einfache Sprache« denken viele zugespitzt erst einmal an »Für Dumme«. Als sei das Bedürfnis nach »einfacher Sprache« mit Intellekt und kognitiven Fähigkeiten verknüpft. Dabei kennen wir doch alle selbst solche Momente: Ratloses Lesen, wiederholtes Lesen, Kopfschütteln. Wie schön wäre es, wenn jemand das Gelesene nochmal einfach und anschaulich erklären würde? Gerade Politik ist dazu aufgefordert, dass die Bevölkerung Gesagtes und Entschiedenes verstehen und nachvollziehen kann. Bislang ist das Konzept »einfache Sprache« vor allem mit den Themen Inklusion und Barrierefreiheit verknüpft. Aber warum überhaupt? Die Gesellschaft für deutsche Sprache e.V. weist darauf hin, dass einfache Sprache große Schnittmengen zu einer allgemein verständlichen Standardsprache und zu einer bürgerfreundlich Verwaltungssprache habe. So könne der Begriff eng und weit ausgelegt werden. Trotzdem sind wir mit der Anwendung sehr zurückhaltend und zögerlich. Jüngst meldeten Experten, dass die sogar noch stärker vereinfachende Leichte Sprache bis zu 17 Millionen Menschen in Deutschland zugutekommen könnte. Ein weiterer Vorteil: Rund 95 Prozent der Menschen verstehen Texte in einfacher Sprache. Eine anschaulichere und verständlichere Sprache kann damit nicht nur die Debattenkultur und Zugänge zu Debatten verbessern, sondern Politik und die Berichterstattung über Politik einem wesentlich breiteren Publikum nachvollziehbar machen. Erste Medien bieten Angebote in leichter oder einfacher Sprache an, so etwa der *Deutschlandfunk* mit dem Podcast »nachrichtenleicht« oder die *Tagesschau*.

Klar, Fachbegriffe werden häufig aus guten Gründen genutzt, diplomatische (und dadurch häufig verklausuliert klingende) Formulierungen können nicht ohne weiteres in einfacher Sprache verfasst werden. Dazu kommt, dass das Reden in einfacher Sprache viel mehr trainiert werden muss als das Schreiben in einfacher Sprache, zumal wir alle durch unsere Sozialisation in unserem Wortschatz und unserem Ausdruck stark geprägt sind. Dies zu ändern ist wirklich harte Arbeit. Wir glauben, dass sich dies lohnen könnte – in der Politik, aber auch in den Medien und in der Wissenschaft. Und es gibt auch neben der gesprochenen Sprache Bereiche, in denen eine echte Verbesserung schon jetzt möglich wäre. Der Journalist Ronen Steinke hat dies in einem Beitrag für die *Süddeutsche Zeitung* verdeutlicht: »Ihr Antrag auf Einleitung eines Verfahrens zur Erteilung der Erlaubnis zum Führen eines Kraftfahrzeugs auf öffentlichen Straßen« oder auch »Die für die vorstehend bezeichneten vermögenswirksamen Leistungen festgesetzten und ausgezahlten Arbeitnehmer-Sparzulagen …« – nur zwei der sprachlichen Beispiele, die er in seinem Text zur Veranschaulichung verwendet. Muss man so reden oder schreiben? – Nein! Wir brauchen eine neue Sprache in Politik und Verwaltung. Gegen Ohnmachtsgefühle, für bessere Verständlichkeit und Nachvollziehbarkeit und vor allem zur Verbesserung des Diskurses zwischen Politik, Verwaltung und Bürgerinnen und Bürgern.

Warum nicht »Ihr Antrag auf Erteilung eines Führerscheins«? Immer noch kompliziert genug. Behördensprache ist keine Frage von Intellekt. Auch die studierte Ingenieurin oder der promovierte Historiker rätseln in Briefen von Ämtern herum. Bei ihnen könnte man noch unterstellen, dass sie Kompetenzen mitbringen, die gegebenenfalls auf anderen Wegen und mit eigenen Recherchen zur Lösung der Frage führen. Die Folgen, wenn dem nicht so ist, können gravierend sein, wenn man etwa an Themen wie das Unterhaltsrecht oder die Beantragung von Sozialleistungen denkt. Steinke beschreibt die damit verbundenen Risiken. Der große bürokratische Aufwand, die schiere Masse an Angaben und Formularen, überfordere viele Menschen und provoziere Fehler und Missverständnisse, die im schlimmsten Fall dazu führten, dass Menschen sich dem Vorwurf ausgesetzt sehen, »sie hätten den Staat hinters Licht führen wollen. Betrug ist strafbar«. Selbst wenn das nicht passiert, ist das Resultat beim Versuch, einen solchen Formular-Marathon zu bewältigen, kaum besser: Resignation. »Die Summe der Sozialleistungen, die Menschen gar nicht erst einfordern, obwohl sie theoretisch einen Anspruch darauf hätten, geht in Deutschland jedes Jahr in die Milliarden Euro. Ein Schelm, wer den Verdacht hegt, dass dieser Effekt sehr billigend in Kauf genommen wird. Es ist deshalb mehr als nur eine stilistische Schrulligkeit, die sich die Verwaltung mitunter leistet [...]. Es ist auch ein rechtsstaatliches Problem.«

Rechtssicher müssen Briefe von Behörden sein, würden Juristinnen und Juristen nun argumentieren. Das bedeutet, sie müssen die Sprache derjenigen Normen sprechen, zu deren Umsetzung oder Durchsetzung der Inhalt des Schreiben zugehörig ist. Steinke, selbst übrigens studierter Jurist, erklärt sich dies so: »Eher ist es die Angst davor, etwas falsch zu machen. Rechtssicherheit geht über alles, sie ist für Behörden wichtiger als Verständlichkeit. Und manchmal ist es auch das, was Kommunikationswissenschaftler den ›Fluch des Wissens‹ nennen: Wenn eine Beamtin sich Tag für Tag mit Steuerfragen beschäftigt, dann kann sie sich irgendwann nicht mehr vorstellen, dass es Menschen gibt, die einen Text darüber nicht verstehen.«

Die Friedrich-Ebert-Stiftung hat das Thema in ihrer Akademie für Weiterbildungen in der Kommunalpolitik ebenfalls auf der Agenda und verdeutlicht: »Alltagssprache gegen Behördensprache: Gibt es eine *Fragestellung* oder haben Sie eine *konkrete Frage*? Möchten Sie eine *Rückmeldung* oder lieber eine *Antwort*? Formulieren Sie eine *Zielsetzung* oder haben Sie ein *Ziel*?«. Könnten wir nicht auch mit dem Dreiklang aus »Frage«, »Antwort« und »Ziel« gut leben? Ohne dass etwas weniger rechtssicher ist oder zu salopp und umgangssprachlich klingt? Würden all jene, die das (unter Umständen fragwürdige) Bedürfnis haben, sich mithilfe von Sprache und Ausdruck von anderen abzugrenzen, das gut aushalten können und müssen? Wir glauben ja und sind damit nicht alleine. Auch Steinke plädiert für einen Sprachwechsel: »Eine Verwaltung, die Menschen sprachlich überwältigt (oder deren sprachliche Überwältigung zumindest sehenden Auges in Kauf nimmt): Das kostet gesellschaftlichen Frieden.«

Forschungen zu Nichtwählerinnen und -wählern verdeutlichen, wie groß sprachliche Wissens- und Verständnislücken in der Gesellschaft verbreitet sind. Wenn nicht einmal klar und bekannt ist, was sich hinter dem Wort »Landtag« verbirgt, wie sollen dann die dortigen Prozesse und anderes verstanden werden? Doch anschauliche und verständliche Sprache ist nicht nur ein Thema von Politik und Behörden. Auch Wissenschaft und Medien müssen hier sprichwörtlich vor der eigenen Haustür kehren. Gerade in der Wissenschaft gelten anschauliche und umgangssprachliche Formulierungen häufig als unoriginell und entsprechen nicht den Gepflogenheiten des Fachs und des deutschen Wissenschaftssystems. Wer zu umgangssprachlich unterwegs ist, gerät rasch in den Verdacht, »Publizist« zu sein und kein seriöser Wissenschaftler, skeptische Blicke und Naserümpfen inklusive. Natürlich braucht die Wissenschaft ihre Fachtermini. Wissenschaftlerinnen operieren innerhalb ihrer Disziplin mit ihnen, aber mehr denn je braucht auch Wissenschaft heute mehr zielgruppenspezifische Sprachregister.

In 3:30 Minuten die geostrategische Lage im Nahen Osten

einordnen, in 2:20 Minuten die Gefährlichkeit der »Affenpocken« erläutern, in einer Volkshochschule vor 40 unbekannten Bürgern oder im *Dein Spiegel* den Aufstieg des Rechtspopulismus erklären – hier sind Übersetzungs- und Vermittlungskompetenzen gefragt, die in der Wissenschaft bislang nur bedingt Schule machen. Zahlt sich das aus, fragen sich diejenigen, die noch in den Befristungslogiken des Wissenschaftssystems stecken. Können das nicht andere machen, fragen jene, die auf unbefristeten Stellen tätig sind. Mal aus Unsicherheit, häufig aus Zeitmangel und auch mal aus der Anspruchshaltung heraus, dass für so was doch bitte Pressestellen, Medienvertreterinnen oder andere sogenannte Multiplikatoren zuständig seien. Und dann erleben Wissenschaftlerinnen wie Journalisten gleichermaßen ein Aha-Erlebnis, wenn der eine nach dem Telefonat mit der Pressestelle hört, dass das in der Studie doch alles ein bisschen differenzierter und komplexer ist. Oder der andere irritiert ist davon, dass aus der komplexen und differenzierten Studie eine sehr zugespitzte und verkürzte Headline geworden ist.

Ein möglicher Weg raus aus dieser Situation: Outreach und Wissenschaftskommunikation müssen verstärkt Teil des wissenschaftlichen Arbeitens werden, aber auch die entsprechende Wertschätzung und Honorierung erfahren. Und zwar innerhalb der Fächer (denn Wissenschaft wirkt für und in die Gesellschaft) sowie außerhalb in Fördermitteln und -zusagen, intern in Berufungs- und Stellenbesetzungsverfahren und auch in der Aufstellung zu allen anderen Jobs, die Wissenschaftler schon heute erledigen müssen (auch hier fällt immer wieder das bekannte Stichwort: Bürokratie!).

Und immer wieder: Politische Bildung

Es scheint irgendwie klar: In einer komplexen Welt brauchen alle mehr Rüstzeug, um am Diskurs teilnehmen zu können. Wenn wir dumme Debatten verhindern wollen, müssen alle besser aufgestellt werden. Es braucht Wissen. Aber vor allem: politische Bildung im besten Sinne: Zeit, Strukturen und Gelegenheiten, um Demokratie zu lernen, zu erfahren und politische Selbstwirksamkeit ausbilden zu können. Der Ruf nach mehr und nachhaltig finanzierter politischer Bildung ist ein alter Ruf, den vermutlich so mancher nicht mehr hören kann, da sich trotz allem so wenig verändert hat. Im Grunde ist auch die Debatte über die auskömmliche und nachhaltige Implementierung der politischen Bildung eine defekte Debatte. Die Konkretisierung dieses Befundes liefert die Wissenschaft. Die Politikdidaktikerinnen Sabine Achour und Susanne Wagner haben in ihrer Studie »Wer hat, dem wird gegeben« anschaulich untermauert, wie ungleich politische Bildung in unserer Gesellschaft verankert ist. Sie machen deutlich, dass gerade jene jungen Menschen in den Schulen politische Bildung erfahren, die ohnehin schon aus gebildeten Elternhäusern kommen und häufig bereits ein grundsätzliches Interesse mitbringen, also vor allem Schülerinnen und Schüler in Gymnasien. Besonders wenig politische Bildung wird hingegen in Berufsschulen und Hauptschulen angeboten. Dort, wo das Interesse an Politik oft besonders niedrig ausgeprägt ist und wo viele Kinder und Jugendliche aus bildungsfernen Familien stammen. Auch inhaltlich gibt es viel Kritik. So schreiben die Autorinnen, dass laut den Schülerinnen und Schülern die Top-Themen, unabhängig von besuchter Schulform und Jahrgangsstufe, vor allem Demokratie in Deutschland und demokratische Grundwerte wie Freiheit und Gleichheit seien.

Zudem geben sie an, dass zahlreiche Themen nur teilweise vermittelt würden. Genannt werden: Wirtschaft, Recht, die Arbeit mit Quellen, Europäische Union, Medien und Digitalisierung, Globalisierung und Internationale Politik, Rechtsextremismus und Rechtspopulismus, Rassismus sowie verschiedene Formen des Zusammenlebens und Lebensentwürfe.

Unmittelbare Erfahrungsmöglichkeiten, etwa durch Exkursionen oder Planspiele, stehen bis heute im Widerspruch zur häufigen Einstündigkeit des Faches. Achour und Wagner arbeiten zudem heraus, dass bei dem hohen Anteil fachfremder Lehrkräfte gerade solche Formate, die auf Partizipation, Dialog, aber eben auch auf Kontroversität angelegt sind, Überforderungspotenziale bergen. Auch daher werde die »ruhige Institutionenkunde« häufig bevorzugt. Diese Befunde aus dem Jahr 2019 sind heute mehr denn je nicht länger tragbar. Fit sein für Debatten, (Institutionen-)Wissen über die Demokratie und das politische System erlangen, Argumentieren und Perspektivwechsel einüben, politische Selbstwirksamkeit erfahren, Medienkompetenz erwerben und Fragen der Informationsethik diskutieren – all das geht nur mit einer nachhaltigen politischen Bildung. Es geht dabei sowohl um genügend Zeit und Räume als auch um den zeitgemäßen Zugang für Kinder und Jugendliche. Insofern können wir an dieser Stelle mehrere Notwendigkeiten unterscheiden. Mehr Stunden in den Schulen nützen nichts, wenn es nicht genügend Fachkräfte gibt, die die politische Bildungsarbeit leisten können. Wir brauchen daher insbesondere im Bereich Medienkompetenz dauerhafte Fortbildungsangebote für Lehrerinnen und Lehrer und Ressourcen für Schulen, die es ihnen möglich machen, Expertinnen und Experten für Fachtage, Workshops oder Ähnliches zu besuchen oder in die Schulen einzuladen. Dies darf nicht länger nur von Spendengeldern oder besonders aktiven Eltern- oder Trägervereinen abhängen.

In einer Studie der Vodafone Stiftung vom Mai 2024 geben gerade einmal 19 Prozent der Jugendlichen an, in der Schule zu lernen, wie man zwischen vertrauenswürdigen und nicht vertrauenswürdigen Quellen unterscheidet. Mit Blick auf die Relevanz und Wirkmächtigkeit von Entwicklungen der Digitalisierung, KI und den Algorithmen sozialer Netzwerke muss unser Ziel sein, dass alle Schülerinnen und Schüler im quellenkritischen Umgang mit Informationen sehr gut ausgebildet werden. Ebenfalls nur 19 Prozent der jungen Erwachsenen geben an, in der Schule auch tatsächlich die Möglichkeit zu haben, Diskussionen zu führen und zu lernen, wie sie ihre eigene Meinung vertreten. Bloß 12 Prozent der Jugendlichen haben das Gefühl, in der Schule zu lernen, die Perspektive anderer einzunehmen und deren andere Ansichten nachzuvollziehen.

Die Zahlen verdeutlichen, was noch möglich wäre. Schule könnte noch viel mehr der Ort für die Debattenfähigkeit von morgen sein. Wofür man sich im Erwachsenenleben nur selten Zeit nimmt oder nehmen kann, könnte hier fest verankert stattfinden – für alle Altersgruppen und Bildungswege. Politische Bildung, Medien- und Demokratiekompetenzen müssen Hand in Hand gehen, um die Fähigkeiten zur Meinungsbildung und Urteilsfähigkeit ausbilden und festigen zu können. Es ist nicht so, dass es Angebote dieser Art nicht gibt. Ein echtes Erfolgsmodell ist etwa das Programm »Jugend debattiert« der Hertie-Stiftung, bei dem gerade die Debattenfähigkeit junger Menschen im Fokus steht. Das Programm wird inzwischen in über 35 Ländern der Welt angeboten und von Fortbildungen für Lehrkräfte und Publikationen (zum Beispiel dem Heft *Debattieren unterrichten*) begleitet. Solche, bislang außerhalb der Schulen verankerten Angebote müssen endlich dauerhaft in den Schulalltag integriert werden. Denn bislang nehmen zwar bundesweit rund 1400 weiterführende Schulen an dem Programm teil, gleichzeitig hängt die Teilnahme weiterhin von einer Selbstbewerbung der Schule ab. Zudem ist diese Zahl ein Tropfen auf den heißen Stein, da es doch in Deutschland zusammengerechnet fast 40 000 allgemeinbildende und berufsbildende Schulen gibt.

Auch hinsichtlich einfacher Sprache lohnt der Blick auf junge Menschen ganz besonders. Betrachtet man deren Informationsverhalten, wird deutlich, dass sie Informationen über Politik stark personalisiert und entpolitisiert erreichen. Influencer wie Hoss & Hopf oder der Kanal »Herr Anwalt« (der Macher, Tim Hendrik Walter, ist FDP-Mitglied, was aber wohl die wenigsten

Follower wissen), werden verstärkt als Informationsquellen genutzt. Sie sprechen eine Sprache, die bei jungen Menschen ankommt, sie erklären Dinge entlang der Lebensrealitäten und Themen junger Menschen (»Darf dein Lehrer das Handy einbehalten?« oder »Darf die Polizei dich durchsuchen?«). Das wäre nicht weiter schlimm, hatte doch auch schon früher jede Generation ihre Influencer – damals eben im Radio oder im TV. Schwierig für unsere Debattenkultur ist jedoch, wenn diese Informationsquellen unverbunden nebeneinanderstehen, kein Austausch mehr zwischen ihren Rezipienten stattfindet und wenn zugleich zentrale Informationsmultiplikatoren kaum bis gar nicht wahrgenommen werden. So weisen Studien nach, dass junge Menschen (und übrigens auch eine große Zahl von Erwachsenen) Bloggerinnen oder Influencern eine höhere Glaubwürdigkeit zuweisen als etwa Politikerinnen und Politikern. Was bedeutet dies für politische Sprache? Die eigene Fachterminologie politischer Sprache ist für Menschen mit hohem kulturellen Kapital häufig »Alltagssprache«. Doch gerade für Schülerinnen und Schüler stellt sie oft eine »zu erwerbende Bildungssprache« dar. Es kann also für die Ausbildung einer Debattenfähigkeit nur miteinander gehen. Einerseits muss politische Bildung in der Schule diese Sprache vermitteln und Schülerinnen und Schüler damit sprechfähig und politisch handlungsfähig machen. Andererseits ist Politik aufgefordert, ihre Kommunikation anzupassen und verständlich zu gestalten, ohne sich in Jugendsprache an junge Menschen anzubiedern.

Andere Länder unternehmen den Versuch bereits, all die bisher genannten Themen zu Demokratie und Debatte in einem gemeinsamen Schulfach zu bündeln. In Dänemark lernen Schülerinnen und Schüler schon seit Jahrzehnten Empathie. Auch Frankreich führt angesichts steigender Zahlen von Mobbing und Gewalt zum Sommer 2024 das Schulfach »Empathie« ein.

Aushandlungsorte

Wir brauchen Orte. Orte der Begegnung von Perspektiven. Orte, an denen die Öffentlichkeit sichtbar, greifbar und erlebbar wird. Der Ort, »an dem alles zusammenkommt«. Das klingt selbstverständlich, bliebe doch sonst all das, was uns beschäftigt, privat. Diskurse brauchen Orte, damit so etwas wie eine öffentliche Sache, eine res publica, überhaupt erst entstehen und wirken kann. Das umfasst reale Begegnungsmöglichkeiten in Vereinen, in der Kommunalpolitik, in Kirchen und Gewerkschaften. Es handelt sich hierbei aber auch um abstraktere Verbindungspunkte, vor allem über Medien, seien es die klassischen oder in zunehmendem Maße die digitalen. Verbindungen über Wissenschaft und nicht zuletzt natürlich die Politik mit ihren Institutionen.

Gleichzeitig ist es kein selbstverständlicher Gedanke mehr, dass Menschen zum Austausch zusammenkommen. Zum einen angesichts der Individualisierungstendenzen. Zum anderen aber auch wegen eines grundsätzlichen Zweifels, der sich gerade in progressiven Kreisen einer gewissen Beliebtheit erfreut: dem Zweifel, ob sich hinter dem vermeintlichen Ideal einer Öffentlichkeit, die für alle gleichermaßen zugänglich ist und in der in erster Linie die Kraft des Argumentes zählt, nicht am Ende eine Mehrheitsgesellschaft verschanzt, die Minderheiten einen gleichberechtigten Zugang versperrt. Armin Nassehi spricht vom »performativen Gebrauch des Begriffes Öffentlichkeit«, der Folgendes impliziere: »Die Illusion einer Gesellschaft, die als Großgruppe einen Raum etabliert, in dem egalitäre Formen des Argumentierens möglich werden, um das gesellschaftliche Selbstverständnis zu befördern.« Es ist die Herausforderung unserer Zeit, dass die gemeinsamen Orte der Debatten vor dem Hintergrund dieser Veränderungen funktionieren müssen. Tun sie es? Wir glauben nicht. Eine Erklärung für die Debattendefekte liegt auch darin, dass die Aushandlungsorte nicht fit sind. Teils haben sich die Orte überlebt, sind also nicht mehr zeitgemäß. Andere sind es und funktionieren doch nicht richtig. Sie alle eint, dass sie mehr denn je wetterfest sein müssen gegenüber den Herausforderungen von Extremismus und bösartiger Polarisierung.

Lagerfeuer oder Shoppingmall?

Wie schön wäre es, könnten wir heute von der Öffentlichkeit noch als einer Art gemeinsamem gesellschaftlichen Lagerfeuer sprechen. Entspannte Stimmung, immer mal wieder kommt jemand dazu, findet seinen Platz im großen Rund. Der eine grillt Stockbrot, die nächste trinkt nur ein Bier, der dritte grillt Marshmallows – aber ihr Blick geht zum Feuer, in eine gemeinsame Richtung. Verklären wir noch ein bisschen weiter: Keiner hängt am Handy, alle reden und lachen miteinander, genießen den gemütlichen Moment. Kaum jemand will zeitig los, die Atmosphäre hält die Runde bis in die Nacht zusammen. Eine schöne Illusion?

Es gibt den Hang zur Nostalgie, als wäre das Bild vom gemeinsamen Lagerfeuer eine treffende Beschreibung für gesellschaftliche Realitäten früherer Zeiten gewesen. Aber auch damals war die Struktur der Öffentlichkeit natürlich komplexer. Saßen da früher nicht doch mindestens auch immer Grüppchen zusammen, die sich untereinander nicht allzu viel zu sagen hatten? Und: Wer saß wirklich nah dran, wer war per se in die äußeren Kreise verbannt?

Und dennoch lässt sich heute feststellen, dass unsere Öffentlichkeit jede Lagerfeuerromantik eingebüßt hat. Besser passt wohl eher das Bild einer großen Shoppingmall: viele einzelne Geschäfte, in denen jede und jeder nach individuellen Wünschen zugreift. Drei hastige Schritte über den Gang, und schon steht man im nächsten Laden. Die Menschen vor dem Geschäft, eine anonyme Atmosphäre, flüchtiges Grüßen im Vorbeigehen, meistens das Handy in der Hand. Und es ist laut, sehr laut. Musik über die Lautsprecher, dazu aus jedem Geschäft andere Töne. Die Luft schlecht, im Untergeschoss eine große Halle voller Essensstände, lieblos. Am Abend ist man froh, wenn man wieder auf dem heimischen Sofa liegt.

Unsere Öffentlichkeit ist wie die Shoppingmall hoch individualisiert. Menschen gewichten Nachrichten nach der eigenen persönlichen Relevanz, jede App personalisiert, jedes TV-Programm passgenau zugeschnitten, jeder Feed in Social Media »more of the same« von dem, was man vor Kurzem geklickt hat. Um 20.00 Uhr sitzt nicht mehr das ganze Land vor dem Fernseher und sieht die *Tagesschau*. Viele, meist junge Menschen, folgen ihr nur noch auf Instagram oder TikTok. Andere schauen die *Tagesschau* zeitversetzt oder lesen nur noch deren Informationen im WhatsApp-Channel. Und wieder andere misstrauen den (staatlichen) Medien und konsumieren nur noch sogenannte »alternative Medien«. Diese Fragmentierung wäre in begrenztem Umfang vielleicht noch aushaltbar, wenn es denn gemeinsame Inhalte gäbe. Aber so ist es gegenwärtig nicht mehr: Weder können wir heute noch gemeinsame Inhalte voraussetzen noch gemeinsame Orte, an denen die gelesenen und gehörten Nachrichten und Informationen miteinander diskutiert und ausgelotet werden.

Die Ausdifferenzierung geht immer weiter, auch in den Sozialen Medien selbst. Viele haben sich auf die Suche nach Alternativen zu den etablierten Playern gemacht. Genervt von der Vielzahl der Kanäle beginnen jene, die sie nutzen, ermüdet einen Reproduktionsprozess. Den Text copy & paste, mal ein Foto ausgetauscht, mal mit und mal ohne Link, und zack sind die Plattformen von X über Insta bis Bluesky und Threads bespielt. Und es gibt wohl kaum jemanden, der sich nicht schon einmal gefragt hat: Wozu das alles überhaupt? Aber auch in der analogen Welt sieht es in Wahrheit nicht besser aus. Jeder immer mehr für sich und die ganze Zeit more of the same.

Wir müssen raus aus der Mall. Wir brauchen neue Begegnungsorte, ein Comeback der Stadtteilzentren, Gemeindehallen und Wochenmärkte. Und daneben auch eines für die kleinen Bäckereien oder Tante-Emma-Läden, für die verbliebenen Kneipen auf dem Dorf ebenso wie für bezahlbare Wochenmärkte in der Stadt. Wo ist die politische Offensive zur Förderung solcher Konzepte? Etwa um die Gemeindehalle mit WLAN auszustatten, die Helmut-Kohl-Gedächtnis-Möblierung auszutauschen und sie zu attraktiven Anziehungspunkten zu machen? Wie werden Städte unterstützt, die Wochenmärkte für alle zugänglich machen wollen, sodass sie nicht länger der großstädtische hippe Samstagstreff für jene sind, die ohnehin schon reichlich Geld im Portemonnaie haben?

Es gibt innovative Projekte, die in diese Richtung arbeiten. Der »Respektraum« ist eines davon. In unterschiedlichen Räumen – vom Café bis zum leerstehenden Ladenlokal oder im Foyer eines Altenheims – werden in kleinen und großen Städten temporäre so genannte Respekträume eingerichtet. Sie bieten Gelegenheit zum wechselseitigen Austausch – individuell in kleinen Gruppen oder auch in angeleiteten Diskussionsveranstaltungen. Und zu Beginn versichern alle einander den respektvollen Umgang, die Projektinitiatoren geben Tipps für die Gestaltung von Debatten.

Weitere Projekte unternehmen den Versuch einer fruchtbaren Auseinandersetzung mit der Debattenkultur. So etwa die »Respect Research Group« in Hamburg, die junge Wissenschaftlerinnen und Wissenschaftler für Forschung und Austausch zusammenbringt. Auch der »Gesprächsgarten« der Universität Marburg ist ein inspirierendes Beispiel, wie man sich auf neuartige Weise mit Gesprächs- und Debattenkultur beschäftigen kann. Das Projekt – entstanden während der Corona-Pandemie – lädt im Alten Botanischen Garten zu einer vertieften Auseinandersetzung mit Kommunikation und unserem Debattenverhalten ein. In vier Bereichen (sich orientieren, erzählen, argumentieren, verhandeln) besteht die Gelegenheit zum Verweilen, Zuhören oder Austauschen. Und in der Ausstellung »Für alle! Demokratie neu gestalten« in der Bonner Bundeskunsthalle können Besucherinnen und Besucher in einem »Fitness-Studio« langen Atem beweisen und sich darin üben, Kompromisse zu finden. Die wenigen Beispiele zeigen: Viele Menschen reden nicht nur über die Debattenkultur unserer Gesellschaft, sondern schaffen Ideen, Projekte und kreative Räume, in denen Lösungen für besseres Streiten gefunden werden können. Zugleich haben alle Projekte eine Schwäche. Es ist ein bisschen so wie bei Ringvorlesungen, Vortragsreihen oder bei Infoveranstaltungen: Es kommen in der Regel zumeist nur diejenigen, die dem Thema positiv gegenüberstehen. Die also bereits interessiert und neugierig sind. Umso wichtiger ist es, dass wir Debattenräume und Aushandlungsorte schaffen, denen man im Vorbeigehen begegnen kann. Eine interaktive Gelegenheit zum Austausch auf dem Supermarktparkplatz, im Eingangsbereich des Rathauses, auf dem Markt, an der Bushaltestelle, in der Stadtteilbibliothek.

Auch die Politik ist nicht untätig. Auf immer mehr Ebenen des politischen Systems werden direktdemokratische Instrumente erprobt oder eingeführt, die für Bürgerinnen und Bürger mehr Teilhabe und damit auch mehr Raum für Diskussion geben sollen. Studien zeigen, dass diese Instrumente viel Gutes bewirken können. Voraussetzungen dafür sind die bestmögliche, nämlich repräsentative, Auswahl der Beteiligten, die Wertschätzung für die Bereitschaft, in solchen Formaten mitzuwirken, eine gute Moderation und Begleitung des Projekts. Und vor allem anderen müssen die Ergebnisse und Empfehlungen solcher Projekte ernst genommen werden und nicht gleich in der erstbesten Schublade verschwinden.

In manchen Fällen gelingt es auch, alte Orte wiederzubeleben. Die Entertainer Joko Winterscheidt und Klaas Heufer-Umlauf sind hierfür gute Beispiele. Im Rahmen ihrer eigenen Show

Joko & Klaas gegen ProSieben können die beiden Live-Sendeminuten erspielen. Gewinnen die beiden die Show, erhalten sie 15 Minuten zur Primetime. Schon mehrfach gelang es den beiden während dieser »Live-Momente« dann, brisante und schwierige Themen an ein breites junges Publikum zu adressieren und sie auch im Nachgang in der Berichterstattung der Qualitätsmedien zu einem größeren Thema zu machen. Sie erreichen so für Themen wie den Pflegenotstand, Blutkrebs und Knochenmarkspende, die Revolution im Iran oder Sexismus und sexualisierte Gewalt jene Zielgruppen, die kaum im Programm des öffentlich-rechtlichen Rundfunks anzutreffen sind. Und die Primetime beschert den Themen jene Aufmerksamkeit, die sie häufig in anderen Programmen nicht bekommen, wenn Dokumentationen spätnachts gesendet werden und im Worst Case in den prallgefüllten Mediatheken zwischen Filmen, Serien und Nachrichten untergehen. In der großen Welt des (TV-)Journalismus zeigen beide damit im Kleinen, wie neue Arenen für Debatten geschaffen werden können.

Journalismus

Wir wollen nicht vermessen sein und »die Medien« anklagen. »Die Medien« sind als Adressat meistens genauso unpräzise und unbrauchbar wie »die Politik«. Diese Vorrede muss sein, zumal wir immer wieder Differenzierung und genaues Hinsehen einfordern. Wenn wir uns den Aushandlungs- und Austragungsort des Öffentlichen anschauen, den wir als »Medien« bezeichnen, haben wir eine gewaltige Breite: nach wie vor klassische Massenmedien in unterschiedlichster Reichweite und Qualität, aber eben auch die immerhin bald schon 20 Jahre alten Sozialen Medien. Beide Sphären sind entlang der Logiken der digitalen Plattformen miteinander verschränkt, klassische Massenmedien verbreiten sich also zunehmend digital.

Interessant ist, dass der klassische Journalismus trotz aller

Verschiebungen und Konkurrenzen im Netz nach wie vor eine prägende Rolle einnimmt. Das lässt sich bemessen am großen Vertrauen, das in Studien von zwei Dritteln der Befragten den öffentlich-rechtlichen Medien ebenso wie den Tageszeitungen entgegengebracht wird. Im Gegensatz zum geringen Vertrauen gegenüber den Sozialen Medien (Instagram (9 Prozent), X/Twitter (8 Prozent), TikTok (4 Prozent)).

Es lässt sich aber auch daran erkennen, dass selbst für diejenigen, die sich hauptsächlich auf digitalen Plattformen die Welt erschließen, klassische alte Medienmarken eine nach wie vor wichtige Rolle spielen. Selbst im jungen Netzwerk TikTok sind es alte Medienmarken wie die *Tagesschau*, die hohe Reichweiten haben. Alte Flaggschiffe der Print-Welt wie *Der Spiegel*, *Focus* oder *Die Zeit* dominieren auch den digitalen Informationsmarkt. Ähnliches gilt für die Renaissance des Newsletter-Journalismus. Es war *Der Tagesspiegel*, der mit dem »Checkpoint« den Anfangspunkt einer ganzen Reihe täglicher Angebote setzte, die aus klassischen Printredaktionen hervorgingen.

Das ist insofern wichtig hervorzuheben, als damit die nach wie vor wichtige Rolle des klassischen Journalismus allen Unkenrufen und Abgesängen zum Trotz deutlich wird. Die klassischen Gatekeeper haben zwar nicht mehr das Monopol, überhaupt erst zu entscheiden, welche Nachrichten in die Welt gelangen. Aber sie wirken nach wie vor stilprägend auf die Debattenkultur insgesamt. Was wir hier beherzigen, kann also nach wie vor eine Breitenwirkung entfalten. Gerade deshalb ist es so wichtig, dass der Journalismus seiner Verantwortung besser gerecht wird.

Ein kleines Beispiel liefert die Berichterstattung über einen Plan der FDP aus dem April 2024. »12 Punkte zur Beschleunigung der Wirtschaftswende« ist der Beschluss des Präsidiums der Liberalen überschrieben. Er provoziert eine naheliegende Frage: Was steht drin? Wird sie beantwortet? Leider kaum. Die Medienjournalistin Annika Schneider hat die Berichterstattung analysiert und kommt zu dem Ergebnis, dass die meisten Medien wenig Platz einräumen für die Darstellung der liberalen Pläne: »Statt die frisch beschlossenen Vorschläge erst einmal vorzustellen, ging es direkt in die Debatte: Reaktionen der Koalitionspartner, knackige Oppositionsstatements, routinierte Korrespondentenanalysen, ob die Ampel (mal wieder) kurz vor der Auflösung steht.« Ausgerechnet die *Bild* hatte mit acht der zwölf Punkte noch die breiteste Abdeckung geliefert, Nachrichtenformate wie *Tagesschau* oder *heute-journal* begnügten sich mit drei bis fünf Spiegelstrichen und konzentrierten sich stattdessen auf die Analyse vor allem entlang der Frage, ob der nächste große »Ampel-Krach« bevorsteht. »Hauptstadtjournalistinnen und -journalisten sind schnell drei Einordnungen weiter, bevor die Normalzuschauerin das Thema überhaupt mitbekommen hat. Was die Berliner Redaktionen brandheiß aufregt und beschäftigt, kommt im Rest der Republik gerne mal lauwarm-verspätet an und trifft nicht immer den Kern des Zuschauerinteresses«, kritisiert Schneider. Ist es die Freude am Spielerischen in der Politik, am Wettbewerb und Wettstreit? Ist es möglicherweise auch Gedankenfaulheit? Schließlich ist die inhaltliche Auseinandersetzung, das Erfassen, Verstehen und Vermitteln von Vorschlägen oft mühsamer, als das Reaktionsmikado zu spielen nach dem Muster: Wie reagiert Habeck, wenn Lindner etwas vorschlägt? Es ist im Grunde immer leichter zu erfahren, wie die Opposition etwa zu einer Krankenhausreform steht, als von den konkreten Vorschlägen selbst.

Wir brauchen eine Neujustierung von Nachrichtenwerten. Wofür gibt es »air time« beziehungsweise Schlagzeilen? Medien fühlen sich oft als Getriebene in der Frage, welche Themen gerade auf der Agenda stehen. Und unterschätzen dabei, wie stark sie selbst die Agenda bestimmen (können). Die Formulierung »Die Debatte über … geht weiter« ist in der Regel darauf zurückzuführen, dass Redaktionen selbst die Debatte weiterdrehen, indem sie den nächsten Politiker, die nächste Interessenvertreterin zum Statement oder Interview zu einem bereits laufenden Thema anfragen. Das kann eine souveräne Entscheidung sein, um ein Thema zu vertiefen. Viel zu oft ist es ein unproduktives Weiterdrehen der wortreichen Locken auf einer diskursiven Glatze.

Es gibt gerade im politischen Journalismus eine seltsame Suche nach Wortmeldungen aus der Politik, die nachrichtlich dann am besten wirken, wenn sie Erwartungsmuster brechen (und letztlich damit im journalistischen Sinne überaus erwartbar sind): Politiker, die ihre eigene Parteiführung oder Regierung kritisieren. Das Infragestellen von bereits Beschlossenem. Die »Tabubrecher« sind besonders willkommen. Es kommt nicht von ungefähr, dass diese Nachrichtenlogik noch besser an Wochenenden und in Ferienzeiten funktioniert, unterfüttert mit Statements aus der politisch zweiten Reihe, ganz nach der alten journalistischen Logik »Postbote beißt Hund«. Das mag irgendwie für die bunten Meldungen gehen, vom Journalismus, der die gesellschaftlichen Debatten prägt, dürfen wir mehr erwarten. Denn dass ein Publikum nach Content hungert, zeigt nicht zuletzt die Tendenz zu den langen Strecken, beispielsweise im wachsenden Podcast-Markt, bei dem sich die Gesprächsformate Zeit nehmen und selten die vordergründige Konfrontation suchen.

Journalismus muss raus aus der Inszenierungslogik: dem Aufführen und Wiederaufführen bekannter Konflikte. Womit wir bei den Fernseh-Polit-Talkshows wären. Die Kritik an diesen Runden ist so alt wie die Etablierung dieser Spielart des Diskurses im deutschen Fernsehen. Schon Edmund Stoiber beschwerte sich, die Themensetzung bei *Sabine Christiansen* bestimme die politische Agenda mehr als der Bundestag. Der Medienjournalist Michael Hanfeld bezeichnete ihre Sendung zum Abschied 2007 als ein »außerparlamentarisches Forum, das ein Direktorium war, von dem man sich schon jetzt fragt, wie es entstehen konnte«. Heute hinterfragt kaum noch jemand so grundsätzlich die Berechtigung dieser Debattenforen. Vielleicht aus schlichter Gewöhnung? Vermutlich liegt es eher daran, dass das Angebot breiter und damit auch besser geworden ist. Mit den Staffelstabübergaben von Frank Plasberg an Louis Klamroth wie auch von Anne Will an Caren Miosga haben sich die beiden *ARD*-Sendungen am Sonntag- und Montagabend weiterentwickelt. Und zwar in einem Sinne, der erst einmal vielversprechend wirkt. Es scheint wieder erkennbarer ein Hauch von Erkenntnisinteresse durch: Fragen, um etwas zu erfahren. Hier mehr Ruhe, um in kleiner Runde mit Gästen zu sprechen. Dort durchaus lebendige Konfrontation, aber eine neue und diverse Mischung von Themen und Gästen. Auch andere Talkshow-Formate haben sich in diesem Sinne erneuert. Vor einer pauschalen Talkshow-Kritik sollte man sich nicht nur deshalb zurückhalten, sondern auch angesichts der Tatsache, dass diese Form der politischen Auseinandersetzung nach wie vor ein Millionenpublikum erreicht. Nur heißt das noch lange nicht, dass nicht auch viele Zuschauerinnen und Zuschauer mit einer gewissen Ermüdung auf den immerwährenden Kreis der gleichen Gäste schauen dürften: der permanente Ringtausch einer verlässlichen Entourage aus Politikern, Journalistinnen und Experten, die sich von Maischberger über Lanz bis Illner die Klinke in die Hand geben. Gespräche werden dadurch erwartbar, weil Positionen und Haltungen bekannt sind. Es ist eine Casting-Logik, die Überraschungen vermeiden soll, weil die Protagonisten gleichsam entlang von Rollenmustern besetzt werden. Links, rechts, betroffen oder im Zweifel besoffen von der eigenen Wichtigkeit. Für die kollektive Pulsbeschleunigung gibt es regelmäßig Platz für das Enfant terrible: den »umstrittenen Intellektuellen« oder die querdenkende Philosophin.

Der Talkshow-Journalismus darf sich und auch seinem Publikum mehr zumuten: mehr neue Gesichter und damit auch ungetestete und neue Perspektiven (brauchen wir vielleicht eine – Achtung Trigger – »Neuen-Quote«?). Oder die Emanzipation von Themenkonjunkturen, also ein souveräneres Setzen von Themen jenseits der nächsten Sau, die durchs Debattendorf getrieben wird. Gespräche, in denen deutlich wird, dass diejenigen, die zusammensitzen, ernsthaft miteinander reden und einander zuhören, vielleicht sogar mit dem Ergebnis, sich von der Kraft neuer Argumente überzeugen zu lassen. Inhalt statt Show. Das gilt für Talkshows, aber es gilt auch für den politischen Journalismus insgesamt. So unterhaltsam all die Fragen sein mögen, die sich um Machtkämpfe, Führungsfragen, Intrigen und Indiskretionen drehen: Sie machen Politik zur Soap-Opera, zu einem Kartenhausspiel, in dem es am Ende wichtiger erscheint, wer welche Karriereziele verfolgt, wer Kanzler(kandidatin) werden will, wer sich mit welchen Bandagen innerparteilich durchsetzt, wer wem die Butter vom Brot zu nehmen versucht. Ist Politik so? Vielleicht. Oder: Bestimmt auch.

Aber sie ist eben auch viel mehr. Souveräner Journalismus darf seine investigative Kraft nicht darauf verschwenden, Politik wie einen großen Sportwettkampf zu betrachten. Es geht um Köpfe, aber auch um Positionen und politische Inhalte. Ohne Frage ist Journalismus auch so, weil wir alle so sind. Erzählungen funktionieren über die Dramatisierung möglicher Differenzen, über die Personalisierung von Politik. Sie funktionieren über die Sortierung der Welt in Archetypen. »If it bleeds, it leads.« Wenn es blutet, steht es auf der Titelseite, heißt es im englischsprachigen Journalismus. Nur ist auch das eine Frage des Maßes. Und letztlich eine Verantwortung der journalistischen Elite.

Verantwortung hat sie in vielerlei Hinsicht: Es geht auch darum, sich stärker davon zu emanzipieren, dass bestimmte Gruppen beziehungsweise Interessenverbände versuchen, die Agenda zu bestimmen. Sie tun dies täglich mit Pressekonferenzen oder der Präsentation von Studien. Besonders geschickt sind die Lobbys, die einen »Tag für …« etablieren und damit nicht selten journalistische Aufmerksamkeit generieren. Gerade im Bereich der – wie es so schön heißt – »organisierten Interessen«

stellt sich die Prüffrage: Ist die Aufmerksamkeit umso höher, je besser die Interessen organisiert sind? Inwieweit entspricht dies der Relevanz des Themas?

Wir brauchen mehr Fachjournalisten, weniger Beobachter des Prozesses. Wer in Themen zu Hause ist, braucht weder die freundlichen Hinweise der Lobby noch das Agenda-Setting der Politik, um die Wichtigkeit von Themen zu erkennen. Denn gerade in Letzterem liegt ein anderes großes Problem. Die Taktung der Politik – die Ankündigungen, hier oder dort tätig zu werden, hier einen Plan vorzulegen, dort einen Gesetzentwurf oder Sachstandsbericht – bestimmt allzu oft den Takt der Berichterstattung. Das ist legitim, sorgt aber auch für einen oft deprimierenden Wechsel aus Ankündigungsjournalismus (»Ziel pro Jahr: 400 000 neue Wohnungen«) und Defizitberichterstattung (»Wieder hat die Politik ihr Ziel deutlich verfehlt«). Überhaupt zeigt sich hierin ein ungesundes Erwartungsverhältnis zwischen Politik und Journalismus. Das, was von der Politik präsentiert wird, muss in sich stimmig, fertig durchdacht und widerspruchsfrei sein. Das journalistische Ziel besteht dann in erster Linie darin, diese Erzählung zu hinterfragen. Für das Publikum ergibt sich so ein selten erbauliches Deutungsgezerre. Debatten können auf diese Weise selten (ergebnis-)offen diskutiert werden. Wäre es nicht hilfreicher und ehrlicher angesichts der Komplexität der meisten heute zu treffenden Entscheidungen, die Politik aus der Erwartungshaltung zu entlassen, schon beim ersten Debattenaufschlag fertige Lösungen präsentieren zu müssen? Wäre ein Journalismus, der politische Vorschläge nicht ins Säurebad legt, sondern mit eigener Expertise Debatten begleitet, neue Impulse anstößt und konstruktiv wirkt, ein größerer Gewinn für die Gesellschaft?

Das setzt einen Journalismus voraus, der es seinen Machern erlaubt, tiefer einzusteigen. Wer länger dranbleibt an Themen, verfällt auch einer anderen Marotte des Journalismus nicht: dem notorischen Besserwissen, oder genauer: dem Bessergewussthaben. Man könnte es auch neutraler formulieren. Gelegentlich fehlt die Kohärenz der eigenen Berichterstattung. Wer nach dem Urteil des Bundesverfassungsgerichts ganz selbstverständlich von den »Haushalts-Trickserereien« der Ampel-Regierung sprach, mit der sie nicht durchgekommen sei, muss sich fragen, warum diese Analyse in der Breite nicht schon geliefert wurde, als dieser dann als verfassungswidrig eingestufte Haushalt aufgestellt wurde? Braucht es erst das Bundesverfassungsgericht oder hätte auch die eigene, auf Fachkenntnissen und Recherchen beruhende Urteilskraft zum Ergebnis kommen können, hier kann etwas nicht mit ganz rechten Dingen zugehen?

Es gibt sie natürlich nach wie vor: Journalistinnen, die nah dran sind und nah dran bleiben. Aber sie werden als Folge sinkender Auflagen und Werbeeinnahmen immer weniger, weil schlicht die Etats fehlen. Weniger Personal führt zu Arbeitsverdichtungen und damit zu weniger Tiefe, die gerade heute für eine klare Abgrenzung des Qualitätsjournalismus von all den anderen verfügbaren, digital in die Welt entlassenen Quellen notwendig wäre. Das gilt insbesondere für den Journalismus im Lokalen und Regionalen. Was die Produktion von Journalismus angeht, aber auch ihre schlichte Verbreitung. Im Osten Deutschlands, etwa in der Prignitz oder in Thüringen, haben erste Zeitungen aus Kostengründen damit aufgehört, den ländlichen Raum mit gedruckten Ausgaben zu beliefern. Wir machen uns Sorgen, wenn kein Bus mehr fährt auf dem Land. Wir sollten uns genauso Sorgen machen, wenn keine Zeitung mehr kommt.

Dass der journalistisch-mediale Debattenraum besser funktioniert, liegt insofern nicht nur in der Hand der Handelnden. Wir brauchen Strukturen, auf denen ein publizistisches Grundgerüst für eine gesunde Debattenkultur aufgebaut ist. Die entscheidende Frage wird sein, ob sich mit Journalismus genug Geld verdienen lässt. Noch scheint mehr als offen, ob digitale Abos und andere Bezahlmodelle in diesem Sinne genug abwerfen, zumal im Regionalen. Zumal angesichts der Tatsache, dass der Werbemarkt so massiv weggebrochen ist. Perspektivisch nicht ausschließen müssen wir andere, kollektive Finanzierungsformen. Sei es über eine öffentliche Subventionierung, wie sie zum Beispiel Luxemburg seit jeher betreibt, um einen eigenständigen Zeitungsmarkt gegen eine Dominanz der französischen oder deutschen Presse aufrechterhalten zu können. Und ohne durch diese, ja, Staatsfinanzierung nennenswerte Probleme mit der Pressefreiheit vermelden zu müssen. Denkbar wäre auch eine Nutzung der Rundfunkbeiträge zur Absicherung journalistischer Arbeit über *ARD*, *ZDF* und *Deutschlandradio* hinaus. Eine Art Flatrate für Qualitätsjournalismus.

Notwendig ist in jedem Fall eine gesellschaftliche Debatte: Was ist uns die mediale Öffentlichkeit wert? Welche Strukturen brauchen wir, damit wir einen verlässlichen und eben professionell begleiteten Debattenraum erhalten beziehungsweise überhaupt erst in einem konstruktiven Sinne neu etablieren? Was nicht länger geht: Dass wir gleichsam schulterzuckend zusehen, wie uns das Fundament eines demokratischen Diskurses langsam wegbröckelt. Denn klassischen Journalismus, also Menschen, die mit Handwerk, Kompass und Verantwortung Öffentlichkeit herstellen, brauchen wir längst nicht mehr nur auf den etablierten Verbreitungswegen im Print, Radio und Fernsehen. Sondern noch viel mehr als zivilisierende Kraft in den digitalen Debattenräumen.

Sortierung im Digitalen

Stellen wir uns einmal vor, wir könnten uns eine digitale Welt wünschen. Auf dem Reißbrett neu entwickeln, so als stünden wir am Anfang des Internets. Was auch immer dabei für Ideen auf den Tisch kämen, eines scheint sicher: Wohl niemand würde sich eine Welt wünschen, in der drei US-amerikanische Milliardäre und ein Konzern aus China die fast schon alleinigen Inhaber der Infrastruktur sind, mit der weltweit Informationen, Meinungen und Emotionen geteilt werden. Niemand würde ein Modell skizzieren, in dem die Algorithmen monopolisierter Konzerne wie Meta (Instagram, Facebook, WhatsApp), Alpha (YouTube, Google) oder ein Elon Musk als Besitzer von X einen ganz massiven Einfluss darauf hätten, wie sich mediale Öffentlichkeit im 21. Jahrhundert strukturiert. Dass die Vormachtstellung des Silicon Valley seit einiger Zeit mit TikTok vom chinesischen Bytedance-Konzern herausgefordert wird, wirkt wie eine bittere Pointe, die sich keiner erträumt haben dürfte.

Es gehört zu den wenig originellen, aber dennoch sehr treffenden und relevanten Analysen unserer Zeit: Viele Defekte unserer Debattenkultur werden durch Social Media verstärkt. Der digitale Raum der Debatte erscheint in einem Maße ungesund, dass viele darin sogar den Kern der Problematik sehen. Die Verkürzung und Emotionalisierung von Kommunikation, die Verstärkung von Meinungen in den Echokammern, von Algorithmen befeuerte Polarisierung der Auseinandersetzungen, das offene Tor für Verschwörungstheorien und Fake News. Müssten wir vor diesem Hintergrund nicht eigentlich groß denken und die Frage stellen: Kann es überhaupt gelingen, diese Defekte zu reparieren, ohne die beschriebene Dominanz zu brechen? Anders gefragt: Kann man mit Elon Musk, Mark Zuckerberg oder einem chinesischen Staatskonzern die Infrastruktur der sozialen Medien so aufstellen, dass wir die Debattenkultur ernsthaft und nachhaltig verbessern? Eher nicht.

Wir bräuchten nämlich Orte der digitalen Debatte, die frei von der Logik des Marktes funktionieren. Die nicht monopolistisch in wenigen Händen liegen, sondern einem Gemeinwohl verpflichtet sind. Beim einstmals neuen Massenmedium Radio und wenig später beim Fernsehen hat man schnell erkannt, wie es zur Manipulations- und Propagandamaschine werden kann, wenn zu viel Macht in wenigen Händen liegt. Man mag diesen

Gedanken angesichts der Skepsis gegenüber öffentlich-rechtlichen Anbietern kaum laut denken, aber wäre ein Social-Media-Netzwerk, das im öffentlichen Eigentum liegt, nicht eine adäquate Antwort? Man stelle sich vor, eine Allianz aus *BBC*, *Radio France*, dem US-amerikanischen *National Public Radio*, den Öffentlich-Rechtlichen aus Deutschland und anderen demokratisch verfassten Ländern hätte Twitter gekauft. Statt Hass und Hetze hätten sie klare Regeln etabliert und gelebt, die dem Austausch und nicht der Eskalation dienen. Wäre das ein Erfolgsmodell?

Überhaupt stellt sich die Frage: Passt die Logik von Tech-Konzernen zu den Anforderungen, die wir an ein soziales Medium stellen sollten? Die frühere Facebook-Managerin und Whistleblowerin Frances Haugen fürchtet, dass Elon Musk, der Mann, der Twitter wirklich gekauft hat, einem zentralen Missverständnis aufgesessen sei, nämlich Social Media neu aufstellen zu können wie die Produktion von E-Autos. »Er hat dummerweise geglaubt, dass Social Media ein ähnliches technisches Problem darstellt. Tatsächlich ist das Betreiben einer sozialen Plattform aber eher wie das Regieren einer Gesellschaft.« Würden wir uns – diesen Gedanken vor Augen – Elon Musk als Präsidenten wünschen? Oder Mark Zuckerberg?

Bleiben wir realistisch. Noch so kluge Ideen und Infragestellungen werden die Megamacht dieser Konzerne nicht von heute auf morgen ins Wanken bringen. Und deshalb ist es geboten, vor den großen Zerschlagungsideen über kleine, schnellere und direkter wirksame Maßnahmen nachzudenken. Denn manch kleiner Schritt kann erstaunliche Auswirkungen zeigen. Etwa wenn wir Menschen verpflichten, auf einen Link zu klicken und ihn sich anzuschauen, bevor sie ihn teilen können. »Tut man das, führt das zu 15 Prozent weniger Desinformation«, sagt Frances Haugen.

Eine andere Maßnahme könnte darin liegen, die großen Plattformen zu zwingen, direkte Link-Weiterleitungen zuzulassen –

und damit Traffic, die Klicks und damit auch potentielle Werbeeinnahmen auf andere Websites, etwa die von journalistischen Anbietern, umzuleiten. Wie wichtig das ist, zeigt eine Zahl: In der westlichen Welt generieren die drei größten Tech-Konzerne je nach Land zwischen 80 und 90 Prozent der gesamten digitalen Werbeeinnahmen. Wer Meinungen pluralisieren will, muss den Werbemarkt gerechter aufteilen. Der Medienwissenschaftler Martin Andree und der Medienrechtler Karl-Nikolaus Peifer denken darüber hinaus über die Einführung offener Standards auf allen Ebenen nach. »Man könnte so Follower und Inhalte nahtlos über Plattformgrenzen hinweg mitnehmen.« So wie man heute schon problemlos seine Telefonnummer behält.

Wir müssen qualitative Möglichkeiten der Interaktionen schaffen. Kommentarspalten und Likes auf Social Media sind selten befriedigend – und zwar für keine Seite. Diejenigen, die kommentieren, fühlen sich gerade bei großen Accounts oft verloren, manche versuchen in dieser Masse mit besonders lautem Auftreten gegen die Bedeutungslosigkeit anzuschreien und vergiften den Ton damit zusehends. Die anderen, die Community Manager etwa der Accounts von Medien, fürchten die Sisyphusarbeit. Der stets nach unten rollende Stein der nicht enden wollenden, selten konstruktiven Kommentierung. Statt der Quantität der schnellen Interaktionen brauchen wir mehr qualitative User-Formate, in denen sie zum Beispiel in kleineren Gruppen per Videokonferenz mit Medienmacherinnen und -machern in den Austausch kommen. Leser-Parlamente, in denen es zu einem fundierten und längeren Austausch kommt. Digitale Interaktionen, in denen Menschen real zur Geltung kommen und nicht in der Anonymität der Masse verschwinden. Die ersten Medien, die solche Formate entwickelt haben, machen damit gute Erfahrungen.

Es braucht im Großen und Ganzen eine starke öffentliche Kontrolle. Die EU hat hier bisher mehr als andere in der Welt angefangen, etwa mit dem Digital Services Act Maßstäbe zu setzen. Unzureichend im Detail, aber hoffnungsvoll im Prinzip: Eine politische Steuerung ist möglich. Ein wichtiger Baustein ist die Offenlegung der Algorithmen. Denn hierin liegen heute in einem kaum vorstellbaren Maße die Macht und die Grundprinzipien, wie wir miteinander kommunizieren. Wir wissen, dass der Fokus darauf liegt, die Anzahl der Klicks zu erhöhen, indem man mehr vom Gleichen – oder stärker noch – das Gleiche nochmal zugespitzter, emotionalisierter und im Zweifel radikaler in die Timeline gespielt bekommt. Wer antisemitische oder rassistische Inhalte konsumiert, wird im Zweifel mit noch krasseren Ressentiments versorgt. Es wäre technisch sehr einfach, diese Logik umzudrehen und den Fokus darauf zu legen, dass Menschen ein breites Bild bekommen. Wer zum Beispiel Posts anschaut, die den Konflikt in Nahost eher aus palästinensischer Seite erzählen, bekäme verstärkt Quellen eingespielt, die eine israelische Perspektive einnehmen.

Generell könnten wir uns zum Ziel setzen: So wie heute ganze Heerscharen von Menschen und zunehmend KIs Texte und Überschriften für Suchmaschinen optimieren, die so genannte Search Engine Optimization (SEO), brauchen wir eine Programmierung, eine SEO für die Debattenfähigkeit. Die Grundfrage wäre dann: Welche Inhalte müssten sich verbreiten, um Einseitigkeiten zu verhindern, Fake News herauszufiltern, Informationen zu liefern und die Kontroversen konstruktiv zu denken, etwa indem Lösungsansätze nach vorne gestellt würden.

Wer denkt, das alles ist illusorisch, wer meint, es gebe keinen Handlungsbedarf, unterschätzt nicht nur die Gefahren für einen guten Diskurs durch Social Media, wie es heute ist. Sondern übersieht auch die wachsende Fatigue, mit der Menschen auf soziale Medien schauen. Die Zeiten der persönlichen Bindung, die Zeiten, in denen man dank der Plattformen mit Menschen, die man vor allem aus dem analogen Offline-Leben kannte, in Interaktion trat, sind abgelöst durch ein Social Media, das immer mehr zur Abspielstation vielfach professionell erstellter Posts und Videos verkommen ist. Die Tendenz, Persönliches zu posten, ist rückläufig. Wie auch die Nutzung von Social Media insgesamt. Ist die Welt, die hier geschaffen wurde, doch zu künstlich, als dass sie die Resonanz auslösen kann, die wir brauchen?

Wenn es so ist, dürfte sich diese Entfremdung noch verstärken, wenn mehr und mehr Inhalte, die uns begegnen, nicht mehr menschen-, sondern maschinengemacht sind. »Wir steuern auf eine Deep-Fake-Welt zu«, warnt der Digitalunternehmer Rijul Gupta, der sich selbst zum unternehmerischen Ziel gesetzt hat, KI zu entwickeln und Manipulationen durch die KI zu entlarven. Er beschreibt damit eine der wahrscheinlich größten Herausforderungen seit der Erfindung des Internets: die Eroberung der menschlichen Welt durch die Maschinen. Die künstliche Intelligenz lässt sich in ihren Auswirkungen auf unseren Alltag heute bestenfalls erahnen. Aber eins ist schon jetzt klar: Die Notwendigkeit grundsätzlicher Regeln wird auch für den Debattenraum unerlässlich sein. Es wird darum gehen, Echtheit kenntlich zu machen. Bei Fotos und Videos, aber auch bei Stimmen. Die Europäische Union hat mit ihren Regeln für künstliche Intelligenz erste Maßstäbe gesetzt, indem sie Anbieter von KI-Systemen, die Bild-, Audio- oder Videoinhalte erzeugen oder manipulieren, die also einen Deep Fake darstellen, zur Offenlegung verpflichten.

Werden wir diese grenzenlos erscheinenden neuen Möglichkeiten in der Breite kontrollieren können? Wir sollten die Frage andersherum stellen: Ist eine Welt vorstellbar, geschweige denn wünschenswert, in der es keine Garantie mehr gibt auf die Richtigkeit, Echtheit und Verlässlichkeit von Informationen? Es könnte die zentrale Aufgabe von Journalismus – digital wie analog – sein, Garant zu sein für diese Echtheit.

Wir brauchen bessere Kompetenzen in der Auseinandersetzung mit Studien, vor allem in den Medien, aber auch in der Bevölkerung. Quellenkritik einüben, würden die Historikerinnen sagen. Doch so einfach ist es nicht. Denn: Von wem kann und darf man erwarten, dass er oder sie wissenschaftliche Studien so kritisch betrachten kann? Einen Mindeststandard sollte es dabei wohl geben: Woran erkennt man überhaupt, dass es sich um eine wissenschaftliche Studie handelt? Wie sehr wird das Vorgehen nachvollziehbar und die Methodik transparent gemacht? Was ist das Problem an rein online-basierten Umfragen, warum sind Wahlberechtigte nicht gleich »die Bevölkerung«, und wird ersichtlich, wer überhaupt die Befragten sind? Ab wann ist eine Studie repräsentativ? Und wie gewinnt man Teilnehmer für Umfragen?

In einer Zeit, in der wissenschaftliche Fakten und Erkenntnisse einen so großen Stellenwert in Politik und Gesellschaft einnehmen, Forderungen nach evidenzbasierter Politik lautwerden und zugleich durch Zweifel und auch offen vorgetragene Wissenschaftsfeindlichkeit infrage gestellt werden, müssen wir diese Kompetenzen besser verankern. Und im Unterricht in der Schule, in der Ausbildung von Journalisten und wohl auch in der Politik stärker für solche Fragen sensibilisieren. Nur so können wir bestmöglich sicherstellen, dass erschreckende oder sensationelle Nachrichten (die de facto eben meist keine sind) es nicht tagelang in die Schlagzeilen schaffen. Wo doch erschwerend die alte Regel gilt, dass eine Nachricht, kaum in der Welt, später bei weitem nicht mehr mit derselben Aufmerksamkeit wieder eingefangen werden kann. Zwei Beispiele sollen den Bedarf illustrieren und zeigen, dass dabei immer auch Wissenschaft selbstkritisch im Umgang mit Studien sein muss. Im Juni 2023 sorgte die folgende Schlagzeile für Furore: »Jeder dritte junge Mann findet Gewalt gegen Frauen okay.« Sie war in allen großen Medien zu finden, in Talk-Formaten im Radio, in Nachrichtensendungen im TV wurde darüber gesprochen und berichtet. Die Entrüstung war groß. In den *Tagesthemen* am Sonntagabend war die Meldung sogar der Aufmacher, also das erste Thema in der Sendung. Postwendend wurden politische Reaktionen gefordert. Die *Berliner Morgenpost* titelte: »Online-Umfrage zu Gewalt an Frauen schockiert – jetzt reagiert Faeser.« Am Tag nach dem Furor wurde bereits erste Kritik laut und zwar ebenfalls in fast allen großen Medien. Der *Deutschlandfunk* berichtete über »viel Medienecho für eine kleine Umfrage«, die *Berliner Zeitung* schrieb, »die Studie war nur eine Umfrage«, die erwähnte *Morgenpost* titelte »Kritik an Studie zur Männer-Gewalt: Das sagen Experten«, der *WDR* berichtete von »Diskussionen um Umfrage zur Männlichkeit« und *Spiegel Online* schrieb tags darauf »Homophob, frauenfeindlich, gewaltbereit – die Umfrage ›Spannungsfeld Männlichkeit‹ macht bundesweit Schlagzeilen. Doch mittlerweile wachsen Zweifel an der Belastbarkeit der Daten.« – Man fragt sich, warum das so abläuft? Hätte nicht bereits vor jeder ersten Meldung geprüft werden und auffallen müssen, dass eine rein online-basierte Umfrage dieser Art keine Studie und überdies nur eingeschränkt aussagekräftig ist? Konkret waren in der Umfrage knapp 1000 Männer und 1000 Frauen zwischen 18 und 35 Jahren zu verschiedenen Aspekten von Männlichkeit – etwa zum Thema Aufgabenverteilung im Haushalt und zum Umgang mit eigenen Gefühlen – befragt worden. Dazu hatten alle Teilnehmerinnen und Teilnehmer einen längeren Online-Fragebogen ausgefüllt. Die Macher der Umfrage erläuterten, dass diese insoweit repräsentativ sei, als bei den Teilnehmenden das Alter, die Region und der Bildungsstand berücksichtigt wurden – dies solle der Verteilung in der Bevölkerung entsprechen. Welche Persönlichkeitsmerkmale und Einstellungen die befragten Personen auszeichneten und ob sie damit ebenfalls repräsentativ für die deutsche Bevölkerung stehen, wurde nicht erhoben. Die

Daten für die Umfrage lieferte ein Marktforschungsinstitut aus Düsseldorf. Dort existiert eine eigene Datenbank (»Panel«) mit möglichen Umfrageteilnehmerinnen und -teilnehmern, die laut Website des Instituts per Online-Werbung, Mailinglisten, Zeitungsannoncen und via Telefon angeworben werden. Wer teilnahm, erhielt eine kleine Geldsumme.

Eines der vielen Probleme dieser Umfrage (beziehungsweise von deren Wahrnehmung) besteht im Umstand, wie Teilnehmerinnen und Teilnehmer gewonnen werden. Geschieht dies vor allem über Online-Banner, Newsletter oder Zeitungsanzeigen, führt dies dazu, dass sich vor allem Menschen mit hohem Mitteilungsbedürfnis zur Umfrage melden – ein Persönlichkeitsmerkmal. Es melden sich also »nämlich sehr wahrscheinlich die, die etwas zu sagen haben«. Das kann zu großen Verzerrungen führen. Daneben fand die Umfrage nur auf Deutsch statt und berücksichtigte das Thema Migrationsgeschichte nicht. Ein wunder Punkt. Laut einigen Presseberichten, sei dies angeblich vom Auftraggeber – Plan International Deutschland – nicht gewollt worden, weil man Vorurteile und Stereotype vermeiden wolle. Auch dies ein wunder Punkt im Design der Umfrage, der überdies neurechten und extrem rechten Medien Grund zu Verschwörungstheorien und zur Vermutung gab, dass hier bewusst etwas verschwiegen werde.

Einzig die Deutsche Presse-Agentur (*dpa*) entschied beim Bekanntwerden der Umfrage, nicht über diese zu berichten. *dpa*-Chef Homburger erläuterte dies später wie folgt: »Es ließen sich zentrale offene Fragen unter anderem zur Methodik der Erhebung und zur Validität der Daten nicht klären. Daher haben wir uns am Wochenende gegen eine Berichterstattung entschieden.« Es ist zu bedenken, dass die Dynamik eines unter hohem Druck stehenden Medienmarktes mit – zumal am Wochenende – spärlich besetzten Redaktionen in solchen Momenten Adhoc-Entscheidungen provoziert: Nachricht – ja oder nein. Es ist verständlich, dass Redaktionen bei berichtenswerten Dingen nicht hinterherhinken wollen, um nicht in den Verdacht zu geraten, nicht schnell genug berichtet zu haben. Aber das Beispiel macht deutlich: Wir brauchen bessere Kompetenzen im Umgang mit Daten, Studien und Umfragen und im Zweifel eben ein Pro für den Zweifel – zulasten der Veröffentlichung einer Nachricht, gemäß dem amerikanischen Nachrichten-Motto: »Get it first, but FIRST, get it RIGHT.« Das ist leicht gesagt, aber unabdingbar, wenn wir wegwollen von einer Öffentlichkeit voller Erregung und Gereiztheit. Diese Kompetenz brauchen wir daher nicht nur in den in den letzten Jahren ausgebauten Data-Science-Teams, wie Verlagshäuser wie *Die Zeit* oder *Der Tagesspiegel* sie inzwischen unterhalten, sondern in der Breite und gerade in der Aktualitätsberichterstattung, also im Kerngeschäft des Newsmaking.

Ein zweites Beispiel. Ende April 2024 sorgte eine andere Schlagzeile für Aufsehen: Die AfD – so ist in zahlreichen und in allen großen Medien zu lesen – sei nun auch bei jungen Leuten zwischen 14 und 29 Jahren deutlich erstarkt. Wieder berichteten Medien online und im Print – vom *Redaktionsnetzwerk Deutschland* über den *Tagesspiegel* bis zur *Welt*. Sie titelten, dass die Studie »Jugend in Deutschland 2024« einen »deutlichen Rechtsruck« in der jüngeren Generation zeige, es gebe »22 % – stark gestiegene Zustimmung zur AfD«, und in der *Welt* erläuterte man, dies sei »eine Tragödie, denn sie [die jungen Menschen] werden noch sehr lange wählen«. Anders als bei der eben erwähnten Umfrage dauerte es bei diesem Beispiel einen Moment länger, bis kritische Fragen zur Studie gestellt wurden. Am 16. Mai 2024, also rund zwei Wochen nach Veröffentlichung der Studie, titelte die *Tagesschau* online in einem »Faktenfinder«: »Verwirrung um AfD-Wahlbereitschaft von jungen Menschen.« Blickt man detaillierter auf die Kritik, wird deutlich, dass es hier schwieriger war, die Probleme der Studie und des Umgangs mit ihr zu identifizieren. Zunächst stammte die Studie von erfahrenen Wissenschaftlern. Unter ihnen der populäre Jugendforscher Klaus Hurrelmann. Daneben handelt es sich um eine jährlich erscheinende Studie, die aufgrund dessen gesteigertes Vertrauen genießt. So schrieb der *Stern*, die Studie gelte als »verlässliches Stimmungsbarometer«. Ein Punkt der Kritik ist identisch: Auch in der Studie »Jugend in Deutschland 2024« wurden die Teilnehmerinnen und Teilnehmer in einem Online-Access-Panel rekrutiert. Die Probleme bleiben dahingehend also identisch. Hinzu kommt die Frage, ob Anhängerinnen und Anhänger der AfD im Unterschied zu den Anhängern anderer Parteien verstärkt im Internet aktiv sind. Diese These vertritt unter anderem der Chef des Meinungsforschungsinstitutes Forsa, Manfred Güllner. Zumindest Studien zum Verhalten in sozialen Netzwerken erhärten diese Annahme. Katharina Schüller, Vorstandsmitglied der Deutschen Statistischen Gesellschaft, weist außerdem auf den Umstand hin, dass über die Jahre offenbar nicht weitgehend dieselben Personen befragt wurden, womit ein weiteres Potenzial zur Verzerrung gegeben sei, welches die Repräsentativität der Studie infrage stelle.

Doch neben der Rekrutierung der Teilnehmerinnen und Teilnehmer gab es im Kontext der Studie weitere Irritationen.

Die Berichte suggerierten, dass es sich bei den 22 Prozent Zustimmung zur AfD um »eine Verdopplung binnen eines Jahres« handele. Doch diese Aussage hält einer Überprüfung nicht stand, denn die 22 Prozent beziehen sich in der Studie nur auf jene unter den Befragten, die angaben, sicher zu wissen, wen sie wählen würden, und zugleich angaben, dass sie auch tatsächlich zur Wahl gehen würden. Und das macht – so schlussfolgerte die *Tagesschau* treffend – einen erheblichen Unterschied. Schaut man genau hin, antworteten 25 Prozent der Befragten mit »ich weiß es nicht« und weitere 10 Prozent gaben an, nicht wählen zu gehen. Von mehr als einem Drittel der Befragten war also die Parteipräferenz unbekannt. Konkret: »Von 2042 Befragten haben somit etwa 715 keine Partei genannt.« Wenn man nun die 22 Prozent nur auf jene Gruppe bezieht, die überhaupt eine Parteipräferenz geäußert hat, liegt der Anteil derer, die der AfD ihre Stimme geben würden, bei circa 14,3 Prozent – der Befragten mit Präferenz und eben nicht »aller jungen Menschen«. Zur Transparenz und Einordnung gehört an dieser Stelle die Information, dass auch bei dem von uns häufig herangezogenen ARD-Deutschlandtrend von Infratest dimap in der sogenannten Sonntagsfrage (»Wen würden Sie wählen, wenn am nächsten Sonntag Bundestagswahl wäre?«) die Anteile der unentschlossenen Wähler und Nichtwähler nicht einbezogen werden.

Die ausführliche und immer noch nicht alle diskutierten Mängel erwähnende Darstellung macht deutlich, wie viel Kompetenz es im Umgang mit Umfragen und Studien braucht. Eine einfache und kurze Internet-Recherche offenbart, dass Kritik und Auseinandersetzung mit der Studie nur schwer Fuß fassen können. Während man die ursprüngliche Schlagzeile überall weiterhin schnell finden kann, sucht man mühsam nach weiterer Kritik jenseits des erwähnten Faktenfinders der *Tagesschau*. *Die Zeit* titelte in etwa zur gleichen Zeit »Junge Wähler – ist die Jugend doch nicht rechts?«. *t-online* berichtete schon am 9. Mai über die Kritik des Forsa-Chefs Güllner. *Bild* griff den Hinweis unter der folgenden Überschrift ebenfalls auf: »Studie erschütterte Deutschland ++ Experte enthüllt Riesen-Fehler. Wichtige AfD-Umfrage komplett ›falsch‹.« Was genau an der Studie falsch war, ließ sich allerdings nur mit dem Bezahlabonnement in Erfahrung bringen. Ein weiterer Text des *Bayerischen Rundfunks* vom 16. Mai 2024 diskutiert die Kritik an der Studie. Ansonsten bis heute: gähnende Leere auf den ersten Seiten der Google-Trefferlisten. In der selbstkritischen Reflexion des *BR* kommt die Münchner Politikwissenschaftlerin Jasmin Riedl zu Wort, die unterstreicht, dass die Vergleichbarkeit nicht mehr gegeben sei, wenn unterschiedliche Personen an ihr teilgenommen haben. So könne der behauptete »Rechtsruck« nicht belegt werden. Zudem müsse man nach der Wahlentscheidung oder Wahlpräferenz auf derselben Ebene fragen – das heißt:

»Wen haben Sie bei der letzten Bundestagswahl gewählt und wen würden Sie wählen, wenn am kommenden Sonntag Bundestagswahl wäre?« Damit seien aber zum Beispiel Erstwählerinnen und -wähler außen vor. Auch andere Politikwissenschaftler hatten schon sehr viel früher die Studie und auch deren Autoren kritisiert. Auf der Plattform X beschäftigte sich unter anderem der Professor für Politikwissenschaft an der Universität Münster, Daniel Bischof, mit der Studie. Neben den genannten Punkten brachte er einen weiteren wichtigen Aspekt mit ein, der die Selbstkritik der Wissenschaft tangiert. Die Studie, so Bischof, sei nämlich für die Allgemeinheit, für die Öffentlichkeit überhaupt nicht in Gänze erhältlich. Das vorhandene Bezahlmodell sehe für die komplette Studie inklusive des Studienfragebogens und des kompletten Datensatzes Kosten von 990,00 Euro zuzüglich Mehrwertsteuer vor. Das widerspreche der Idee von Wissenschaft, die sich gerade durch die Transparenz ihrer Designs und Methoden überprüfbar macht.

Der Brückenschlag zum Thema »Follow the science« und zum Umgang mit Fakten wird hier offenkundig. Wenn Wissenschaft die selbst gesetzten Kriterien nicht einhält, wie soll man dann von anderen die Kompetenzen des Hinterfragens und Kritisierens erwarten? Zum Umgang mit Umfragen und Studien gehört jedoch auch eine andere Seite. Wissenschaftliche Erkenntnisse sind keine Meinungen, auch wenn dies immer wieder fälschlicherweise formuliert wird und auch wenn Wissenschaftlerinnen selbstverständlich auch eigene Meinungen haben. Landläufig kann man häufig lesen oder hören: »Der Wissenschaftler ist der Meinung, dass …«, oder Expertinnen werden befragt: »Sind Sie der Meinung, dass dieses oder jenes richtig war?« Meinung ist kein Kriterium wissenschaftlicher Erkenntnisfindung, vielmehr wertet es die erlangten Erkenntnisse ab. Selbstkritisch sei angemerkt, dass hier wohl jede Zunft Vertreter hat, die durch ihr Auftreten dieses Missverständnis befeuern.

Meinungen hat schließlich jede und jeder und häufig – wie wir alle selbst wissen – auch zu Themen, von denen man de facto wenig Ahnung hat. Doch während man Meinungen am Esstisch, im Büro oder andernorts auch einfach mal abtun oder ignorieren kann, sind wissenschaftliche Erkenntnisse darauf angewiesen, ernst genommen zu werden. Sie haben einen anderen Prozess des Entstehens, der Überprüfbarkeit und eine andere Funktion in der Gesellschaft.

Wir haben letztlich zu viele Meinungen auf dem Markt, die sich als gleichsam faktisches Expertenwissen ausweisen. Wir haben gleichzeitig gesamtgesellschaftlich zu wenig Kompetenzen im Umgang mit Studien und Daten, um den Überblick zu behalten, welche Aussagen valide sind und welche nicht. In der Folge droht die Gefahr, die wirklich dringenden Erkenntnisse wissenschaftlicher Studien aus dem Blick zu verlieren. Erscheinen alle seriösen Studienergebnisse ausreichend auf unserem Radar? Wer hat, etwa nachdem nun über die Gewalt gegen Politikerinnen und Politiker vielfach berichtet wurde, die Erkenntnisse zur Zahl rechtsextremer (Gewalt-)Taten an thüringischen Schulen rezipiert? Die Sozialpsychologin Pia Lamberty hat jüngst auf X darauf hingewiesen. Wir brauchen hier dringend mehr Sortierung, um die Grundlage zu haben für Debatten, die nicht nur die Behauptung erheben, faktenbasiert zu sein, sondern die es wirklich sind.

Debatten zurück in die Parlamente

Schon seit dem 19. Jahrhundert werden Parlamente als »Schwatzbuden« oder »talking shops« gescholten. Die Vorwürfe sind offensichtlich: Viel Gerede, wenig Output. Vieles sei Debattensimulation, weil doch vorher in Parteien und Fraktionen, vor allem aber innerhalb der Regierung längst die eigene Position verhandelt und festgelegt ist. Aber trotzdem gibt es sie, immer wieder, aber leider recht selten: die vielbeschworenen Sternstunden des Parlaments. Wenn der Bundestag über Sterbehilfe debattiert oder über die Regelung der Organspende, über die Ehe für alle, über das Abtreibungsrecht oder Präimplantationsdiagnostik. Auch die Entscheidung über die Frage, ob Parlament und Regierung in Bonn bleiben oder nach Berlin ziehen, war ein solcher Moment. Warum? Rein formal betrachtet waren diese »Gewissensentscheidungen« die seltenen Momente, in denen die Abgeordneten frei waren, also befreit von der Fraktionsdisziplin, die grundsätzlich im Parlament für klare Verhältnisse sorgt: hier Regierungsmehrheit, dort Opposition – eine Spielart des Parlamentarismus, die durch das Bundesverfassungsgericht ausdrücklich anerkannt ist.

Sternstunden sind diese Momente, weil in ihnen etwas Spannendes passiert: Das Parlament wird zu einem wahren Raum der Debatte: Abgeordnete bemühen sich im Vorfeld, Kraft der Argumente Mehrheiten zu organisieren. Sie nutzen die Rede im Parlament, um wirklich zu überzeugen, um für ihre Position zu werben. Sie inszenieren keinen Dissens, sondern leben ihn – im Plenarsaal transparent für eine Öffentlichkeit, die dadurch Politik als Prozess erlebt, der nicht bereits vorentschieden ist.

Warum nutzen wir diese Kraft der Parlamente eigentlich nur im Ausnahmefall, gerne bei (medizin-)ethischen Fragen, als seien nur sie es wert, das enge Gerüst der Partei- und Fraktionsdisziplin zu verlassen? Polit-Profis haben an dieser Stelle Antworten parat, die in der Zeit klarerer politischer Mehrheitsverhältnisse ihre Berechtigung hatten: eine konsequent liberalkonservative oder aber rot-grüne Politik braucht die verbindliche Absprache, das Sich-verlassen-Können auf die jeweiligen Partner. Heute aber erleben wir nicht nur auf Bundesebene mit einer Dreierkonstellation wie der Ampel, sondern auch auf der bunten Koalitionslandkarte der Landesebene – von Schwarz-Grün über eine SPD-Alleinregierung, Ampel- und Jamaikabündnisse, Rot-Grün bis hin zu Rot-Rot oder Tolerierungsmodellen wie in Thüringen – selten klare normativ-programmatische Allianzen. Kurzum: In all diesen Bündnissen muss viel mehr ausgehandelt werden als früher. Wir sollten dafür konsequenterweise das Gremium nutzen, das in der parlamentarischen Demokratie fürs Aushandeln erdacht wurde: das Parlament.

Man stelle sich vor, die gewichtigen Themen im Lande würden in offenerer Weise in den Parlamenten verhandelt. Zuerst mit Orientierungsdebatten, die den Möglichkeitsraum politischer Entscheidungen vorstrukturieren, mit Anhörungen, in denen Expertinnen und Experten zu Rate gezogen werden, bevor konkrete Gesetzentwürfe aus den Ministerien vorliegen. Mit offenen Debatten, in denen Fraktion und Abgeordnete versuchen, einander und damit auch die Öffentlichkeit zu überzeugen. Man stelle sich vor, wir hätten die Debatte um das Gebäudeenergiegesetz nach diesem Schema erlebt: zunächst ein vom Bundesministerium für Wirtschaft und Klimaschutz formuliertes Ziel (»Heizen muss bis 2045 klimaneutral sein«) als Ausgangspunkt eines offenen parlamentarischen Prozesses. Der Raum für das Für und Wider bestimmter Ansätze und begleitender Fragen wie etwa die nach dem notwendigen sozialen Ausgleich wäre gegeben gewesen, die Möglichkeit der politischen Spielchen und Intrigen sicherlich kleiner.

Selbstverständlich müsste man ein paar Spielregeln setzen: Koalitionsregierungen, insbesondere die kleineren Partner, brauchen Verlässlichkeit, dass sie nicht bei erstbester Gelegenheit mit Hilfe offener Mehrheiten ausgebootet werden. Grundsätzlich braucht es immer wieder von Minderheiten gepushte Projekte, um einen Dauermehltau großkoalitionärer Mitte-Mentalität aufzubrechen. Denkbar wäre ein in der Anzahl begrenztes Veto-Recht, etwa so: Fünf Mal pro Wahlperiode darf ein Koalitionspartner einfordern, dass auf eine offene Abstimmung verzichtet wird. Und natürlich müssten auch mit Blick auf den Haushalt Vorkehrungen getroffen werden, damit sichergestellt ist, dass Gesetze, die aus unterschiedlichen Mehrheiten erwachsen, im Etat gleichermaßen Berücksichtigung finden.

Mehr offene Abstimmungen, also: mehr Demokratie wagen in der Herzkammer der Demokratie, dem Parlament, wäre ein wichtiger Baustein, um die Debattenfähigkeit zu fördern und um Parlamente als Aushandlungsorte wiederzubeleben. Weil die Öffentlichkeit eine neue Ernsthaftigkeit und Relevanz erleben würde im politischen Prozess, würden Parlamentsdebatten schlicht auch interessanter. Weniger nötig wären damit stundenlange Koalitionsausschüsse bis tief in die Nacht. Aber würde das jemand ernsthaft vermissen? Umgekehrt: Würde es Parteien ihrer Traditionen, Werte, Ideologien und Markenkerne berauben? Würde es Parteien gar obsolet machen? Wir glauben nein. Es wäre eine weitsichtige Reaktion der Parteien auf die Entwicklungen unserer Zeit: die zunehmende Volatilität im Parteiensystem, dessen Fragmentierung, die zurückgehende Zahl der Stammwählerschaften und Parteibindungen und schließlich auf die Herausforderungen und Kompromisserfordernisse äußerst heterogener Koalitionsregierungen.

Würde man solche Vorschläge umsetzen, könnte das Reden im Parlament wieder erheblich mehr ein »Reden in Debatten« statt ein »Reden in Reden« werden. Die direkte Bezugnahme auf Argumente des anderen, eine tatsächliche inhaltliche Auseinandersetzung mit diesen wäre zwingend erforderlich. Auch in der heutigen Arbeit im Deutschen Bundestag, vor allem in der Arbeit der Ausschüsse, findet die Abwägung von Vor- und Nachteilen einer Vorlage statt. Kari Palonen bezeichnet daher den Bundestag als Mischform aus einem Arbeitsparlament und einem Debattenparlament. In Form konkurrierender Anträge von Regierung und Opposition werden in den Ausschüssen mögliche Alternativen diskutiert. Allerdings ist dort wie im Plenum des Bundestages eben klar, dass die Regierung eine eigene Mehrheit organisiert und einem Antrag der Opposition nicht zustimmen würde. Deren Antrag wird also vorgelegt, für ihn wird geworben, aber er hat in aller Regel keine Aussicht auf Erfolg. Diese Art der Darstellung von Alternativen kann daher im Debattenraum kurzfristig nur begrenzte Wirkung entfalten, auch wenn langfristig die Parteien damit ihr programmatisches Angebot – etwa auch für künftige Wahlen – präsentieren und schärfen. Es stimmt: Auf diese Weise werden die Positionen der Parteien sichtbar, aber sie gehen gerade nicht als echte Alternativen zueinander in die Debatte, weil sie nicht die gleiche Aussicht auf Erfolg haben. Hier setzt unser Vorschlag an. »Für das Verständnis der parlamentarischen Debatte ist entscheidend, ob dem Resultat der Abstimmung oder der ihr vorangehenden Debatte die höhere Bedeutung beigemessen wird«, sagt Palonen. Wir denken: Beides ist wichtig. Bürgerinnen und Bürger wünschen sich produktiven politischen Streit. Parteien sollen voneinander unterscheidbar sein, Alternativen aufzeigen, aber produktiv miteinander umgehen, denn vor allem Problemlösung ist eine zentrale Erwartung an Politik. Aber die Unterscheidbarkeit kann eben auch dann sichtbar bleiben, wenn die Abgeordneten in unterschiedlichen Themenfeldern unterschiedlich abstimmen. Warum erscheint es uns so unvorstellbar, dass in einer Partei und in einer Parlamentsfraktion Abgeordnete gemeinsame Werte und Überzeugungen teilen und doch in der konkreten Sache unter Umständen zu unterschiedlichen Ergebnissen kommen können? De facto wäre dies eine große Anerkennung: Wir trauen den Abgeordneten solche anspruchsvollen Debatten zu. Es wäre die Kombination aus dem freien Mandat der Abgeordneten und den gelebten gemeinsamen Vorstellungen und Werten in Parteien. Und es würde zudem der Tatsache Rechnung tragen, dass Parteien die großen Kompromissbedürfnisse komplexer Koalitionsmodelle ihrer Stammklientel häufig kaum vermitteln können.

Die Realität sieht jedoch anders aus: »Im Bundestag und in allen von ihm beschickten Gremien stimmen die Koalitionsfraktionen einheitlich ab. (…) Wechselnde Mehrheiten sind ausgeschlossen«, heißt es im Koalitionsvertrag der Ampelregierung. Nicht nur für die aktuelle Bundesregierung gilt: Wird abweichendes Abstimmungsverhalten vorher nicht rechtzeitig angezeigt, kann es zu weitreichenden Konsequenzen kommen. Bei der Vergabe fraktionsinterner Posten geht man leer aus, Redezeiten im Plenum werden unter Angehörigen der Fraktion anders verteilt und auch die eigene Aufstellung zur nächsten Wahl kann unter Umständen in Frage stehen.

Dabei liegt in schrittweisen Modernisierungen und Reformen der Zusammenarbeit ein echtes Potenzial für die Verbesserung der Debattenkultur. Denn es geht nicht nur um die konkreten Abstimmungen im Bundestag, sondern auch um das parteipolitische Miteinander im öffentlichen Diskurs. Dieses prägt nicht nur die Wahrnehmung von Politik bei Bürgerinnen und Bürgern, sondern wenn es um Sprache, Stil, Umgangston und die Fähigkeit zur Debatte geht, auch die politische Kultur des Landes insgesamt. Dabei spielt es eine Rolle, dass das Handeln nach Parteilogiken nicht selten als Unehrlichkeit wahrgenommen wird. »Etwas zu tun oder zu lassen, weil es die Partei verlangt, selbst wenn es einem unredlich erscheint, wird vom Wähler im Ganzen nicht goutiert. Dieses Denken hat sich überlebt, die Bürger sind bereit für die Zumutung einer Politik, die ohne derartige Inszenierungen auskommt«, schreibt etwa der Politikwissenschaftler Niklas Kleinwächter Anfang 2024.

In der Politikwissenschaft werden Vorschläge dieser Art schon länger diskutiert. Christian Stecker, Professor an der TU Darmstadt, gehört zu den prominentesten Verfechtern einer Reform des Regierungshandelns, die das Konzept wechselnder Mehrheiten (stärker) berücksichtigt. »Tatsächlich dürften Parlamentsdebatten diskursiver und weniger holzschnittartig sein, wenn nicht von vornherein klar ist, dass die immer gleichen Regierungsfraktionen gegen die immer gleichen Oppositionsfraktionen stimmen«, so Stecker. Er weist darauf hin, dass Koalitionen derzeit häufig aus so gegensätzlichen Partnern gebildet werden (müssen), dass sie nicht nur Gegensätze beinhalten, sondern auch schneller an verschiedenen Streitfragen zerbrechen könnten. »Der rigide Einigungszwang in Mehrheitskoalitionen und der gleichzeitige Ausschluss der Opposition« führe überhaupt erst dazu, dass politische Handlungsspielräume mehr als nötig eingeengt würden, so Stecker. Das Ziel müsse doch sein, »unauflösbaren Dissens« als »demokratischen Normalfall« anzuerkennen.

Er und auch andere Wissenschaftler schlagen neben den bereits erwähnten Orientierungsdebatten die Einführung von Agree-to-disagree-Klauseln in den beiden Varianten »in speech« und »in vote« vor. Die Idee dahinter: In Politikbereichen, in denen Kompromisse nicht erreichbar sind, können sich die Koalitionspartner in einer »niederschwelligen Lockerung von Koalitionsdisziplin zunächst freistellen, in öffentlicher Rede (›in speech‹) voneinander abzuweichen«. So wird vermieden, dass man entgegen eigener Grundüberzeugungen argumentieren muss. Die Profilschärfe der Parteien bleibt erhalten, auch wenn am Ende eine gemeinsame Abstimmung stattfindet. »Peinliche rhetorische Klimmzüge« würden auf diese Weise vermieden, so Stecker. Weitreichender ist die Variante »in vote«, bei der einzelne Partner anders votieren. Eine Variante ist, dass ein Koalitionspartner Anträgen aus der Opposition zustimmt. Auch wenn diese keine Mehrheit im Parlament finden, hat so die jeweilige Fraktion ihre inhaltliche Position deutlich machen können. Etwas weiter geht die eingangs beschriebene Variante, bei der Koalitionspartner auch Politikwechsel gegeneinander akzeptieren. Beispiele sind unter anderem aus der Koalition von Grünen und ÖVP in Österreich und auch aus Neuseeland bekannt.

Auch andernorts hat das Modell auf seine Art längst Schule gemacht. Im Europäischen Parlament – einem Parlament ohne Regierung beziehungsweise Regierungsmehrheit – wird ohne feste Koalitionen gearbeitet. Die in sich schon höchst heterogenen Fraktionen im Parlament werben als Fraktionen, die Abgeordneten in ihrer eigenen Rolle, für Mehrheiten innerhalb des Parlaments. »Es gelingt mir fast immer, im Agrarausschuss Mehrheiten zu finden. Mal mit dieser Fraktion, mal mit der anderen Fraktion – themenbezogen. Also ich habe im Grunde genommen noch nie so parlamentarisch gearbeitet wie hier«, berichtete der langjährige CSU-Europaabgeordnete Albert Deß im Interview mit dem *Deutschlandfunk*. Davon könnten wir uns einiges abschauen.

10 Vorschläge zum Kopfnicken und Kopfschütteln

Es gibt viele Gedanken und Ideen dazu, wie wir die Debattenfähigkeit in der Gesellschaft verbessern könnten. Einiges klingt wohlbekannt, vielleicht gar abgedroschen, vieles scheint uns selbstverständlich und wird doch nicht eingelöst. Aber was helfen all die Gedanken, wenn wir nicht auch wagen, konkret zu werden? Zum Abschluss wollen wir deshalb auf Basis unserer Überlegungen zehn konkrete Vorschläge machen. Es würde uns wundern, wenn sie keine Widerstände hervorriefen und Debatten provozierten. Aber was wäre ein Buch über Debattenkultur, das selbst keine Debatten auslösen würde?

1. Wir brauchen einen neuen Umgang mit politischen Umfragen. In anderen Ländern ist in den Wochen vor der Wahl die Veröffentlichung sogenannter »Sonntagsfragen« verboten. Viele Wählerinnen und Wähler achten – je näher der Wahltag rückt – verstärkt auf Umfragen. Sie sind vor Wahlen ein wichtiges Orientierungsangebot. Aber brauchen wir sie gefühlt täglich auch während der Legislaturperiode? Wir glauben nein. Denn nur so kann Politik erst einmal handeln, agieren und daran – unabhängig von situativen Zustimmungswerten – gemessen werden. Drehen wir es also um, beenden das tägliche gesellschaftliche Blutdruckmessen und erlauben Sonntagsfragen nur noch ab Beginn eines jeweiligen Wahlkampfes. Während der Legislatur sollten stattdessen nur noch fundierte Tiefenanalysen möglich sein.
2. Wir sollten neue gesellschaftliche Perspektivwechsel organisieren. Es geht dabei nicht um Ideen wie beim Gesellschaftsjahr (für junge Leute), bei dem in erster Linie auf Solidarität und den Dienst an der Gemeinschaft (»etwas zurückgeben«) verwiesen wird. Stattdessen sollte es um Einblicke in andere Lebenswelten, um ein besseres Verständnis für andere Perspektiven und Situationen gehen. Diesen

Austausch brauchen wir in allen Generationen. Wir stellen uns ein Perspektivwechsel-Programm für alle vor. Unterstützt von Arbeitgebern, gefördert von der Politik. Jede und jeder sollte drei oder vier Mal im Leben für zwei Monate neue Einblicke erhalten. Als Journalist im Ministerium Gesetzgebung mitgestalten. Als Bundesministerin in der Lokalredaktion arbeiten. Als Bundestagsabgeordnete bei der Bahn arbeiten oder eine Lehrkraft in einer berufsbildenden Schule unterstützen. Als Bürger im Bürgeramt oder bei der Bahn mitarbeiten, als Schüler im Bildungsministerium oder bei der Kultusministerkonferenz, als Manager in der Pflege mithelfen oder Sozialarbeiter in Schulen unterstützen oder als Wissenschaftlerin im Einzelhandel an der Kasse arbeiten. Wie neu könnten wir auf die Welt schauen, wenn solche Perspektivwechsel gewollt und unterstützt würden? Wie sehr könnte dies unsere Fähigkeit zur Debatte verbessern?

3. Wir brauchen ein Querschnitts-Schulfach »Demokratie, Medien und Information«. Zwei bis drei Stunden pro Woche. Fest verankert in allen Schulformen und allen Klassenstufen. Von der Einschulung bis zum Abschluss. Zeit, um zu lernen, Debatten zu führen und Regeln und Argumente anzuerkennen. Zeit, um zu begreifen, wie die Bevölkerung in einer Demokratie erfasst wird (ihre Einstellungen, wie sie erforscht werden, wie Umfragen und Studien funktionieren). Gelegenheit, Institutionenwissen zu stärken, aber vor allem fernab individueller und von Schule zu Schule unterschiedlicher Einrichtungen wie Klassenräten oder Schulparlamenten die Themen Teilhabe, Partizipation und politische Selbstwirksamkeit zu erleben. Das Schulfach böte die Möglichkeit, Medienkompetenz systematisch im Lehrplan zu verankern, Quellenkritik einzuüben und eine Informationsethik auszubilden, bis hin zum geschulten Umgang mit Fake News und KI. Allesamt The-

men, die auch anderen Schulfächern zugutekommen. Hierfür brauchen wir Scouts, fachlich ausgebildete Lehrkräfte. Es braucht also auch ein neues Fach in der Lehramtsausbildung oder mindestens eine umfangreiche Zusatzqualifikation zum Lehramtsstudium Politik oder ein weiterbildendes berufsbegleitendes Studium für Lehrkräfte im Beruf.

4. Wir brauchen auch außerhalb der Schule mehr politische Bildung. Der Umgang mit Krisen, die Fragen nach politischer Selbstwirksamkeit und Medienkompetenz sind Fragen aller Generationen. Häufig erreicht politische Bildung nur jene, die ohnehin schon interessiert sind. Wir brauchen eine finanzielle und personelle Stärkung der aufsuchenden politischen Erwachsenenbildung, aber auch Gratifikationsstrukturen. Wir brauchen zum Beispiel Erleichterungen beim bürokratischen Prozess in Sachen Bildungsurlaub, mehr Unterstützung durch Arbeitgeber und mehr Wertschätzung für die Teilnahme an solchen Aktivitäten etwa im Rahmen von Bewerbungsverfahren.
5. Wir schlagen die Einführung von Debattentagen vor. Einmal pro Halbjahr sollten wir miteinander produktiv streiten und diskutieren üben – ob in der Gemeinde auf dem Land oder in der Stadt. In Räumen, wie sie etwa das Projekt »Respektraum« anlegt. Freigestellt von der Arbeit, sollte jede und jeder an einem Debattentag pro Jahr teilnehmen können. Ein Vorbild könnten sogenannte »Social Days« sein, bei denen Unternehmen oder Behörden einen Tag lang soziale Projekte unterstützen. Themen, die man diskutieren könnte, gäbe es zweifelsohne reichlich.
6. Als kleine Schwester der großen und umstrittenen Idee des »konstruktiven Journalismus« schlagen wir einen »Tag der guten Nachrichten« in den Medien vor. Einen Tag lang sollte es – natürlich neben tagesaktueller News-Berichterstattung – in TV, Print, Radio und Online ausschließlich um Dinge gehen, die gut waren oder gut laufen. Um Dinge, die

funktioniert haben. Um Herausforderungen und Hürden von der Kommune bis zur Bundesregierung, die erfolgreich bewältigt wurden. Es könnte um erfolgreiche zivilgesellschaftliche Projekte gehen, um die Sichtbarmachung von Engagement, um technische Innovationen und Erfindergeist und um mögliche Lösungsansätze für vor uns liegende Aufgaben. Die Ziele: die Bekämpfung von News Avoidance. Neues sichtbar zu machen, das Bedürfnis nach »guten Nachrichten« in der Bevölkerung ernst zu nehmen, wodurch der journalistische Auftrag zur Kritik nicht beeinträchtigt wird. Medien sollen Menschen auch mit der düsteren Wirklichkeit konfrontieren. Aber wir brauchen neue Nachrichtenwerte, die auch Gutes, Gelingendes thematisieren.

7. Um die Debattenkultur zu stärken, sollten Medien wieder stärker auf partizipative Formate setzen. Das kann man groß und klein denken. Angefangen bei der Beteiligung von Bürgerinnen und Bürgern in Talkshows, wie sie z. B. über 25 Jahre in der *ZDF*-Erfolgsshow »Wie würden Sie entscheiden?« praktiziert wurde. Bis hin zu neuen Formaten, die Debattenkultur erlebbar machen. Was Tilo Jung und Friedrich Küppersbusch mit ihrem Format »Palastrevolution« für das zahlende Berliner Publikum im Admiralspalast ausrichten, sollte auf den Bildschirmen der Republik seinen Platz finden – als Live-Event und später in den Mediatheken. Mit sachkundigen Expertinnen und Experten, im echten Format einer »Pro- und Contra-Debatte«, mit wenig Inszenierung, dafür mit wirklichem Austausch.
8. Wir brauchen Ventile. Wie wäre es mit einer »Wut-Hotline«? Beim Berliner Radiosender »Kiss FM« gab es einst eine »Fuck you«-Hotline. Hörerinnen und Hörer konnten anrufen und »abkotzen«, »die Sau rauslassen« und mitteilen, über wen und warum man sich besonders geärgert hatte. Heute landet ein Großteil dieses »Fuck you« in wütenden Kommentaren oder selbstgedrehten Videos in den sozia-

len Netzwerken. 2015 erhielt der Sender viel Gegenwehr, als er das Konzept thematisch gezielt anders einsetzte: »Dein Fuck you! Gegen Ausländerfeindlichkeit« hieß es im August 2015, als täglich tausende Geflüchtete nach Deutschland kamen. Zahlreiche Schlagzeilen von »Anschlag auf Flüchtlingsheim in Marzahn« bis zu »Die gefährlichen Vorurteile über Flüchtlinge« illustrierten die Werbung. Heute ist die Hotline längst Geschichte. Aber wäre das nicht verlockend? Wie wäre es mit einem Gesellschaftsprojekt »Wut-Hotline«? Jeder kann anrufen und seiner Wut Luft machen. Schimpfen über die Bahn, über Klima-Kleber, über Reichsbürgeraufmärsche, über kaputte Straßen, zu niedrige Renten, über Baustellenlärm, Spielplätze im Innenhof, Radfahrspuren in der Innenstadt, über die zurückgenommene Homeoffice-Regel im Büro – alles darf drin sein. Dabei gelten vier Regeln: keine persönlichen Beleidigungen. Keine Wut und keinen Hass gezielt gegen Personen. Die wichtigste Regel: Jeder und jede von uns muss mal am anderen Ende der Hotline sitzen. Pro Monat eine Stunde Dienst an der Debattenfähigkeit unserer Gesellschaft. Welche Erfahrungen ließen sich sammeln, welche Lerneffekte beobachten? Man könnte lernen, Dinge nicht auf sich zu beziehen, sie nicht persönlich zu nehmen und andere Positionen auszuhalten. Erfahrungen mit Fremdem zu machen – fremde Themen, mit anderen Sichtweisen auf Probleme. Womöglich Nachfragen stellen, interessiert sein. Neue Perspektiven bekommen.

9. Wir brauchen kleine Regeln mit großer Wirkung für die Sozialen Medien. Eine Abschaffung der einfachen »Like«-Funktion. Eine Einschränkung des einfachen Teilens von Posts oder Tweets. Beide Funktionen, das Liken und Teilen, gehörten anfangs nicht zum Repertoire der ersten Anbieter wie Facebook oder Twitter. Der Like-Button bei Facebook wurde erst fünf Jahre nach Start des Netzwerkes 2009

eingeführt, der »Retweet-Knopf«, mit dem sich Inhalte massenhaft weiterverbreiten ließen, wurde im selben Jahr von Twitter eingeführt und 2012 von Facebook kopiert. Chris Wetherell, einer der Programmierer, die den Retweet- Knopf entwickelten, gab Jahre später zu Protokoll, wie sehr er bedaure, zu diesem Tool beigetragen zu haben: »Es war in etwa so, als würden wir einem Vierjährigen eine geladene Waffe geben.« Beide Funktionen führen zu oft zu einer undifferenzierten Verstärkung von Stimmungslagen und Eskalation von Debatten. Unsere Debatten sind zu komplex für schnelle Herzchen. Wir müssen uns die Mühe machen, Zustimmung oder Ablehnung in eigene Worte zu fassen. Wir brauchen in diesem Zusammenhang auch eine Pause-Taste. Eine Zeitverzögerung beim Posten von Kommentaren oder auch Antworten, die uns das geschriebene nach wenigen Minuten wiedervorlegen mit der Prüffrage: Wollen Sie wirklich, dass dieser Post online geht? Wie viel spontaner Furor könnte so eingedämmt werden.

10. Empört Euch! Der Aufruf des französischen Diplomaten Stéphane Hessel, der Anfang der 2010er Jahre große Resonanz fand, gilt heute nach wie vor, wenn es um die Skandale und Ungerechtigkeiten der Welt geht. Aber wir müssen ihn heute, nach einer Dekade unfruchtbarer, oft lauter, aber selten wirksamer Debatteneskalation um einen zweiten Imperativ ergänzen: Entspannt Euch! Wir brauchen die Empörung dort, wo aus ihr Kraft für kreative, nach vorne gedachte Antworten entsteht. Wir brauchen die Entspannung dort, wo uns die Empörung blockiert und in Gegensätzen verhärtet.

Dank

Dieses Buch hätte ohne die Begeisterung, die Unterstützung und die gedanklichen Anregungen von vielen Menschen nicht entstehen können.

Zuvorderst gilt dabei unser Dank unserem Lektor im Suhrkamp Verlag, Simon Lörsch. Er hatte Vertrauen in unsere Idee, dieses Buch in Co-Autorenschaft zu schreiben, und hat uns über all die Monate wunderbar begleitet. Dass unsere journalistischen und wissenschaftlichen Perspektiven und Schreibstile zu einer gemeinsamen Sprache gefunden haben, ist in besonderem Maße sein Verdienst.

Daneben danken wir nicht minder herzlich so vielen Gesprächspartnerinnen und Gesprächspartnern, die über die Zeit mit uns über unser Projekt nachgedacht, diskutiert und debattiert haben. Im Besonderen möchten wir hier nennen: Frank Ulbricht, Tilman Schwenke, das Publikum der re:publica 2024 sowie die Teilnehmerinnen und Teilnehmer des Workshops »Gesellschaft und Parteien in der Transformation« der Konrad-Adenauer-Stiftung.

Ein besonderer Dank gilt zudem unseren Arbeitgebern, dem Deutschlandradio und der Freien Universität Berlin, sowie Kolleginnen und Kollegen, die unser Projekt mit großer Neugierde begleitet, unterstützt und ermöglicht haben. Viele von ihnen waren Gedanken- und Impulsgeber, kritische Kommentatoren und motivierende Stimmen über Schreibblockaden hinweg.

Unser größter Dank aber gilt von Herzen unseren Familien und engsten Freunden, insbesondere Anneke Brinkhuis, Nele und Lea Frenzel sowie Dorothea, Fabian und Sebastian Frenzel. Außerdem Nike Wessel, Christina Faßbender, Anna Hoppen, Sabrina Strunk sowie Gabriele und Hubert Reuschenbach und Rosa und Heinz Jungbluth. Sie haben über Monate häufig auf uns verzichten müssen, sich dabei selten beklagt und zugleich uns und unser Projekt immer wieder aufs Neue und mit großer Überzeugung unterstützt.

Anmerkungen

1 Demokratie in der Depression

13 *ganze Regalmeter* – O.V., Wolfgang Schäuble kritisiert das Moralisieren der Klimaschützer und Gender-Politiker, in: Kurier, 12.1.2023, https://kurier.at/politik/inland/wolfgang-schaeuble-kritisiert-das-moralisieren-der-klimaschuetzer-und-gender-politiker/402289403.

14 *Polykrise* – Vgl. Adam Tooze, Zeitenwende oder Polykrise? Das Modell Deutschland auf dem Prüfstand, Willy Brandt Lecture, Schriftenreihe, H. 36, 2022, S. 13-32, https://willy-brandt.de/wp-content/uploads/bwbs-h36-online.pdf.

Erschöpfung

17 *zu Beginn des Krieges Russlands* – Vgl. Institut für Demoskopie Allensbach, Allensbacher Markt- und Werbeträger-Analyse (AWA), 2022.

18 *Wir sind das Volk* – Susanne Beyer/Eva-Maria Schnurr, Spiegel-Gespräch mit Andreas Wirsching und Christina Morina, in: Der Spiegel, 7/2024, S. 17.

20 *Die Zahl von Beleidigungen* – Vgl. Jost Maurer, Das Ende der Debattenkultur?, in: Zeitschrift für Politik, Jg. 67, 4/2020, S. 473-490.
Die Zahl der Ordnungsrufe – Vgl. Livia Gerster, Pöbelndes Parlament, in: Frankfurter Allgemeine Zeitung, 20.11.2022, https://www.faz.net/aktuell/politik/inland/debattenkultur-im-bundestag-poebelt-vor-allem-die-afd-18471259.html.
Allein im Jahr 2022 – Vgl. Ulrich Steinkohl, AfD wird oft gemaßregelt, in: Der Tagesspiegel, 21.1.2024, https://www.tagesspiegel.de/politik/afd-wird-oft-gemassregelt-parlamentsprasidenten-im-bundestag-erteilen-immer-mehr-ordnungsrufe-11084356.html.
unglaubliche Alkoholikerversammlung – Joschka Fischer, zitiert nach: Florian Fuchs/Andreas Nefzger, Unter Druck und an der Flasche, in: Süddeutsche Zeitung, 15.7.2011, https://www.sueddeutsche.de/karriere/alkoholismus-unter-politikern-unter-druck-und-an-der-flasche-1.1120397.
Wenn's schon kein Hirn – Vgl. Karl Stankiewitz, Franz Josef Strauß: Seine besten Sprüche, in: Münchner Abendzeitung, 4.9.2015, https://www.abendzeitung-muenchen.de/muenchen/franz-josef-strauss-seine-besten-sprueche-art-303691.
historische Analogien – Vgl. Deutscher Bundestag, Mit Florett und Holzhammer, 22.12.2009, https://webarchiv.bundestag.de/archive/2010/0427/dokumente/textarchiv/2009/28194056_kw01_schimpfen/index.html.

21 *Gurkentruppe* – Vgl. O.V., CSU-Generalsekretär nennt FDP »Gurkentruppe«, in: Der Spiegel, 7.6.2010, https://www.spiegel.de/politik/deutschland/nach-wildsau-vorwurf-csu-generalsekretaer-nennt-fdp-gurkentruppe-a-699198.html.

22 *deutlich kleinere Teile dieser Gruppe* – Vgl. ARD-DeutschlandTREND, No-

vember, 2023, https://www.infratest-dimap.de/umfragen-analysen/bundes weit/ard-deutschlandtrend/2023/november/ und ARD-DeutschlandTREND, Februar 2024, https://www.infratest-dimap.de/umfragen-analysen/bundes weit/ard-deutschlandtrend/2024/februar/
Polarisierungsunternehmer – Steffen Mau/Thomas Lux/Linus Westhäuser, Triggerpunkte. Konsens und Konflikt in der Gegenwartsgesellschaft, Berlin, 2023.
Grüne an die Ostfront – Irmengard Gnau, Grünen-Plakate mit Hassparolen beklebt, in: Süddeutsche Zeitung, 15.6.2023, https://www.sueddeutsche.de/muenchen/landkreismuenchen/garching-gruene-plakate-ueberklebt-parolen-hass-und-hetze-1.5934591.
zuallererst die Grünen – Vgl. O.V., Anzahl der politisch motivierten Angriffe gegen Parteirepräsentanten, Parteieinrichtungen und Wahlplakate in Deutschland nach Parteizugehörigkeit im Jahr 2023, 14.5.2024, https://de.statista.com/statistik/daten/studie/1202342/umfrage/straftaten-gegen-parteireprae sentanten/.

23 *Äußerungen früherer Bundestagsabgeordneter* – Vgl. Margret Jäger, Fatale Effekte. Die Kritik am Patriarchat im Einwanderungsdiskurs, Dissertation, Duisburger Institut für Sprach- und Sozialforschung, gescannte Internetausgabe, 2022, S. 78, http://www.diss-duisburg.de/wp-content/uploads/2022/09/Jaeger-Margret-1996-Fatale-Effekte.pdf; Siegfried Jäger, Das erschöpfte Boot, in: DISS-Journal, 3/1999, https://www.diss-duisburg.de/1999/05/das-erschopfte-boot/.
gesichert rechtsextrem – Vgl. O.V., https://www.amazon.de/gesichert-rechts extrem-Verfassungsschutz-Klassisch-Rundhals/dp/B0CQ7JTZH8, 16.2.24.
Ein-Thema-Partei – Vgl. Anna-Sophie Heinze, Die AfD wird 10, bleibt aber ausgegrenzt, in: Politikwissenschaftlicher Jahresrückblick 2023, Trierer Institut für Demokratie- und Parteienforschung, S. 19-21.

24 *Mainstreaming* – Jan Werner Müller, Das Mainstreaming der äußersten Rechten, in: Project Syndicate, 20.10.2023, https://www.project-syndicate.org/onpoint/populism-far-right-relies-on-mainstream-conservative-elites-by-jan-werner-mueller-2023-10/german
»jeden Tag Aschermittwoch« – Julia Reuschenbach, in: Wie geht Politik in ernsten Zeiten?«, ARD-Talk Caren Miosga, 3.3.2024.

25 *in zahlreichen anderen Ländern* – Vgl. Eric T. Hansen, Denk ich an Mursi, muss ich an Hitler denken, in: Die Zeit, 11.12.2012, https://www.zeit.de/politik/ausland/2012-12/demokratie-mursi-aegypten-usa-george-washing ton-npd/seite-2.

26 *von kundigen Demokraten* – Vgl. Gertrude Lübbe-Wolff, Wehrhafte Demokratie. Die Instrumente des Parteiverbots und der Grundrechtsverwirkung, in: VerfassungsBlog, 13.10.2023, DOI: 10.59704/e29627dcadaoaf10.
angesichts von Statusunsicherheiten – Beyer/Schnurr, Spiegel-Gespräch, S. 19.
ihre Freunde zu verlieren – Vgl. Christopher Clark, Wir erleben ein Wegbröckeln der Mitte, in: Deutschlandfunk Kultur, 4.12.2023, https://www.deutschlandfunkkultur.de/der-tag-mit-christopher-clark-wir-erleben-ein-wegbroeckeln-der-mitte-dlf-kultur-fde-100.html.

27 *vor allem um ihr Funktionieren* – Vgl. Frank Decker et al., Vertrauen in die De-

mokratie. Wie zufrieden sind die Menschen in Deutschland mit Regierung, Staat und Politik?, in: Friedrich-Ebert-Stiftung, Projekt Für ein besseres Morgen, Bonn, 2021, https://library.fes.de/pdf-files/fes/15621-20190822.pdf; Volker Best et al., Demokratievertrauen in Krisenzeiten. Wie blicken die Menschen in Deutschland auf Politik, Institutionen und Gesellschaft?, in: Friedrich-Ebert-Stiftung, Bonn, 2023, https://library.fes.de/pdf-files/pbud/20287-2023 0505.pdf; More in Common/Robert-Bosch-Stiftung e.V., Beziehungskrise? Bürger und ihre Demokratie in Deutschland, Frankreich, Großbritannien, Polen und den USA, Stuttgart/Berlin, 2021, https://www.bosch-stiftung.de/de/projekt/beziehungskrise.

fünf Milliarden Euro aus Bundesmitteln – Vgl. Bundesministerium für Bildung und Forschung (BMBF), Die Finanzen im DigitalPakt Schule, https://www.digitalpaktschule.de/de/die-finanzen-im-digitalpakt-schule-1763.html.

digitale Lernorte – Vgl. Hanna Kazmirowski, Warum es bei der Medienkompetenz in Schulen so langsam vorangeht, in: Mitteldeutscher Rundfunk (MDR), 22.12.2023, https://www.mdr.de/nachrichten/sachsen-anhalt/medien bildung-schule-digitalisierung-100.html.

28 *Vergeblichkeitserfahrungen* – Deutsche Hochschule der Polizei, »Motivation, Einstellung und Gewalt im Alltag von Polizeivollzugsbeamten – MEGAVO«, Zwischenbericht, 4.4.2023, S. 10, https://www.polizeistudie.de/wp-content/uploads/projekt-megavo-zwischenbericht-2023-04-04.pdf.

29 *76 Prozent der Befragten* – Bertelsmann-Stiftung, Problemlösungsfähigkeit von Politik, zitiert nach Statista, 2010, https://de.statista.com/statistik/daten/studie/161747/umfrage/vertrauen-der-deutschen-in-die-problemloesungs faehigkeit-der-politik/.

Kompetenzzuschreibung – Forsa, Umfrage: Politische Kompetenz zur Lösung der wichtigsten Probleme, zitiert nach Statista, 2024, https://de.statista.com/statistik/daten/studie/13080/umfrage/beurteilung-der-problemloesungskom petenz-der-parteien/.

30 *Unsere Aufmerksamkeitsspannen* – Vgl. Dörte Hinrichs, Leben in einer unübersichtlichen Welt, in: Deutschlandfunk, 14.3.2013, https://www.deutsch landfunk.de/leben-in-einer-unuebersichtlichen-welt-100.html.

31 *die Regierung selbst* – Vgl. Karl-Rudolf Korte, Regieren und Komplexität, in: Ders./Martin Florack (Hg.), Handbuch Regierungsforschung. Wiesbaden, 2020, S. 1-15, https://doi.org/10.1007/978-3-658-30074-6_13-1.

Handwerkliche Fehler – Vgl. ARD-DeutschlandTREND Mai 2023, https://www.infratest-dimap.de/umfragen-analysen/bundesweit/ard-deutschland trend/2023/mai/ sowie ARD-DeutschlandTREND, Juni 2023, https://www.infratest-dimap.de/umfragen-analysen/bundesweit/ard-deutschlandtrend/2023/juni/.

News Avoidance – Vgl. Mikko Villi et al., Taking a Break from News: A Five-nation Study of News Avoidance in the Digital Era, in: Digital Journalism, H. 10, (1), 2021, S. 148-164, https://doi.org/10.1080/21670811.2021.1904 266.

33 *Gewählte, keine Erwählten* – Willy Brandt, Regierungserklärung, 28.9.1969, 5. Sitzung des Deutschen Bundestages, Stenographischer Bericht, S. 34, https://dserver.bundestag.de/btp/06/06005.pdf.

35 *innere Stammtisch* – Ijoma Mangold, Der innere Stammtisch, Berlin, 2020.

Definition von Populismus – Statt vieler: Marcel Lewandowsky, Populismus, Elemente der Politik, Wiesbaden, 2022; Ders., Was Populisten wollen. Wie sie die Gesellschaft herausfordern – und wie man ihnen begegnen sollte, Köln, 2024.

37 *gelernte Gleichheitsnormen* – Vgl. Steffen Mau, in: Lage der Nation Podcast, Spezial: Wer spaltet unsere Gesellschaft?, Folge 369, 18.2.2024, https://lagedernation.org/podcast/ldn-spezial-wer-spaltet-unsere-gesellschaft-steffen-mau-soziologe/.

illiberaler Demokratien – Larry M. Bartels, Democracy erodes from the top, Princeton, 2023, S. 210ff.

38 *Kräfte der Mitte* – Vgl. Thomas Biebricher, Mitte Rechts. Die internationale Krise des Konservatismus, Berlin, 2023; Ders., Geistig-moralische Wende. Die Erschöpfung des deutschen Konservatismus, Berlin, 2022.

offene Sympathiebekundungen – Vgl. Katja Thorwarth, »Dem linken Mainstream entgegensteuern«: CDU-Politiker wollen das Soziale mit dem Nationalen versöhnen, in: Frankfurter Rundschau, 23.5.2023, https://www.fr.de/meinung/linken-mainstream-entgegensteuern-cdu-politiker-wollen-nationale-sozialen-versoehnen-12580322.html.

39 *Strategie einer »Accomodation«* – Vgl. Werner Krause/Tarik Abou-Chadi/Dennis Cohen, Does accomodation work? Mainstream party strategies and the success of radical right parties, in: Political Science Research and Methods, 11, (1) 2023, S. 172-179; Marcel Lewandowsky/Aiko Wagner, Fighting for a Lost Cause? Availability of Populist Radical Right Voters for Established Parties. The Case of Germany, in: Representation, 2022, S. 1-28.

mitte-links-Kräfte, die – Vgl. Peter Nedergaard, Zurück zu den Wurzeln: Warum fordert die dänische Sozialdemokratie eine restriktive Einwanderungspolitik?, in: Friedrich-Ebert-Stiftung Ungarn, Q&A. Europäische Debatten zum Thema Migration, Kopenhagen/Budapest 2018, https://library.fes.de/pdf-files/bueros/budapest/14497.pdf; Roland Atzmüller, Renationalisierung der Sozialpolitik. Die Zerstörung gesellschaftlicher Solidarität durch autoritären Populismus und neue Rechte, in: Sigrid Betzelt/Thilo Fehmel (Hg.), Deformation oder Transformation? Analysen zum wohlfahrtsstaatlichen Wandel im 21. Jahrhundert, Wiesbaden, 2022, S. 25-47, https://link.springer.com/chapter/10.1007/978-3-658-35210-3_2.

Post bei »X« – Vgl. Jens Spahn, Posting auf X, 1.10.2023, https://x.com/jensspahn/status/1708509832980963514; Guy Chazan, German far-right leader hails Brexit as ›model for Germany‹, in: Financial Times, 22.1.2024, https://www.ft.com/content/5050571e-79f9-4cb7-991c-093702ec8833.

40 *Postpolitik* – Colin Crouch, Postdemokratie, Berlin 2008; Ders., Postdemokratie revisited, Berlin, 2021.

42 *es läuft doch weitestgehend* – Vgl. ARD-DeutschlandTREND, August 2019,

https://www.tagesschau.de/inland/deutschlandtrend-1753.pdf; Markus Tausendpfund, Zufriedenheit mit der Demokratie: ein Blick auf die Einstellungen der wahlberechtigten Bevölkerung von 1977 bis 2016, in: Informationsdienst Soziale Indikatoren, H. 60, S. 29-35, https://doi.org/10.15464/isi.60.2018.29-35.

unsere westliche Demokratie – Daniel Sturm, Andreas Voßkuhle über die AfD: »Die Köpfe dieser Partei wollen eine grundsätzliche Systemveränderung«, in: Der Tagesspiegel, 28.12.2023, https://www.tagesspiegel.de/politik/andreas-vosskuhle-im-gesprach-wer-die-demokratie-abschaffen-will-hat-uns-zum-gegner-10948225.html.

43 *große Unsicherheit und Unwissenheit* – Vgl. Thomas Petersen, Debatte am Bürger vorbei, Institut für Demoskopie Allensbach Dokumentation, Nr. 148, 29.6.2023, https://www.ifd-allensbach.de/fileadmin/kurzberichte_dokumentationen/FAZ_Juni_Wahlrecht.pdf.

so nicht existiert – Vgl. Jan Kaßner/Norbert Kersting, Neue Beteiligung und alte Ungleichheit? Politische Partizipation marginalisierter Menschen, in: vhw Schriftenreihe, H. 22, Berlin, 2021, https://www.vhw.de/fileadmin/user_upload/08_publikationen/vhw-schriftenreihe-tagungsband/PDFs/vhw-Schriftenreihe_Nr._22_Politische_Partizipation_maginalisierter_Menschen.pdf; Armin Schäfer, Nichtwählerinnen und Nichtwähler in Deutschland, Münster, 2018, https://www.armin-schaefer.de/wp-content/uploads/2018/10/Kapitel-Sch%C3%A4fer.pdf.

44 *Wissen zu transportieren* – Erkenntnisreich dazu: Daniela Braun/Markus Tausendpfund, Politisches Wissen und Europawahlen, in: Bettina Westle/Markus Tausendpfund (Hg.), Politisches Wissen, Wiesbaden, 2019, S. 207-236.

politisch nicht anständig – So etwa der damalige Berliner CDU-Generalsekretär Stefan Evers, vgl. Katja Thorwarth, Berliner CDU fürchtet sich vor »Wahl-Klau« durch SPD und Grüne, in: Frankfurter Rundschau, 10.2.2023, https://www.fr.de/politik/berlin-wahl-cdu-fuerchtet-sich-vor-wahlklau-durch-spd-gruene-bz-bild-springer-92080118.html; oder auch der frühere CDU-Bundesvorsitzende Armin Laschet, der die Idee einer Fortsetzung einer rot-grün-roten Koalition in Berlin als »politisch nicht anständig« bezeichnete, vgl. ZDF Berlin Direkt, 26.2.2023, https://www.zdf.de/politik/berlin-direkt/laschet-waehlerwille-niederlage-koalition-bund-berlin-100.html.

45 *zahlenmäßig stärkste Partei* – Unter anderem bei der Landtagswahl in Baden-Württemberg im Jahr 2011, bei der Bürgerschaftswahl in Hamburg im Jahr 2001, zudem bei den Bundestagswahlen 1969, 1976 und 1980 sowie bei der Wahl in Bremen 2019 und der Landtagswahl in Niedersachsen 1955.

46 *mit alten Logiken* – Vgl. Helene Bubrowski, Die Fehlbaren. Politiker zwischen Hochmut, Lüge und Unerbittlichkeit, München, 2023; Christoph Seils, Für eine neue Fehlerkultur in der Politik, in: Der Tagesspiegel, 4.2.2022, https://www.tagesspiegel.de/politik/entschuldigung-das-lief-leider-schlecht-4305871.html.

47 *Zweifel an der Durchsetzbarkeit* – Vgl. Philip Brost, Bund verzichtet auf Klage gegen Scheuer, in: Tagesschau, 28.12.2023, https://www.tagesschau.de/inland/gesellschaft/scheuer-pkw-maut-110.html#:~:text=Kosten%20durch%20geplatzte%20Pkw%2DMaut%20Bund%20verzichtet%20auf%20

Klage%20gegen%20Scheuer&text=Die%20geplatzte%20Pkw%2DMaut%20kostete,nicht%20gegen%20Scheuer%20zu%20klagen.
Nonpology – Robert M. Eisinger, The Political Non-Apology, in: Social Science and Public Policy, H. 48, 2011, S. 136-141, https://link.springer.com/article/10.1007/s12115-010-9409-0.
Verwendung des Begriffes Sozialtourismus – Vgl. Uli Hauck, Merz rudert nach Kritik zurück, in: Tagesschau, 27.9.2022, https://www.tagesschau.de/inland/merz-ukraine-fluechtlinge-deutschland-103.html.
autistische Züge – Vgl. O.V., »Autismus-Vergleich« tut mir sehr leid, in: ZDF, 30.5.2024, https://www.zdf.de/nachrichten/politik/deutschland/strack-zimmermann-scholz-autismus-vergleich-entschuldigung-100.html.

48 *Margot Honecker* – Vgl. Caren Miosga, 3.3.2024.
Modell des Policy-Cycle – Vgl. Steve Jacob, Evaluation and Policy Evaluation, in: Minna van Gerven et al. (Hg.), Encyclopedia of Public Policy, Wiesbaden, 2023, Kap. E, S. 1-9.
häufig nicht aufgegriffen – Vgl. Hellmut Wollmann, Zur (Nicht-)Verwendung von Evaluationsergebnissen in Politik und Verwaltung. Eine vernachlässigte Fragestellung der Evaluationsforschung, in: Sabine Kropp/Sabine Kuhlmann (Hg.), Wissen und Expertise in Politik und Verwaltung, der moderne staat, Sonderheft 1, 2014, S. 87-102; Fritz Sager et al. (Hg.), Politikevaluation. Eine Einführung, Wiesbaden, 2021.

Unübersichtlichkeit

49 *Zukunft der liberalen Demokratie* – Christoph Möllers, Das Ende gleicher Freiheit?, in: Frankfurter Allgemeine Zeitung, 29.2.2024, https://www.faz.net/aktuell/feuilleton/buecher/veith-selks-demokratiedaemmerung-19554753.html.
Ende der Demokratie – Veith Selk, Das Ende der Demokratie, Berlin, 2024.
Auf und Abs der Demokratiegeschichte – Verwiesen sei an dieser Stelle auf die (geschichtswissenschaftliche) Kontroverse um das 2020 im Beck Verlag erschienene Buch »Demokratie. Eine deutsche Affäre« der Münchner Historikerin Hedwig Richter.

56 *von einer selbstverständlichen Repräsentanz* – Erstmals der damalige Bundesinnenminister Wolfgang Schäuble, später u.a. Bundespräsident Christian Wulff mit ihren Aussagen »Der Islam gehört zu Deutschland«.
weniger Reibungspunkte – Vgl. Oliver Trede, Zwischen Misstrauen und Integration. Gewerkschaften und Arbeitsmigration in der Bundesrepublik, in: Deutschland Archiv, 26.8.2016, https://www.bpb.de/themen/deutschlandarchiv/232789/zwischen-misstrauen-und-integration/; Roberto Sala, Vom »Fremdarbeiter« zum »Gastarbeiter«. Die Anwerbung italienischer Arbeitskräfte für die deutsche Wirtschaft (1938-1973), in: Vierteljahrshefte für Zeitgeschichte, 1, 2007, https://www.ifz-muenchen.de/heftarchiv/2007_1_4_sala.pdf.
von Öffentlichkeiten sprechen – Vgl. Simone Jung/Victor Kempf (Hg.), Entgrenzte Öffentlichkeit. Debattenkulturen im politischen und medialen Wandel, Bielefeld, 2023.

57 *Austausch vernünftiger Argumente* – Vgl. Jürgen Habermas, Strukturwandel

der Öffentlichkeit. Untersuchungen zu einer Kategorie der bürgerlichen Gesellschaft, Frankfurt a.M., 1962.

59 *in den vordigitalen Debattenräumen* – Vgl. Sophie Schönberger, Zumutung Demokratie. Ein Essay, München, 2023, S. 52.
Marktplatz der Republik – Jüngst unternimmt etwa Karl-Rudolf Korte mit dem Bild des »Wochenmarktes« den Versuch, die Wählermärkte in Deutschland neu zu kartieren, vgl. Ders., Wählermärkte. Wahlverhalten und Regierungspolitik in der Berliner Republik, Frankfurt a.M./New York, 2024.
Frauengruppen – Vgl. Kirsten Heckmann-Janz, Ein Tomatenwurf als »Funke im Pulverfass«, in: Deutschlandfunk, 13.9.2018, https://www.deutschlandfunk.de/vor-50-jahren-ein-tomatenwurf-als-funke-im-pulverfass-100.html.

60 *keinen Absolutionscharakter* – Vgl. Julius Stucke, Weiße Unterstützung für eine schwarze Bewegung. Die Bewegungsforscherin Nicole Hirschfelder im Gespräch, in: Deutschlandfunk Kultur, 2.6.2020, https://www.deutschlandfunkkultur.de/black-lives-matter-weisse-unterstuetzung-fuer-eine-schwarze-100.html.

61 *Andreas Reckwitz* – Vgl. Andreas Reckwitz, Die Gesellschaft der Singularitäten. Zum Strukturwandel der Moderne, Berlin, 2017.
konkret für den Einzelnen – Vgl. Sophie Schönberger, Zumutung Demokratie, S. 20ff.

62 *Reaktion auf Ungerechtigkeiten* – Francis Fukuyama, Identität. Wie der Verlust der Würde unsere Demokratie gefährdet, Hamburg, 2019, S. 135.
Refeudalisierung – Sandra Kostner/Christof Roos, Identitätspolitik als neue Dynamik im Strukturwandel der Öffentlichkeit, in: Ein neuer Strukturwandel der Öffentlichkeit? Leviathan, Berliner Zeitschrift für Sozialwissenschaft, Sonderband 37, 2021, S. 227.
Gruppenzugehörigkeitslogiken – Vgl. ebd., S. 243.
Stammesdenken – Susan Neiman, Links ist nicht woke, Berlin, 2023.

63 *Idee vom gesellschaftlichen Zusammenhalt* – Vgl. Jan-Werner Müller, Verlieren ist auch eine Chance, in: Die Zeit, Nr. 36, 2023, https://www.zeit.de/2023/36/konflikte-demokratien-spaltung-zusammenhalt.
Wenn jeder an sich denkt – Vgl. Jan Skudlarek, Wenn jeder an sich denkt, ist nicht an alle gedacht. Streitschrift für ein neues Wir, Stuttgart, 2023.

64 *im »unten« gegen »oben«* – Vgl. Steffen Mau, Lage der Nation Podcast, 2024.
Bowling Alone – Robert D. Putnam, Bowling Alone. The Collapse and Revival of American Community, New York, 2000.

65 *positiven Zusammenhang* – Vgl. Anton Jäger, Hyperpolitik. Extreme Politisierung ohne politische Folgen, Berlin, 2023, S. 37f.
Die sozialintegrative Kraft – Vgl. Jürgen Habermas, Theorie des kommunikativen Handelns, Band 2, Zur Kritik der funktionalistischen Vernunft, Frankfurt am Main, 1981.

66 *insbesondere jüngere Generationen* – Vgl. Jamie Ballard, Millennials are the loneliest generation, 30.7.2019, https://today.yougov.com/society/articles/24577-loneliness-friendship-new-friends-poll-survey?redirect_from=%2Ftopics%2Flifestyle%2Farticles-reports%2F2019%2F07%2F30%2Floneliness-friendship-new-friends-poll-survey; Das Progressive Zentrum (Hg.), Extrem einsam? Die demokratische Relevanz von Einsamkeitserfahrungen unter

Jugendlichen in Deutschland, Berlin, 2023, https://www.progressives-zentrum.org/wp-content/uploads/2023/02/Kollekt_Studie_Extrem_Einsam_Das-Progressive-Zentrum.pdf.
Einsamkeitsbeauftragte – Vgl. Bundesministerium für Familien, Senioren, Frauen und Jugend, Presseinformation, 13.12.2023, https://www.bmfsfj.de/bmfsfj/themen/engagement-und-gesellschaft/strategie-gegen-einsamkeit-20 1642; Bezirksamt Berlin-Reinickendorf, Presseinformation, 16.2.2024, https://www.berlin.de/ba-reinickendorf/politik-und-verwaltung/beauftrag te/einsamkeit/artikel.1416237.php.
Komplexitätsreduzierung – Vgl. Anton Jäger, Hyperpolitik, S. 47.

67 *Instantdenkweisen* – Vgl. ebd.

68 *sehr wichtig nehmen* – Vgl. Susanne Beyer/Eva-Maria Schnurr, Spiegel-Gespräch, S. 19.
zunehmenden Egoismus – Vgl. More in Common (Hg.), Zukunft, Demokratie, Miteinander: Was die deutsche Gesellschaft nach einem Jahr Preiskrise umtreibt, Berlin, 2023, https://www.moreincommon.de/media/3zblrdql/more_in_common_studie_preiskrise_zusammenhalt.pdf; Bundesministerium für Bildung und Forschung (Hg.), Studie: Zukunft von Wertevorstellungen der Menschen in unserem Land, Berlin, 2020, https://www.vorausschau.de/SharedDocs/Downloads/vorausschau/de/BMBF_Foresight_Wertestudie_Kurzfassung.pdf?__blob=publicationFile&v=1.

Apathie

69 *Politische Selbstwirksamkeit* – Berliner Institut für Partizipation, Der Wunsch nach Wirksamkeit, o.J., https://www.bipar.de/der-wunsch-nach-wirksam keit/.

70 *erstmals wieder so hoch* – Vgl. Thomas Petersen, Debatte am Bürger vorbei, 29.6.2023.
Selbstwirksamkeit in Deutschland – Vgl. Das Progressive Zentrum, Extrem einsam?, Berlin, 2023; Vodafone-Stiftung (Hg.), Hört uns zu! Wie junge Menschen die Politik in Deutschland und die Vertretung ihrer Interessen wahrnehmen, Düsseldorf, 2022, https://www.vodafone-stiftung.de/wp-content/up loads/2022/04/Jugendstudie-2022_Vodafone-Stiftung.pdf.
bildungsferne Menschen – Vgl. u.a. Lea Elsässer/Svenja Hense/Armin Schäfer, »Dem Deutschen Volke«? Die ungleiche Responsivität des Bundestags, in: Zeitschrift für Politikwissenschaft, 27 (2017), S. 161-180.
Die Befunde – Vgl. Vodafone-Stiftung, Hört uns zu!, 2022.
Kampf gegen Windmühlen – Vgl. Julius Betschka, »Nicht das Gefühl, Politik beeinflussen zu können«: Warum Jüngere die Proteste gegen Rechtsextremismus weniger unterstützen, in: Der Tagesspiegel, 10.2.2024, https://www.tagesspiegel.de/politik/warum-jungere-die-proteste-gegen-rechtsextremis mus-weniger-unterstutzen-11180803.html.

71 *Repräsentationsdefizite* – Eindrucksvoll dazu auch Armin Schäfer/Michael Zürn, Demokratische Regression, 2021.

76 *Halbzeit der Legislatur* – Vgl. Bertelsmann Stiftung (Hg.), Mehr Koalition wagen. Halbzeitbilanz der Ampel-Koalition zur Umsetzung des Koalitionsvertra-

ges 2021, Gütersloh 2023, https://www.bertelsmann-stiftung.de/de/publikationen/publikation/did/mehr-koalition-wagen-1.
kurzen historischen Moment – Francis Fukuyama, The End of History and the last man, London, 1992.

77 *apathische Rolle* – Colin Crouch, Postdemokratie, S. 10.

78 *Die Politik dringt wieder ins Private* – Anton Jäger, Hyperpolitik, S. 17.

2 Kaputte Kommunikation

84 *verständigungsorientierten Diskurses* – Simone Jung/Victor Kempf, Krise und Kritik des verständigungsorientierten Diskurses, in: Aus Politik und Zeitgeschichte, H. 43-45, 2023, Bonn, S. 4.

87 *Welt mit großem Reparaturbedarf* – Matthias Brandt, Die Welt hat großen Reparaturbedarf, in: Deutschlandfunk Kultur, 9.2.2024, https://www.deutschlandfunkkultur.de/der-tag-mit-matthias-brandt-die-welt-hat-grossen-reparaturbedarf-dlf-kultur-0ccb7412-100.html.

Polarisierung

88 *aufgewühlte Gesellschaft* – Vgl. Torben Lütjen, Die amerikanische Lektion. Wie Polarisierung der Demokratie schaden kann, in: Bundeszentrale für politische Bildung (Hg.), Repräsentation, Identität, Beteiligung. Zum Zustand und Wandel der Demokratie, Schriftenreihe Band 10871, S. 395-405, hier S. 397.
Menschen politisieren – Vgl. ebd., S. 397-398.
demokratiegefährdende Implikationen – Vgl. Wolfgang Merkel, Polarisierung als gesellschaftliche Signatur, Pressemitteilung des WZB Berlin, 8.6.2021, https://www.wzb.eu/de/publikationen/wzb-mitteilungen/polarisierung-und-gesellschaft/polarisierung-als-gesellschaftliche-signatur.

89 *zum Feindbild* – Vgl. Iyengar, Shanto et al., The Origins and Consequences of Affective Polarization in the United States, in: Annual Review of Political Science, 1, 2019, S. 129-146.
pernicious polarization – Vgl. Torben Lütjen, Die amerikanische Lektion, S. 398.
emotional unterlegte Aversion – Vgl. ebd., S. 400.
Studien während der Corona-Pandemie – Vgl. David Schieferdecker, Philippe Joly, Thorsten Faas, Affective Polarization Between Opinion-Based Groups in a Context of Low Partisan Discord: Measuring Its Prevalence and Consequences, in: International Journal of Public Opinion Research, 36, 2024.

90 *anti-demokratischen Einstellungen* – So erläutert Torben Lütjen am Beispiel des Sturms auf das Capitol in Washington, dass es sich bei der Mehrzahl der Trump-Anhänger nicht um Antidemokraten gehandelt haben dürfte. Sie, so Lütjen, »träumten von keiner neuen Ordnung, sie träumten davon, dass Trump die Wahlen gewonnen hat«, und verstanden sich selbst als Hüter der Demokratie, als Verteidiger des Systems. Vgl. Lütjen, S. 396. Offen bleibt die Frage, ob nicht das Nicht-Anerkennen ordnungsgemäß erzielter Wahlergebnisse nicht zugleich doch schon eine anti-demokratische Einstellung offenbart.

so gut wie keinen Wähleraustausch – Vgl. ARD-DeutschlandTREND, »Wählbarkeit von Parteien aus Sicht von Parteianhängern«, September 2023, https://www.infratest-dimap.de/umfragen-analysen/bundesweit/ard-deutschlandtrend/2023/september/.

verstärkt Ablehnung – Vgl. O.V., Stimmung in der politischen Mitte: Grüne verlieren massiv an Unterstützung, in: Berlin Table, 11.4.2024, https://table.media/berlin/news/stimmung-in-der-politischen-mitte-gruene-verlieren-massiv-an-unterstuetzung/.

die Randbereiche stärker – Vgl. Steffen Mau et al., Triggerpunkte; Jochen Roose, Politische Polarisierung in Deutschland. Repräsentative Studie zu Zusammenhalt in der Gesellschaft, Konrad-Adenauer-Stiftung, Berlin 2021.

wenig aussichtsreiches Vorhaben – Vgl. Torben Lütjen, Die amerikanische Lektion, S. 399.

91 *Kohäsionsfetischisierung* – Vgl. Julian Müller/Astrid Seville, »Die deutsche Streitkultur, das ist ja auch so eine Art Weltkulturerbe«, in: indes, H. 1, 2023, S. 17.

zwanglosen Zwang – Vgl. Jürgen Habermas, Vorbereitende Bemerkungen zu einer Theorie der kommunikativen Kompetenz, in: Ders./Niklas Luhmann (Hg.), Theorie der Gesellschaft oder Sozialtechnologie – Was leistet die Systemforschung?, Frankfurt a.M., 1979, S. 137.

92 *harte Kern* – Vgl. Frank Decker, Was ist Rechtspopulismus?, in: Ders. et al., Aufstand der Außenseiter? Die Herausforderung der europäischen Politik durch den neuen Populismus, Baden-Baden, 2022, S. 35.

Das gemeine Volk weiß – Zitiert nach Karin Priester, Linker und rechter Populismus. Annäherung an ein Chamäleon, Frankfurt a.M./New York, 2021, S. 41.

als gelegentliches Stilmittel – Vgl. Christina Holz-Bacha, Populismus und Medien – Medien und Populismus, in: Frank Decker et al., Aufstand der Außenseiter, S. 452.

Stimmenanteil populistischer Parteien – Marcel Lewandowsky, Populismus: Eine Einführung, Wiesbaden, 2022, S. 11.

Anti-System-Parteien – Vgl. Giovanni Sartori, Parties and Party Systems: A Framework for Analysis, London, 2005.

93 *Definition von Populismus* – Vgl. Marcel Lewandowsky, Populismus, 2022, S. 9.

94 *Radikalismus* – Vgl. ebd., S. 16.

Demagogie – Vgl. Nadia Urbinati, Me the People. How Populism Transforms Democracy, Cambridge, 2019, S. 9.

religiöse und kulturelle Minderheiten – Vgl. Cas Mudde/Cristóbal Rovira Kaltwasser, Exclusionary vs. Inclusionary Populism: Comparing Contemporary Europe and Latin America, in: Government and Opposition, 48 (2), 2013, S. 147-174.

95 *Managerinnen oder Superreichen* – Vgl. Jakob Schwörer, Populistische Kommunikation, in: Frank Decker et al., Aufstand der Außenseiter, S. 521; Generell zum Thema: Karin Priester, Rechter und linker Populismus, 2012.

die destruktive Zange – Vgl. Aiko Wagner, Lechts oder rinks? Das Bündnis

Sahra Wagenknecht im Parteienwettbewerb, FES impuls, https://library.fes.de/pdf-files/a-p-b/20846-20231215.pdf, 6.5.2024.
ein schleichendes Gift – Frank Decker, Was ist Rechtspopulismus?, S. 50.

96 *fünf populistische Erzählformen* – Frank Gadinger, Lügenpresse, S. 118-119.
11 Jahre seit Gründung der AfD – Zur Frage, wo es Gemeinsamkeiten und Unterschiede zwischen der AfD und früheren/anderen rechtspopulistischen oder rechtsextremen Parteien gibt, sehr lesenswert: Moritz Fischer, Die Republikaner. Geschichte einer Partei 1983-1994, Göttingen, 2024.
viele Reaktionen in Politik – Vgl. Marcel Lewandowsky, Was Populisten wollen, 2024.
Strategien der AfD – So fanden vielfach medieninterne Diskussionsrunden unter Einbeziehung von Expertinnen und Experten statt. Statt vieler: Sina Fröhndrich et al., Verbieten, aushalten, entlarven? in: Deutschlandfunk, 13.3.2024, https://www.deutschlandfunk.de/verbieten-aushalten-entlarven-vom-umgang-mit-der-afd-dlf-e438a359-100.html; Politikwissenschaftliche, soziologische und ökonomische Forschungen zur AfD finden zudem medial und öffentlich in Behörden, Unternehmen und Institutionen insgesamt eine stärkere Rezeption. Jüngst wird auch die Präsenz der AfD in Sozialen Medien deutlich stärker thematisiert und diskutiert.

97 *Globalisierungsagentur* – TV-Duell zwischen Mario Voigt (CDU) und Björn Höcke (AfD), WELT TV, 11.4.2024, 2:09 – 2:18 Min, https://www.youtube.com/watch?v=EcXtacwO56w.
Wahlprogramm der AfD – AfD-Wahlprogramm zur Bundestagswahl 2021, S. 12, https://www.afd.de/wahlprogramm/.
im ersten Europawahlprogramm – Bündnis Sahra Wagenknecht, Europawahlprogramm, 2024, S. 2, https://bsw-vg.de/wp-content/uploads/2024/02/BSW_Europawahlprogramm_2024.pdf.

98 *96 Prozent ihrer Anhängerinnen* – Vgl. ARD-DeutschlandTREND, September 2023.
Rolle des machtlosen Opfers – Vgl. Frank Gadinger, Lügenpresse, S. 130.
falschen Ton – Vgl. Michael Wildt, Volk, Volksgemeinschaft, AfD, in: Schriftenreihe der Bundeszentrale für Politische Bildung, B. 10108, Bonn 2017, S. 119.
Gebote politischer Korrektheit – Zitiert nach ebd.

99 *metapolitische Chiffren* – Vgl. Fabian Schäfer, Konnektiver Zynismus. Wie grenzüberschreitender Humor in den Sozialen Medien die Demokratie destabilisiert, in: indes, H.1, 2023, S. 87.
dog whistling – Vgl. ebd., S. 88.
Rückgriff auf das Wahrheitsmotiv – Vgl. O.V., Ausschnitt aus TF1 info, 11.5.2022, https://www.tf1info.fr/player/49b93dc0-6571-4ae9-b237-1ffb68da1119/ sowie Freiheitlicher Parlamentsclub FPÖ, HC Strache beim FPÖ-Neujahrstreffen: Unser Motto ist Wahrheit, Freiheit, Heimatliebe!, Pressemitteilung, 16.1.2016, https://www.ots.at/presseaussendung/OTS_20160116_OTS0022/hc-strache-beim-fpoe-neujahrstreffen-unser-motto-ist-wahrheit-freiheit-heimatliebe.
Kriminalisierungen – Vgl. Frank Gadinger, Lügenpresse, S. 131.

100 *die Hand ausstrecke* – Vgl. TV-Duell, WELT TV, ab 1:12:14 Min.

Maximilian Krah – Vgl. die Äußerungen von Krah im Interview mit Panorama; vgl. Robert Bongen/Sebastian Friedrich, Angriff von rechts: Untergang der CDU?, 24.8.2023, https://daserste.ndr.de/panorama/archiv/2023/Angriff-von-rechts-Untergang-der-CDU,cdu1832.html.

101 *rechtlosen Zuständen* – Vgl. Severin Weiland, Wie die AfD die Übergriffe von Köln instrumentalisiert, in: Der Spiegel, 8.1.2016, https://www.spiegel.de/politik/deutschland/koeln-afd-instrumentalisiert-uebergriffe-politisch-a-1070895.html.

moralisches Gütesiegel – Vgl. Frank Decker/Marcel Lewandowsky, Rechtspopulismus: Erscheinungsformen, Ursachen und Gegenstrategien, bpb Dossier, 10.1.2017, https://www.bpb.de/themen/parteien/rechtspopulismus/240089/rechtspopulismus-erscheinungsformen-ursachen-und-gegenstrategien/.

Gleichsetzung von individueller und kollektiver Moral – Vgl. ebd.

Eliten- und Intellektuellenfeindlichkeit – Frank Gadinger, Lügenpresse, S. 138.

102 *idealisierte Projektionsfläche* – Ebd., S. 140.

103 *2,2 Millionen Bundesbürger/innen* – Wahlprogramm der Grünen zur Bundestagswahl 1987, S. 4, https://www.boell.de/sites/default/files/assets/boell.de/images/download_de/publikationen/1987_Wahlprogramm_Bundestagswahl.pdf.

Wahlprogramm der Grünen – Ebd., S. 7.

Demokratie braucht Freiheitsrechte – Ebd., S. 7.

im Frankfurter Magistrat – Vgl. Olaf Sundermeyer, Gauland. Die Rache des alten Mannes, München, 2018, S. 139ff.

104 *nicht mit Ressentiments* – Vgl. Günter Bannas, Der große Apfel-Birnen-Vergleich, in: Frankfurter Allgemeine Sonntagszeitung, 28.4.2019.

künstlich und konstruiert – Vgl. Ulrich Sarcinelli, Sprache und Kommunikation im politischen Diskurs, in: Gereon Flümann (Hg.), Umkämpfte Begriffe. Deutungen zwischen Demokratie und Extremismus, Schriftenreihe der Bundeszentrale für politische Bildung, Band 10024, Bonn, 2017, S. 59-78, hier S. 73.

105 *Wir lassen uns nicht verängstigen* – Friedrich Merz, Merz-Mail Nr. 152 »AfD immer stärker? Diese Herausforderung nehmen wir an!«, 3.6.2023, https://www.friedrich-merz.de/merzmail/merzmail-152/.

ein Sicherheitsrisiko – Vgl. O.V., Die Grünen sind ein Sicherheitsrisiko, in: Der Tagesspiegel, 24.9.2023, https://www.tagesspiegel.de/politik/die-grunen-sind-ein-sicherheitsrisiko-fdp-general-fordert-in-der-migrationspolitik-umdenken-des-koalitionspartners-10519444.html.

CDU und CSU hetzen im Chor – Vgl. Daniela Vates, »Im Chor mit der AfD gegen die Ampel«: Esken wirft Union auf SPD-Parteitag Hetze vor, in: Redaktionsnetzwerk Deutschland, 8.12.2023, https://www.rnd.de/politik/spd-parteitag-esken-wirft-union-hetze-vor-im-chor-mit-der-afd-ZYREUBCIDNBSZJVCIAKNIA2DNU.html.

das Schlüsselmedium – Vgl. Ulrich Sarcinelli, Sprache und Kommunikation, S. 59.

Immer stehen mit der Sprache – Dolf Sternberger, Gute und böse Sprache, in: Ders./Gerhard Storz/Wilhelm E. Süsskind. Aus dem Wörterbuch des Unmenschen, Frankfurt a.M./Berlin, 1986, neue erw. Aufl., S. 326.

106 *minimale gemeinsame Basis* – Vgl. Ulrich Sarcinelli, Sprache und Kommunikation, S. 63.

Annäherung konservativer Parteien – Vgl. Werner Krause et al., Does accommodation work?; Marcel Lewandowsky/Aiko Wagner, Fighting for a Lost Cause?; Marc Debus, Schwächt eine programmatische Annäherung der Unionsparteien an die AfD den Wahlerfolg der Rechtspopulisten? Eher nicht., in: DVPW-Blog, 6.10.2023, https://www.dvpw.de/blog/schwaecht-eine-programmatische-annaeherung-der-unionsparteien-an-die-afd-den-wahlerfolg-der-rechtspopulisten-eher-nicht-ein-beitrag-von-marc-debus.

faktenbasierten Widerspruch – Vgl. O.V., Mediziner widersprechen Merz-Aussage zu Geflüchteten, in: Ärzteblatt, 28.9.2023, https://www.aerzteblatt.de/nachrichten/146312/Mediziner-widersprechen-Merz-Aussage-zu-Gefluechteten.

107 *Höcke »zu entzaubern«* – Vgl. Jan Hollitzer im Interview mit Barbara Schmitt-Matern, in: Deutschlandfunk, 12.4.2024, https://www.deutschlandfunk.de/nach-tv-duell-zwischen-hoecke-und-voigt-int-jan-hollitzer-thueringer-allgemein-dlf-d7fe1f8a-100.html.

Preis eines »Rechtskurses« – Vgl. Macarena Ares/Silja Häusermann, Is Europe's left really in crisis? Our research shows it's complex – and there is hope, 10.1.2024, https://www.theguardian.com/commentisfree/2024/jan/10/europe-left-crisis-research-parties-progressive-politics; Jon Henley, Adopting rightwing policies does not help centre-left win votes, 10.1.2024, https://www.theguardian.com/politics/2024/jan/10/adopting-rightwing-policies-does-not-help-centre-left-win-votes.

dauerhaften Rückgang – Vgl. Frank Decker, Was ist Rechtspopulismus?, S. 49.

108 *50 000 Personen* – Vgl. BT-Drucksache 20/8046, Abschiebungen und Ausreisen im ersten Halbjahr 2023, 18.8.2023, S. 26.

Fluchtanreize (»Pull-Faktoren«) zu minimieren – Vgl. Herbert Brücker, Stellungnahme: Wissenschaftliche Einschätzung der Bezahlkarte für Geflüchtete. Berlin: Deutsches Zentrum für Integrations- und Migrationsforschung (DeZIM), 2024, https://www.dezim-institut.de/fileadmin/user_upload/Demo_FIS/publikation_pdf/FA-6050.pdf.

109 *zu viel Normalisierung* – Vgl. u.a. Cornelius Pollmer, Einmal alles durch den Fleischwolf, Süddeutsche Zeitung, 22.4.2024, https://www.sueddeutsche.de/medien/caren-miosga-tv-kritik-tino-chrupalla-afd-1.6563975?reduced=true sowie Mark Stöhr, AfD-Chef Chrupalla windet sich und wettert gegen »afrikanische Kulturen«, in: Stern, 22.4.2024, https://www.stern.de/kultur/tv/caren-miosga--afd-chef-chrupalla-wettert-gegen--afrikanische-kulturen--34648650.html.

Europa-Spitzenkandidaten – Vgl. Caren Miosga im Podcast »Apokalypse und Filterkaffee«, 24.4.2024, https://apokalypse-und-filterkaffee.podigee.io/1065-kein-doner-land-mit-caren-miosga.

die eigene Anhängerschaft – Vgl. Oliver Georgi, Die Populismusmaschine der AfD, 24.3.2024, https://www.faz.net/aktuell/politik/inland/afd-nutzt-tiktok-als-propagandainstrument-das-kann-man-dagegen-tun-19606207.html; Juan Carlos Medina Serrano et al., The Rise of Germany's AfD: A Social Media Analysis, in: Proceedings of International Conference on Social Media and Society, Toronto, 2019, https://doi.org/10.1145/3328529.3328562.

110 *Chrupalla schlicht verneinte* – Vgl. »Markus Lanz«, Sendung vom 6.2.2024, 1:09-2:55 Min., https://www.youtube.com/watch?v=6OzRI90ZUWY.
Das ist interessant – Vgl. ebd., 2:50 – 3:35 Min.

111 *Homogenisierung der Gruppe* – So sank etwa unter anderem während der Demos gegen Rechtsextremismus (September 2023 bis Februar 2024) unter den AfD-Anhängern die Zahl derjenigen, die sich noch vorstellen konnten, auch eine andere Partei zu wählen, um 14 %. Vgl. ARD-DeutschlandTREND, Februar 2024.
Umsetzung der AfD-Vorschläge – Vgl. ARD, Talk Hart aber Fair, 5.2.2024, https://www.youtube.com/watch?v=PYDWLS5JOIQ.

112 *in Kombination mit falschen Angaben* – Vgl. TV-Duell, WELT TV, 22:37 Min. – 23:32 Min.
Umgang mit Ambivalenz – Hedwig Richter/Bernd Ulrich, Demokratie und Revolution, Köln, 2024, S. 281.

113 *öffentlich zu demonstrieren* – Vgl. Mathias Brandt, Wie viele Menschen haben an Demos gegen Rechts teilgenommen?, in: Statista.de, 22.1.2024, https://de.statista.com/infografik/31613/geschaetzte-anzahl-der-teilnehmerinnen-bei-demonstrationen-gegen-rechtsextremismus/.

114 *größten Massenbewegung* – Dieter Rucht, »Wenn es um Straßenprotest geht, die größte Massenbewegung der Bundesrepublik«, in: rbb, 6.2.2024, https://www.rbb24.de/politik/beitrag/2024/02/interview-proteste-gegen-rechts-protestforscher-wirkung.html.
Selbstvergewisserung der Mehrheit – Zitiert nach Daniel Herzig, Was bewirken Demos gegen rechts?, in: Böhme Zeitung, 21.2.2024, https://www.boehme-zeitung.de/nachrichten-blog/2024/2/21/was-bewirken-demos-gegen-rechts.
das gesellschaftliche Gegeneinander – Stephan Grünewald/Ismene Poulakos, Zwischen Weckruf und Bumerang – psychologische Wirkungen der Demonstrationen gegen Rechtsextremismus, 31.1.2024, https://www.rheingold-marktforschung.de/rheingold-studien/psychologische-wirkungen-der-demonstrationen-gegen-rechtsextremismus/.
ob die AfD verliert – Dieter Rucht, Straßenproteste, 6.2.2024.

115 *CDU und CSU gebeten* – Siehe unter anderem bei der Groß-Demo in München. Vgl. Petr Jerabek, CSU will neue Demo gegen Rechtsextremismus mitorganisieren, 23.1.2024, https://www.br.de/nachrichten/bayern/csu-will-demo-mit-anderen-parteien-gegen-rechtsextremismus,U2C4ATE.
fundamentaler Fehler – Sabine am Orde, CDU und Demos gegen Rechtsextremismus. Teilnahme dringend erwünscht, in: die tageszeitung, 27.1.2024, https://taz.de/CDU-und-Demos-gegen-Rechtsextremismus/!5985408/.

Tonalitäten

118 *Inzwischen rede ich zu Hause* – Zitiert nach O.V., Gottschalk verabschiedet sich von »Wetten, dass..?«, 26.11.2023, https://www.tagesschau.de/inland/gesellschaft/wetten-dass-160.html.
internationale Vergleichsstudien – Vgl. Jan Menzner/Richard Traunmüller, Subjective Freedom of Speech: Why Do Citizens Think They Cannot Speak Freely?, in: Politische Vierteljahresschrift (PVS), 64, 2023, S. 156.

einer viel beachteten Umfrage – Vgl. Thomas Petersen, Die Mehrheit fühlt sich gegängelt, in: Frankfurter Allgemeine Zeitung, 16.6.2021.

119 *dagegen waren 78 Prozent* – Vgl. Statista Research Department, Befragung im Rahmen des Freiheitsindex 2023, 26.3.2024, https://de.statista.com/statistik/daten/studie/1067107/umfrage/umfrage-zur-meinungsaeusserung-in-deutschland.

1971 sogar bei 83 Prozent – Vgl. Jan Menzner/Richard Traunmüller: Subjective Freedom of Speech, S. 156.

67 Prozent der Deutschen – Vgl. ARD-DeutschlandTREND extra, Wie rechts denkt Deutschland?, 29.9.2023, https://www.tagesschau.de/inland/deutschlandtrend/deutschlandtrend-extra-afd-100.html.

120 *größten Gefahr* – Vgl. Anna Schneider, »Linke Aktivisten gehen gegen völlig legitime Meinungen vor«, in: Die Welt, 27.7.2022, https://www.welt.de/politik/deutschland/plus240107053/CDU-Chef-Friedrich-Merz-Linke-Aktivisten-gehen-gegen-voellig-legitime-Meinungen-vor.html.

keine Sprachpolizei – Markus Söder, »Wir wollen Polizisten auf der Straße, aber keine Sprachpolizei im Bierzelt!«, Post auf X, 21.9.2022, https://twitter.com/Markus_Soeder/status/1572565866218401793?lang=de.

nicht allzu viel Bedeutung – Vgl. René Pfister, Wie die Meinungsfreiheit zum Problemfall erklärt wird, in: Aus Politik und Zeitgeschichte, H. 43-45, 2023, S. 43.

121 *Lesende »ausgrenzen«* – Vgl. Ian Buruma, Die Kulturkampf-Falle, in: Internationale Politik und Gesellschaft, 11.4.2023, https://www.ipg-journal.de/rubriken/demokratie-und-gesellschaft/artikel/die-kulturkampf-falle-6589/.

Autobiografie Woody Allens – Vgl. Andrea Gerk, Rowohlt-Autoren gegen Biografie von Woody Allen, in: Deutschlandfunk Kultur, 9.3.2020, https://www.deutschlandfunkkultur.de/offener-brief-rowohlt-autoren-gegen-biografie-von-woody-100.html.

gewaltverherrlichender Lyrics – Vgl. Simone Jung, Hybride Öffentlichkeiten. Debattenkulturen zwischen klassischem Feuilleton und Twitter, in: Dies./Victor Kempf (Hg.), Entgrenzte Öffentlichkeit. Debattenkulturen im politischen und medialen Wandel, Bielefeld 2023, S. 4f.

Eugen Gomringer – Vgl. Heide Oestreich, Von Blumen und schönen Frauen, in: die tageszeitung, 23.1.2018, https://taz.de/Streit-um-Gedicht-an-Hochschulfassade/!5476081/. Übersetzt auf Deutsch heißt es in dem Gedicht: Alleen/Alleen und Blumen/Blumen/Blumen und Frauen/Alleen/Alleen und Frauen/Alleen und Blumen und Frauen und/ein Bewunderer

123 *nach dem Terror der Hamas* – Vgl. Jan Koch/Carolyn Wißing, Vom Druck, sich rechtfertigen zu müssen, in: Tagesschau, 19.11.2023, https://www.tagesschau.de/inland/gesellschaft/muslime-deutschland-nahost-100.html.

124 *die Klappe zu halten* – Deniz Yücel, Krieg im Nahen Osten: Spaltung der Kulturszene und das große Schweigen, in: Deutschlandfunk Kultur, 29.10.2023, https://www.deutschlandfunkkultur.de/krieg-im-nahen-osten-spaltung-der-kulturszene-und-das-grosse-schweigen-dlf-kultur-5091de3a-100.html.

126 *erschreckende Empathielosigkeit* – Anja Reinhardt, Lautes Schweigen?

Mirjam Wenzel fordert mehr Solidarität für Israel, in: Deutschlandfunk, 11.10.2024, https://www.deutschlandfunk.de/lautes-schweigen-mirjam-wenzel-fordert-mehr-solidaritaet-fuer-israel-dlf-d58a13bf-100.html.
Mangel an Mitgefühl – Vgl. Meron Mendel, Deutschland, wo bleibt das Mitgefühl?, in: Spiegel Online, 10.11.2023, https://www.spiegel.de/ausland/hamas-terror-vom-7-oktober-deutschland-wo-bleibt-das-mitgefuehl-a-d92bacf7-ee99-48ac-aa74-ac8599e8239e.
eine Antisemitismusklausel – Vgl. dpa, Neue Klausel gegen Diskriminierung bei Fördergeldern für Kultur, 5.1.2024, https://www.berlin.de/aktuelles/8644688-958090-neue-klausel-gegen-diskriminierung-bei-f.html.

128 *Ich bin kein Staat!* – Elisabeth von Tadden, »Ich bin kein Staat! Ich bin ein freier Mensch!«, in: Die Zeit, 9.4.2024, https://www.zeit.de/kultur/2024-04/nancy-fraser-uni-koeln-albertus-magnus-professur.
Bekenntniszwang am Werk – Eva Menasse, »Wider den Bekenntniszwang!«, SRF Fernsehen, Sternstunde der Philosophie, 28.4.2024, https://www.3sat.de/gesellschaft/sternstunde-philosophie/sternstunde-philosophie-142.html.

129 *Angst, etwas Falsches zu sagen* – Giovanni di Lorenzo, Vom Leben und anderen Zumutungen, Köln, 2023, S. 7.
halb-öffentliche Kommunikationsräume – Jürgen Habermas, Überlegungen und Hypothesen zu einem erneuten Strukturwandel der Öffentlichkeit, in: Leviathan, Sonderband, 37, 2021, S. 480.

130 *den Mund zu verbrennen* – Eva Menasse, »Wider den Bekenntniszwang!«, 28.4.2024.

131 *Wir haben uns angewöhnt* – Armin Laschet während der Diskussion »Freiheit und Verantwortung«, SWR Demokratieforum, 6.3.2024, 19:45 Min., https://www.youtube.com/watch?v=-5lt_yG-mKg.
den, der anders denkt – Ebd., 23:22 Min.

132 *wie Mehrheitsmeinung gemacht wird* – Richard David Precht/Harald Welzer, Die vierte Gewalt – Wie Mehrheitsmeinung gemacht wird, auch wenn sie keine ist, Frankfurt a.M., 2022, S. 150.
populistischen Framing – Martin Benninghoff, Precht und Welzer im Behauptungsmodus, in: Frankfurter Rundschau, 27.9.2022, https://www.fr.de/kultur/gesellschaft/die-vierte-gewalt-von-richard-david-precht-und-harald-welzer-im-behauptungsmodus-91810871.html.
zunehmenden Sensibilisierung – Svenja Flasspöhler, »Sensibel. Über moderne Empfindlichkeit und die Grenzen des Zumutbaren«, Stuttgart, 2021, S. 14.
vulnerablen Gesellschaft – Vgl. Frauke Rostalski, Die vulnerable Gesellschaft. Die neue Verletzlichkeit als Herausforderung der Freiheit, München, 2024, S. 11.

133 *How dare you?* – NPR, Transcript: Greta Thunberg's Speech At The U.N. Climate Action Summit, 23.9.2024, https://www.npr.org/2019/09/23/763452863/transcript-greta-thunbergs-speech-at-the-u-n-climate-action-summit.

134 *Verletzung des Sprachgefühls* – Vgl. Katharina Jacob, Sprachwandel und Sprachwächter. Eine linguistische Einordnung zum aktuellen Sprachgebrauch, in: indes, H. 1/2023, S. 60.

135 *die ganze Welt abbilden* – Armin Nassehi et al., Montagsblock, 13.5.2024, https://kursbuch.online/montagsblock-273/.
bestimmte Gesprächsinhalte – Frauke Rostalski, Die vulnerable Gesellschaft, S. 153.

136 *Tyrannei der Ungeimpften* – Ulrich Montgomery bei »Anne Will«, zitiert nach Redaktionsnetzwerk Deutschland, Montgomery warnt bei Anne Will vor »Tyrannei der Ungeimpften«, 8.11.2021, https://www.rnd.de/politik/anne-will-montgomery-warnt-vor-tyrannei-der-ungeimpften-VGPHBWXAMBEW5B7QQDSB76GLKM.html.

137 *Kapitulationsintellektuelle* – Zitiert nach Frauke Rostalski, Die vulnerable Gesellschaft, S. 127.

139 *Begriff »Migrationsgeschichte«* – Vgl. dazu das Integrationsmonitoring der Länder, 2024, https://www.integrationsmonitoring-laender.de/zielsetzung-und-konzeption-das-konzept-des-migrationshintergrundes-bzw-der-migrationsgeschichte.html.

140 *neuen Distinktionsmerkmalen* – Rene Pfister, Meinungsfreiheit, S. 46f.

141 *Audianer_innen* – Vgl. Dorothee Pfaffel, Audianer_innen, Audi setzt ab sofort auf gendergerechte Sprache, in: Augsburger Allgemeine, 2.3.2021, https://www.augsburger-allgemeine.de/wirtschaft/Gleichstellung-Audianer-innen-Audi-setzt-ab-sofort-auf-gendergerechte-Sprache-id59221141.html.
nur drei Prozent – Rene Pfister, Meinungsfreiheit, S. 46.
Sprechroutine – Vgl. Friedrich Küppersbusch, Eilmeldung: Was darf man heutzutage eigentlich noch sagen? – Küppersbusch TV, Ausgabe vom 19.4.2024, https://www.youtube.com/watch?v=NW_qCEp7AIY.

142 *Nazis von heute* – Christoph Debets, »Hamas, die neuen Nazis«: Netanjahu zeigt »Mein Kampf«, Euronews, 28.1.2024, https://de.euronews.com/2024/01/28/hamas-die-neuen-nazis-netanjahu-zeigt-mein-kampf#:~:text=Ministerpr%C3%A4sident%20Benjamin%20Netanjahu%20bezeichnete%20die,erh%C3%B6hen%20israelische%20Streitkr%C3%A4fte%20den%20Druck.

143 *kein produktives Gespräch* – Eugen Ruge, Ideologie, in: Süddeutsche Zeitung, 23.3.2024, S. 50.
Mangel an echter Opposition – Thomas Meaney, »Es gibt einen gewissen Mangel an echter Opposition«, Süddeutsche Zeitung, 13.1.2024, S. 24.
heute nicht mehr oppositionell – Thomas Meaney, Introduction, in: Granta, 165, 23.11.2023, https://granta.com/introduction-deutschland/.

145 *normale Menschen* – Carsten Janz/Daniel Mützel, Sahra Wagenknecht: »Wenn das so ist, dann haben wir schlechte Karten«, t-online, 12.4.2024, https://www.t-online.de/nachrichten/deutschland/innenpolitik/id_100383456/sahra-wagenknecht-im-interview-putin-hat-schon-oft-gelogen-.html.

146 *kein Belehrungsstaat* – Markus Söder, Facebook-Post, 15.9.2021, https://www.facebook.com/markus.soder.75/posts/jede-und-jeder-darf-sprache-verwenden-wie-sie-und-er-will-aber-alle-sollten-dara/613264670142292/.

147 *Recht auf körperliche Selbstbestimmung* – Vgl. zum Beispiel die Fraktionsvorsitzende der Grünen im Europäischen Parlament: »Das Recht auf körperliche Selbstbestimmung von Frauen darf nicht von politischen Mehrheiten abhängen«, zitiert nach: O.V., »Körperliche Selbstbestimmung der Frau«: Liberale

und Grüne sprechen sich für Abtreibung als EU-Grundrecht aus, in: der Tagesspiegel, 10. 3. 2024, https://www.tagesspiegel.de/politik/korperliche-selbstbestimmung-der-frau-liberale-und-grune-sprechen-sich-fur-abtreibung-als-eu-grundrecht-aus-11338957.html.
minimalinvasiven Eingriff – Vgl. etwa die Grünen-Gesundheitspolitikerin Emilia Fester, in: Frédéric Schwilden, Impfpflicht ist ein minimalinvasiver Eingriff in körperliche Selbstbestimmung, in: Die Welt, 26. 2. 2022, https://www.welt.de/politik/deutschland/article237143791/Emilia-Fester-Gruene-Impfpflicht-ist-minimalinvasiver-Eingriff.html.

Gewissheiten und Zweifel

150 *unabhängig vom Sprecher* – Armin Nassehi, Gesellschaftliche Grundbegriffe. Ein Glossar der öffentlichen Rede, München, 2023, S. 341.
154 *kommunikative Ausflüchte* – Nils Kumkar, Alternative Fakten, Klappentext, Berlin, 2022.
wider besseren Wissens – Vgl. ebd., S. 34.
Konsequenzen zu vermeiden – Ebd., S. 35.
155 *Beraterin des US-Präsidenten* – Vgl. ebd., S. 7.
tiefgreifende Verunsicherung – Vgl. ebd., S. 9.
drei zentrale Formen der Irritation – Vgl. ebd., S. 9.
156 *Konstruktiv streiten?* – Vgl. Katharina Nocun/Pia Lamberty, True Facts, Köln, 2021.
Everyone is entitled – Vgl. Joe Klein, Daniel Patrick Moynihan Was Often Right. Joe Klein on Why It Still Matters, in: New York Times, 15. 5. 2021, https://www.nytimes.com/2021/05/15/books/review/daniel-patrick-moynihan-was-often-right-joe-klein-on-why-it-still-matters.html.
Christian Lindner – Vgl. Christian Lindner auf der Konferenz OMR, 10. 5. 2024, https://twitter.com/NurderK/status/1788474132230733980.
der Glaube an – Vgl. Nils Kumkar, Alternative Fakten, S. 16.
158 *Das Vertrauen der Deutschen in die Wissenschaft* – Vgl. Volker Best et al., Demokratievertrauen in Krisenzeiten. Wie blicken die Menschen in Deutschland auf Politik, Institutionen und Gesellschaft? Friedrich-Ebert-Stiftung, Bonn, 2023, S. 29.
You cannot make deals – Zitiert nach Peter Strohschneider, Wahrheiten und Mehrheiten. Kritik des autoritären Szientismus, München, 2024, S. 7.
159 *zwei, drei Physiker* – Zitiert nach: Peter Strohschneider, Wahrheiten und Mehrheiten. Kritik des autoritären Szientismus, München, 2024, S. 10.
autoritären Szientismus – Ebd., S. 13.
160 *unser neuer Kanzler* – Vgl. Mariam Lau, Ist das unser neuer Kanzler?, in: Die Zeit, 18. 3. 2020, https://www.zeit.de/2020/13/coronavirus-wissenschaft-auswirkung-auf-politik-virologen-christian-drosten-alexander-kekule.
161 *neue Machtkonstellationen* – Birgitta Wolff, Wissenschaft und Politik brauchen Spielregeln und bessere Übersetzungsleistung, 30. 3. 2023, https://table.media/research/standpunkt/wissenschaft-und-politik-brauchen-spielregeln-und-bessere-uebersetzungsleistung/.
die Fachkompetenz abgesprochen – Vgl. Reinhard Wolf, Die Selbstgefälligkeit

der Intelligenz im Zeitalter des Populismus. Plädoyer für mehr Lernbereitschaft in der Demokratie, in: Aus Politik und Zeitgeschichte, H. 44-45, 2017, S. 8.

163 *in weiten Teilen korrigierte* – Vgl. Deutscher Bundestag, Vermittlungsausschuss erzielt Kompromiss zum Bürgergeld, ohne Datum, https://www.bundestag.de/dokumente/textarchiv/2022/kw47-pa-vermittlungsausschuss-buergergeld-921210.

164 *13 838 Mal erfasst* – Vgl. Belinda Grasnick, Wie viele »Totalverweigerer« es wirklich gibt, in: Tagesschau, 18. 3. 2024, https://www.tagesschau.de/inland/innenpolitik/buergergeld-162.html.
politisch attraktives Angebot – Vgl. Marcel Fratzscher, AfD wählen – und verlieren, 29. 1. 2024, https://www.diw.de/de/diw_01.c.890877.de/nachrichten/afd_waehlen_____und_verlieren.html.

166 *die größten Vorbehalte* – Vgl. Steffen Mau, Podcast Lage der Nation, Nr. 369.
die FDP als Koalitionspartner – Vgl. O.V., FDP: Jobverweigerern Bürgergeld um 30 Prozent kürzen, in: Frankfurter Allgemeine Zeitung, 21.4.2024, https://www.faz.net/aktuell/wirtschaft/arm-und-reich/fdp-jobverweigerern-buergergeld-um-30-prozent-kuerzen-19668523.html.

167 *Von diesen Kräften* – Vgl. Zustimmung zur Aussage »Die AfD löst zwar keine Probleme, nennt die Dinge aber wenigstens beim Namen«, die im Februar 2024 von 47 % aller Befragten zustimmend und von 46 % ablehnend beantwortet wird. Unter den Anhängern der AfD selbst liegt die Zustimmung bei 77 %, Vgl. zu alledem ARD DeutschlandTREND Februar 2024.
So isser, der Ossi – Der Spiegel, 35/2019, 23.08.2019, https://www.spiegel.de/spiegel/print/index-2019-35.html.

169 *Los Wochos in Lostdeutschland* – Cornelius Pollmer, »Ost-West-Debatte: Los Wochos in Lostdeutschland«, in: Süddeutsche Zeitung, 1. 3. 2023, https://www.sueddeutsche.de/kultur/oschmann-ost-west-debatte-sachbuch-1.5759991.

170 *ergebnislose Debatte* – Jagoda Marinić, »Danke, Markus Söder«, in: Süddeutsche Zeitung, 29. 3. 2024, https://www.sueddeutsche.de/meinung/kolumne-marinic-soeder-feminismus-kritik-politik-1.6495239.

171 *Idealisierung Preußens* – Philipp Oswalt im Streitgespräch mit Wolfgang Thierse: »Darf man auf diesen Bau stolz sein?«, in: Die Zeit, 2. 5. 2024, S. 11.
keine Lobby hatte – Yasmine M'Barek, Protest: Über Wirksamkeit und Risiken des zivilen Ungehorsams, Graz, 2023, S. 8.
unverändert intakt – Anton Jäger, Hyperpolitik, S. 105.

Arenen

173 *funktionale Arenen* – Hartmut Rosa, Demokratischer Begegnungsraum oder lebensweltliche Filterblase? Resonanztheoretische Überlegungen zum Strukturwandel der Öffentlichkeit im 21. Jahrhundert, in: Leviathan, Sonderband 37/2021, S. 252.
öffentliche Meinung herausbilden – Ebd.

174 *Mediokratie* – Thomas Meyer, Mediokratie. Die Kolonisierung der Politik durch das Mediensystem, Frankfurt a. M., 2001.

Relevanzverlust – Stephan Detjen, »Die Meute von morgen« – Wie verändert sich politischer Journalismus?, in: Deutschlandfunk, 13. 2. 2024, https://www.deutschlandfunk.de/hauptstadtjournalismus-in-der-krise-die-zukunft-politischer-berichterstattung-dlf-e7065a81-100.html.
seit Jahren rückläufig – Vgl. Der Informationsdienst des Instituts der deutschen Wirtschaft, Printzeitung weicht dem E-Paper, 14. 9. 2022, https://www.iwd.de/artikel/printzeitung-weicht-dem-e-paper-558088/.

175 *Qualität der Medien* – Vgl. Infratest dimap, Glaubwürdigkeit der Medien 2023. Eine repräsentative Umfrage im Auftrag des Westdeutschen Rundfunks November 2023, https://presse.wdr.de/plounge/wdr/programm/2023/12/_pdf/Glaubwuerdigkeit_der_Medien_2023.pdf.

176 *journalistischen Nachwuchskräfte* – Vgl. Nils Altland/Sebastian Asmus, Grüne Mehrheit? Die ARD und ihre Volos, in: NDR, 11. 11. 2020, https://www.ndr.de/fernsehen/sendungen/zapp/Gruene-Mehrheit-Die-ARD-und-ihre-Volos,nachwuchs200.html.
Untersuchung der Universität Mainz – Marcus Maurer/Simon Kruschinski/Pablo Jost, Fehlt da was? Perspektivenvielfalt in den öffentlich-rechtlichen Nachrichtenformaten, Mainz, 2023, https://www.polkom.ifp.uni-mainz.de/files/2024/01/pm_perspektivenvielfalt.pdf.
Raum für eine Stärkung – Zitiert nach: Mercator Stiftung Pressemitteilung, Neue Studie der Uni Mainz: Wie vielfältig und ausgewogen berichten Nachrichtenformate des öffentlich-rechtlichen Rundfunks? Berlin/Mainz, 25. 1. 2024, https://www.stiftung-mercator.de/de/pressemitteilungen/neue-studie-der-uni-mainz-wie-vielfaeltig-und-ausgewogen-berichten-nachrichten formate-des-oeffentlich-rechtlichen-rundfunks/.
Schwarze aus dem Süden – Sigmund Gottlieb, Öffentlich-rechtlicher Rundfunk: Warum gibt es einen wie mich nicht mehr? in: Die Zeit, 11. 11. 2022, https://www.zeit.de/2022/46/oeffentlich-rechtlicher-rundfunk-ard-sigmund-gottlieb.

177 *konservative Sinnsuche* – Lutz Hachmeister, Nervöse Zone. Politik und Journalismus in der Berliner Republik, München, 2007, S. 13.

178 *Nachrichtenwerttheorie* – Vgl. Johan Galtung/Mari Holmboe Ruge, The Structure of Foreign News. The Presentation of the Congo, Cuba and Cyprus Crisis in Four Norwegian Newspapers, in: Journal of Peace Research, No. 2, 1965, S. 64-91.
Was früher »gut ging« – Vgl. Marc Ziegele/Timo Breiner/Oliver Quiring, Nutzerkommentare oder Nachrichteninhalte – Was stimuliert Anschlusskommunikation auf Nachrichtenportalen?, in: Oliver Hahn et al. (Hg.), Digitale Öffentlichkeiten, Schriftenreihe der deutschen Gesellschaft für Publizistik- und Kommunikationswissenschaft, B. 42, 2015, S. 249-266.

179 *clever newsmakers* – Vgl. Gianpietro Mazzoleni, Populism and the Media, H.1, 2008, S. 58f., https://www.researchgate.net/profile/Gianpietro-Mazzoleni/publication/304700743_Populism_and_the_Media/links/5c791f7f92851c695049cacc/Populism-and-the-Media.pdf.
Tag der Niederlage – Alice Weidel im ARD-Sommerinterview, 10. 9. 2023, https://www.tagesschau.de/multimedia/video/video-1246670.html.

180 *Fußballnationalmannschaft* – Vgl. O.V., AfD-Storch hetzt gegen unsere Natio-

nalmannschaft, 8.7.2016, https://www.bild.de/politik/inland/beatrix-von-storch/afd-storch-hetzt-gegen-unsere-national-elf-46701700.bild.html.
Vogelschiss – Vgl. O.V., Gauland: Hitler nur »Vogelschiss« in deutscher Geschichte, in: Frankfurter Allgemeine Zeitung, 2.6.2018, https://www.faz.net/aktuell/politik/inland/gauland-hitler-nur-vogelschiss-in-deutscher-geschichte-15619502.html.

181 *Landesrundfunkanstalten* – Vgl. O.V., MDR spart 40 Millionen pro Jahr, in: Frankfurter Allgemeine Zeitung, 1.12.2023, https://www.faz.net/aktuell/feuilleton/medien/mdr-legt-40-millionen-sparprogramm-auf-19354777.html.
Ansprache via Akklamation – Vgl. Bernd Gäbler, Rechtspopulismus und traditionelle Medien: Das Beispiel der AfD, in: Frank Decker et al., Aufstand der Außenseiter, S. 506.
Politainment – Vgl. Andreas Dörner, Politainment, Frankfurt a.M., 2001.
Verbündete der Populistinnen – Vgl. Christina Holz-Bacha, Populismus und Medien, S. 457.

182 *Studie des Progressiven Zentrums* – Vgl. Pablo Jost/Matthias Mack/Johannes Hillje, Aufgeheizte Debatten? Eine Analyse der Berichterstattung über das Heizungsgesetz – und was wir politisch daraus lernen können, Das Progressive Zentrum, Berlin, 2024, https://www.progressives-zentrum.org/wp-content/uploads/2024/04/240418_DPZ_Studie_Aufgeheizte-Debatte.pdf.

183 *Meinung, die gemacht wird* – Vgl. Richard David Precht/Harald Welzer, Die vierte Gewalt.

185 *Ein Befund, der auch von Studien* – Vgl. Katja Schmidt et al., Wie blicken Journalistinnen und Journalisten auf die Welt?, in: Journalistik, H. 3-4, 2023, S. 309-346.
In einem Gastbeitrag – Stefan Brandenburg, »Wir sind uns zu ähnlich«, in: Die Zeit, 27.3.2024, S. 24.

186 *Inflationierung der Umfragen* – Zitiert nach Thomas Wind, Demoskopie, Medien und Politik. Ein Schulterschluss mit Risiken und Nebenwirkungen, Studie der Otto-Brenner-Stiftung, Frankfurt a.M., 2018, S. 32.

187 *Es ist schwer messbar* – Vgl. Thorsten Faas, Zur Wahrnehmung und Wirkung von Meinungsumfragen, in: Aus Politik und Zeitgeschichte, H. 43-45, 2014, S. 3-10; Thorsten Faas/Anton Könneke, The Rise and Fall of Polls?, FES Impuls, Bonn, 2021, https://library.fes.de/pdf-files/a-p-b/18372.pdf.
gemessene Stimmungen und Umfragen – Markus Feldenkirchen, Die Schulz-Story, München, 2017, S. 18.

188 *nicht in einer Demoskopie* – Werner Schulz, Persönliche Erklärung von Werner Schulz, in: SPIEGEL Online, 1.7.2005, https://www.spiegel.de/politik/deutschland/im-wortlaut-persoenliche-erklaerung-von-werner-schulz-a-363213.html.
Dauerumfragen – Heribert Prantl, Der braucht noch Luft, in: Süddeutsche Zeitung, 18.9.2017, S. 4.

189 *Gefahr einer Fehlsteuerung* – Theodor W. Adorno, Zur gegenwärtigen Stellung der empirischen Sozialforschung in Deutschland, Empirische Sozialforschung. Meinungs-und Marktforschung. Methoden und Probleme, in: Institut zur Förderung Öffentlicher Angelegenheiten (Hg.), Empirische Sozial-

forschung. Meinungs- und Marktforschung – Methoden und Probleme, Frankfurt a. M., 1952, S. 27-39.
Aus 40 % Ja's – Wilhelm Hennis, zitiert nach Harmut Rosa, Demokratischer Begegnungsraum oder lebensweltliche Filterblase?, S. 256.
Sie bilden den Ausgangspunkt – Ebd., S. 255.
auf ein Gemeinsames – Ebd.

190 *mit größter Vehemenz forderte* – Vgl. Posts von Markus Söder bei Twitter/X, 29.6.2020 sowie 21.4.2024, dokumentiert bei Kai Doering, https://x.com/kai_doering/status/1782035219664580705.

191 *die digitalen Disruptionen* – Vgl. Jürgen Habermas, Ein neuer Strukturwandel der Öffentlichkeit und die deliberative Politik, Berlin, 2022.
Verschlichtung der Sprache – Ulrich Sarcinelli, Sprache und Kommunikation, S. 78.
unheilvollen Umkehrprozess – Richard von Weizsäcker zitiert nach ebd., S. 77.

192 *Ein demokratisches System* – Jürgen Habermas, Warum nicht lesen?, in: Katharina Raabe/Frank Wegner (Hg.), Warum Lesen. Mindestens 24 Gründe, Berlin, 2020, S. 109.
Politik-Accounts bei TikTok – Vgl. O.V., Deutsche Parteien und Politiker auf TikTok, in: NDR, 15.1.2024, https://www.ndr.de/nachrichten/niedersachsen/Deutsche-Parteien-und-Politiker-auf-TikTok,tiktok216.html.

193 *Autonomiegewinn* – Johannes Hillje, Das »Wir« der AfD. Kommunikation und kollektive Identität im Rechtspopulismus, Frankfurt a. M., 2022, S. 65.
Kommunikationslogik – Ebd.

194 *naives Verhältnis* – Bernd Gäbler, Rechtspopulismus und traditionelle Medien, S. 510.
Kommunikation mit Gleichgesinnten – Claudia Ritzi, Aus dem Gleichgewicht. Zum Zustand demokratischer Öffentlichkeit, in: Aus Politik und Zeitgeschichte, H. 26-27, 2021, S. 21.

195 *nicht die Normalität* – Vgl. unter anderem Pablo Barberá, Social Media, Echo Chambers, and Political Polarization, in: Nathaniel Persily/Joshua A. Tucker (Hg.), Social Media and Democracy. The State of the Field and Prospects for Reform, Cambridge, 2020, S. 34-55; Elizabeth Dubois/Grand Blank, The Echo Chamber is Overstated: The Moderating Effect of Political Interest and Diverse Media, in: Information, Communication & Society, 5, 2018, S. 729-745.
Ausdifferenzierung der Arenen – Vgl. Claudia Ritzi, Aus dem Gleichgewicht, S. 21.
keine Belege dafür – Vgl. Johannes Hillje, Das »Wir« der AfD, S. 55; Andreas Jungherr, Digitale Informationsumgebungen: Echokammern, Filterblasen, Fake News und Algorithmen, in: Norbert Kersting/Jörg Radtke/Sigrid Baringhorst (Hg.), Handbuch Digitalisierung und politische Beteiligung, Wiesbaden, 2020, S. 1-17.
Entwicklung populistischer Echokammern – Christina Holz-Bacha, Populismus und Medien, S. 459.

196 *Kollaps der Kontexte* – Christoph Neuberger, Entfesselte Kontexte. Status und Konsequenz digitaler Öffentlichkeit, in: Kursbuch, 54, 2018, S. 31-52.
Konnex tritt an – Fabian Schäfer, Konnektiver Zynismus. Wie grenzüberschrei-

tender Humor in den sozialen Medien die Demokratie stabilisiert, in: indes, H.1, 2023, S. 93.
Entkontextualisierung – Edith Meinhart, Bernhard Pörksen: »Nähe ist ein Mittel zum Zweck. Was aber war noch mal der Zweck?«, in: Profil.at, 29.12.2022, https://www.profil.at/gesellschaft/bernhard-poerksen-naehe-ist-ein-mittel-zum-zweck-was-aber-war-noch-mal-der-zweck/402269652.
eine wohlbekannte Strategie – Vgl. etwa die Debatte um die Verwendung von Ausschnitten eines Auftritts von Markus Söder und Robert Habeck zur Eröffnung der Internationalen Handwerksmesse 2024 in München.

197 *Das Ende von Social Media!* – Lars Weisbrod, »Das Ende von Social Media«, in: Die Zeit, 18.2.2024, https://www.zeit.de/2024/08/soziale-medien-nutzung-facebook-instagram.
Dark Social Media – Vgl. unter anderem Belltower News, »Whatsapp & Telegram. Dark Social ist auch Trend bei Rechtsextremen«, 4.2.2019, https://www.belltower.news/whatsapp-telegram-dark-social-ist-auch-trend-bei-rechtsextremen-80917/.

198 *Alternativen? »Keine.«* – Entwurf eines Gesetzes zur Änderung des Gebäudeenergiegesetzes, zur Änderung der Heizkostenverordnung und zur Änderung der Kehr- und Überprüfungsordnung, 17.5.2023, S. 3, https://dserver.bundestag.de/btd/20/068/2006875.pdf.

199 *eine lange Wegstrecke* – Vgl. Robert Wallenhauer, Streit um Kindergrundsicherung: Das plant die Ampel, in: Frankfurter Rundschau, 18.8.2023, https://www.fr.de/wirtschaft/kindergrundsicherung-kindergeld-sozialleistung-was-es-ist-wer-profitiert-azubis-studenten-aktuell-zr-92461448.html.

200 *158 Vorschläge* – Deutscher Bundestag, Statistik der Gesetzgebung, 20. Wahlperiode, Stand der Datenbank: 30.4.2024, https://www.bundestag.de/resource/blob/870008/9ce71a44792aecaoc2f4154a3b485f55/gesetzgebung_wp20.pdf.

201 *Seine Regierung verhandele* – Vgl. Olaf Scholz im ARD-Sommerinterview, in: Tagesschau, 2.7.2023, https://www.tagesschau.de/inland/innenpolitik/sommerinterview-scholz-108.html.

3 Besser Streiten

206 *Legitimation durch Kommunikation* – Ulrich Sarcinelli, Sprache und Kommunikation, S. 62.

Ambivalenzen

207 *Unduldsamkeit gegenüber Standpunkten* – Marco Buschmann, »Wir müssen unsere Debattenkultur schützen«, in: Welt am Sonntag, 1.1.2023, https://www.bmj.de/SharedDocs/Interviews/DE/2023/0101_WamS_Gastbeitrag.html.
eine Lösung von Problemen – Sahra Wagenknecht, »Diskussionen über Sprachverbote führen an den Problemen vorbei«, Interview, in: Deutschlandfunk, 14.4.2021, https://www.deutschlandfunk.de/wagenknecht-linke-zur-debatte-um-identitaetspolitik-100.html.

der alleinige Maßstab – Frank-Walter Steinmeier, Wir, Berlin, 2024, S. 113.
208 *appellative Zugänge* – Vgl. More in Common/Robert-Bosch-Stiftung, Beziehungskrise, S. 39.
Vertrauen zurückzugewinnen – Vgl. ebd.
209 *The world is messy* – Barack Obama, Rede-Ausschnitt, in: Guardian News, 30.10.2019, https://www.youtube.com/watch?v=qaHLd8de6nM.
210 *Team Wohlwollen?* – Vgl. Tanjev Schultz, Wie wäre es mit »Team Wohlwollen?«, in: Süddeutsche Zeitung, 5.4.2024.
211 *principle of charity* – Vgl. Richard Feldmann, Principle of Charity, in: Routledge Encyclopedia of Philosophy, https://www.rep.routledge.com/articles/thematic/charity-principle-of/v-1.
Absurditätstoleranz – Paulina Fröhlich, Post bei X, 5.5.2024, https://x.com/PaulinaFrohlich/status/1787044810353729787.
ein passendes Beispiel – Vgl. Marcel Lewandowsky, Was Populisten wollen, S. 14-15.
213 *die zweitbeste Lösung* – Vgl. Tanjev Schultz, Wie wäre es mit »Team Wohlwollen«?, 5.4.2024.
214 *allgemeines Schuldeingeständnis* – Vgl. Gabor Halasz, GroKo-Minister räumen Fehler in Corona-Politik ein, in: Tagesschau, 8.3.2024, https://www.tagesschau.de/inland/innenpolitik/coronapandemie-massnahmen-aufarbeitung-100.html.
216 *Die gefährdete Rationalität* – Vgl. Julian Nida-Rümelin, Die gefährdete Rationalität der Demokratie. Ein politischer Traktat, Hamburg, 2020.
217 *Sie sind überall* – Alexander Kluge, Chronik der Gefühle, Vorwort, Frankfurt am Main, 2000.
Man verliebt sich nicht – Jacques Delors, Rede vor dem Europäischen Parlament, 17.1.1989, https://www.cvce.eu/content/publication/2003/8/22/b9c06b95-db97-4774-a700-e8aea5172233/publishable_de.pdf, S. 4.
220 *Triebkraft der Irrationalität* – Vgl. Josef Isensee, Die Rationalität des Staates und die Irrationalität des Menschen: Prämissen der Demokratie, in: Archiv des Öffentlichen Rechts, Nr. 140, (2) 2015, S. 169-197.
Chantal Mouffe – Vgl. Simone Jung/Victor Kempf, Krise und Kritik, S. 6-9.
221 *Räume fürs Irrationale* – Barbara Stollberg-Rilinger, »Die Möglichkeit, rational zu entscheiden, wird überschätzt«, in: Deutschlandfunk Kultur, 5.7.2018, https://www.deutschlandfunkkultur.de/entscheidungen-in-der-politik-die-moeglichkeit-rational-zu-100.html.
Verschiebung der Wahrnehmung – Vgl. Armin Schäfer, Wie gut repräsentiert der Bundestag die Gesellschaft?, Vortrag an der FU Berlin, 17.4.2024, https://www.deutschlandfunknova.de/beitrag/demokratie-wie-gut-repraesentiert-der-bundestag-die-gesellschaft.
222 *Notwendigkeit von Fakten* – Vgl. Aaron Ancell, Political Irrationality, Utopianism, and Democratic Theory, in: Politics, Philosophy & Economics, 19 (1), 2020, S. 3-21; Patrick W. Kraft, Milton Lodge und Charles S. Taber, »Why People ›Don't Trust the Evidence‹: Motivated Reasoning and Scientific Beliefs«, in: The ANNALS of the American Academy of Political and Social Science, 658 (1), 2015, S. 121-133.
223 *der Dienst am anderen* – Wolfram Eilenberger, in: phoenix runde »75 Jahre

Grundgesetz – Wie steht es um Meinungsfreiheit?«, 30. 5. 2024, https://www.phoenix.de/sendungen/gespraeche/phoenix-runde/75-jahre-grundgesetz--wi-a-4420337.html.
Unsinniges, Falsches und Verrücktes – Ebd., 8:50 Min.

224 *Inhaltsneutraler Schutz* – Christoph Möllers, Mythos Wertefundament, in: Verfassungsblog, 23. 5. 2024, https://verfassungsblog.de/mythos-wertefundament/.
Mindestmaß an Gemeinsamem – Armin Nassehi, Gesellschaftliche Grundbegriffe. Ein Glossar der öffentlichen Rede, München 2023, S. 176.

225 *mehr Kohäsion* – Jan-Werner Müller, Die Moral-Nervensägen – und warum wir sie trotz allem brauchen, in: Die Welt, 13. 10. 2022, https://www.welt.de/debatte/kommentare/plus241572183/Jan-Werner-Mueller-zur-deutschen-Debattenkultur-Lob-der-Moralapostel.html.
die Rede Wladimir Putins – Wortprotokoll der Rede Wladimir Putins im Deutschen Bundestag, 25.09.2001, https://www.bundestag.de/parlament/geschichte/gastredner/putin/putin_wort-244966.

Verantwortung

228 *rhetorische Abrüstung* – Vgl. Forsa, Umfrage Meinungen zur Ampel, 28. 5. 2024.

229 *Dilemmata offenlegen* – Vgl. Julian Müller/Astrid Seville, »Die deutsche Streitkultur«, S. 14-15.

230 *keinerlei Vorwarnung* – Vgl. Wolfgang Schmidt im Gespräch »Innovation durch Rechtsprechung«, Symposium der Konrad-Adenauer-Stiftung, 30. 1. 2024, https://www.kas.de/de/veranstaltungen/detail/-/content/innovation-durch-rechtsprechung.

231 *Vermeidung von Nachrichtenkonsum* – Reuters Institute, Digital News Report, 2023, S. 14, https://doi.org/10.21241/ssoar.86851.
Reuters Digital News Report – Vgl. ebd.

232 *neues Gefühlsmanagement* – Vgl. Claus Leggewie, Mut statt Wut. Aufbruch in eine neue Demokratie, Hamburg, 2011.
abstrakt, nicht bürgernah – Vgl. Claus Leggewie, Populisten verstehen. Ein Versuch zur Politik der Gefühle, in: Karl-Rudolf Korte (Hg.), Emotionen und Politik. Begründungen, Konzeptionen und Praxisfelder einer politikwissenschaftlichen Emotionsforschung, Baden-Baden, 2015, S. 153.
an Legitimität – Vgl. Friedbert Rüb, Emotionen und Politik. Wie emotionslos kann und soll politisches Entscheiden sein?, in: Karl-Rudolf Korte (Hg.), Emotionen und Politik. Begründungen, Konzeptionen und Praxisfelder einer politikwissenschaftlichen Emotionsforschung, Baden-Baden, 2015, S. 172.

233 *während der Verhandlungen* – Vgl. Katharina Schuler, Transparenz war gestern, in: Zeit Online, 7. 10. 2021, https://www.zeit.de/politik/deutschland/2021-10/sondierungsgespraeche-regierungsbildung-ampelkoalition-fdp-gruene-spd-verschwiegenheit.
quasi Teil des Geschehens – Vgl. Robin Alexander, Machtverfall. Merkels Ende und das Drama der deutschen Politik, München, 2021.
vertraulich und vertrauensvoll – Helen Leigh-Phippard, The influence of informal groups in multilateral diplomacy, in: Innovation in diplomatic practice,

London, 1999, S. 186-212; Volker Perthes, Warum Diplomatie Vertrauen braucht, SWP kurz gesagt, 1.12.2010, https://www.swp-berlin.org/publikation/warum-diplomatie-vertrauen-braucht; Otfried Höffe, Erlaubt eine Demokratie Geheimnisse?, in: Zeitschrift für Politik, H. 65 (2), 2018, S. 137-149, https://www.jstor.org/stable/10.2307/48619141.

235 *Interview im heute-journal* – Vgl. O.V., »Die kriegst du nicht, Alter«: Habeck lehnt finanzielle Anreize für das Gassparen ab, in: Der Tagesspiegel, 24.6.2022, https://www.tagesspiegel.de/politik/habeck-lehnt-finanzielle-anreize-fur-das-gassparen-ab-4343380.html.

236 *nachhaltig beschädigt* – Oliver Georgi, »Und täglich grüßt das Phrasenschwein. Warum Politiker keinen Klartext reden – und wieso das auch an uns liegt«, Berlin, 2019, zitiert nach: Malte Lehming, Phrasen in der Politik. Warum alle Klartext fordern, aber keiner Klartext redet, in: Der Tagesspiegel, 28.11.2019, https://www.tagesspiegel.de/politik/warum-alle-klartext-fordern-aber-keiner-klartext-redet-6816442.html.

237 *Gesellschaft für deutsche Sprache* – Vgl. https://gfds.de/einfache-sprache/.
bis zu 17 Millionen – Vgl. »LEO Studie – Leben mit geringer Literalität«, 7.5.2019, https://leo.blogs.uni-hamburg.de/leo-2018-62-millionen-gering-literalisierte-erwachsene/.

238 *wesentlich breiteren Publikum* – Vgl. https://www.klarunddeutlich.de/einfachesprache
Erste Medien bieten Angebote – Vgl. https://www.deutschlandfunk.de/podcast-nachrichtenleicht-der-wochenrueckblick-in-einfacher-sprache-100.html sowie https://www.deutschlandfunk.de/tagesschau-online-kuenftig-auch-in-einfacher-sprache-100.html.
Beitrag für die Süddeutsche Zeitung – Vgl. Ronen Steinke, Klartext bitte!, in: Süddeutsche Zeitung, 7.7.2023,.

239 *Betrug ist strafbar* – Ebd.
ein rechtsstaatliches Problem – Ebd.

240 *Alltagssprache gegen Behördensprache* – Friedrich-Ebert-Stiftung, Politiksprech – Nein danke, https://www.fes.de/kommunalakademie/artikelseite-kommunalakademie/politiksprech-nein-danke-4-tipps-fuer-verstaendliche-kommunikation.
für einen Sprachwechsel – Steinke, Klartext bitte!.
Forschungen zu Nichtwählerinnen und -wählern – Vgl. Korte et al., Die Vermessung des Nicht-Wähler-Marktes zur Landtagswahl am 15. Mai 2022 in Nordrhein-Westfalen – das Profil der Nicht-Wähler*innen in NRW, Abschlussbericht für den Landtag Nordrhein-Westfalen, Duisburg, 31.8.2023; Julia Schwanholz/Julia Rakers, Unravelling the Link Between Non-Voting and Political Knowledge: An Exploratory Study, 2024 (under Review).

241 *das bekannte Stichwort* – Vgl. Artikel FAZ »Nicht noch ein Nebenjob«, 2024.

242 *Wer hat, dem wird gegeben* – Vgl. Sabine Achour/Susanne Wagner, Wer hat, dem wird gegeben: Politische Bildung an Schulen. Bestandsaufnahme, Rückschlüsse und Handlungsempfehlungen, im Auftrag der Friedrich-Ebert-Stiftung, Schriftenreihe des Netzwerks Bildung, Bonn, 2019, https://library.fes.de/pdf-files/studienfoerderung/15611.pdf.
die Top-Themen – Vgl. ebd., S. 176.

243 *ruhige Institutionenkunde* – Vgl. ebd., S. 177.
Studie der Vodafone Stiftung – Vgl. Vodafone Stiftung, Junge Stimmen, starke Wirkung? Wie Jugendliche Freiheit in unserer Gesellschaft erleben, Düsseldorf, 2024, S. 13, https://www.vodafone-stiftung.de/wp-content/uploads/2024/05/VodafoneStiftung-Junge-Stimmen-starke-Wirkung.pdf.

244 *Bloß 12 Prozent der Jugendlichen* – Vgl. ebd., S. 9.
Jugend debattiert – Vgl. die ausführlichen Informationen unter https://www.jugend-debattiert.de/ sowie unter https://www.friedrich-verlag.de/shop/debattieren-unterrichten-i-11070.
Influencer – Vgl. Leonie Wunderlich, Die Rolle von Influencer:innen im Informationsverhalten und in Meinungsbildungsprozessen junger Menschen, 19.5.2023, https://www.usethenews.de/de/aktuelles/die-rolle-von-influencerinnen-im-informationsverhalten-und-in-meinungsbildungsprozessen-junger-menschen; Katharina Linau, Einer der erfolgreichsten Podcasts impft unsere Kinder mit radikalem Gedankengut – und keiner kriegt's mit, in: Stern, 11.2.2024, https://www.stern.de/gesellschaft/-hoss-und-hopf---podcast-verbreitet-afd-parolen-unter-jugendlichen-34443816.html.

245 *eine höhere Glaubwürdigkeit* – Vgl. Uwe Hasebrink/Sascha Hölig/Leonie Wunderlich, 2021, #UseTheNews. Studie zur Nachrichtenkompetenz Jugendlicher und junger Erwachsener in der digitalen Medienwelt, hier aus der Zusammenfassung, 19.11.2023, https://www.leibniz-gemeinschaft.de/ueber-uns/neues/forschungsnachrichten/forschungsnachrichten-single/newsdetails/wie-informieren-sich-junge-menschen; Leonie Wunderlich/Sascha Hölig, »Verständlicher, nicht so politisch« – Einblicke in die Bedürfnisse und Nutzungspraktiken gering informationsorientierter junger Menschen, Arbeitspapiere des Hans-Bredow-Instituts, 69, Hamburg, 2023, https://doi.org/10.21241/ssoar.90067.
zu erwerbende Bildungssprache – Vgl. Jim Cummins, Conversational and academic language proficiency in bilingual contexts, in: Jan H. Hulstijn/J. F. Matter (Hg.), Reading in Two Languages, AILA-Review 8/91, 1991, S. 75-89.
Schulfach »Empathie« – Vgl. Christian Dezer, Mit Empathie das Miteinander stärken, 23.3.2024, https://www.zdf.de/nachrichten/briefing/good-news-empathie-kinder-zdfheute-update-100.html.

Aushandlungsorte

246 *an dem alles zusammenkommt* – Armin Nassehi, Gesellschaftliche Grundbegriffe, S. 300.
Die Illusion einer Gesellschaft – Ebd., S. 304.

248 *Und wieder andere misstrauen* – More in Common/Robert-Bosch-Stiftung, Beziehungskrise, S. 36; ZAPP, Björn Höcke, Maximilian Krah & Co., Scheitern Medien an der AfD, 15.5.2024, https://www.youtube.com/watch?v=Z45fkXjrWmI.

249 *Der »Respektraum«* – Vgl. die Informationen unter https://www.respektraum.org/respektraeume.
Respect Research Group – Vgl. die Informationen unter https://www.respectresearchgroup.org/.

Gesprächsgarten – Vgl. die Informationen unter https://www.uni-marburg.de/de/fb09/igs/arbeitsgruppen/sprechwissenschaft/wissenschaftskommunikation/gespraechsgarten und https://marburgimgespraechsgarten.org/.

250 *Fitness-Studio* – Vgl. die Informationen unter https://www.bundeskunsthalle.de/demokratie.

Ergebnisse und Empfehlungen – Vgl. Hans Joachim Lietzmann et al., Bürgerräte als eine zeitgemässe Ergänzung der repräsentativen Demokratie: Handreichung für eine Implementation deliberativer Bürgerräte, Institute for Advanced Sustainability Studies e.V. (IASS), Institut für Demokratie- und Partizipationsforschung (IDPF), Potsdam/Wuppertal, 2021, https://deutschlandsrolle.buergerrat.de/fileadmin/downloads/handreichung-buergerrat-bundesweit.pdf.

251 *Live-Momente* – Vgl. die Mitschnitte und Informationen unter https://www.prosieben.de/serien/joko-klaas-gegen-prosieben/15-minuten.

252 *das in Studien von zwei Dritteln* – Infratest dimap, Glaubwürdigkeit der Medien 2023. Eine repräsentative Umfrage im Auftrag des Westdeutschen Rundfunks November 2023, https://presse.wdr.de/plounge/wdr/programm/2023/12/_pdf/Glaubwuerdigkeit_der_Medien_2023.pdf.

im jungen Netzwerk TikTok – Vgl. Thomas Hestermann, Wenn die ›Tagesschau‹ tanzt. Deutsche Medien entdecken die Videoplattform TikTok, in: mediendiskurs H. 4, 2022, https://www.medienradar.de/hintergrundwissen/artikel/wenn-die-tagesschau-tanzt.

253 *die frisch beschlossenen Vorschläge* – Annika Schneider, 12-Punkte-Plan der FDP: Was drinsteht, müssen Sie schon selbst herausfinden, in: übermedien, 23.4.2024, https://uebermedien.de/94227/was-drinsteht-muessen-sie-schon-selbst-herausfinden/.

254 *Schon Edmund Stoiber* – Vgl. Lutz Hachmeister, Nervöse Zone, S. 151ff.

außerparlamentarisches Forum – Michael Hanfeld, Wie eine Unpolitische Politik machte, in: Frankfurter Allgemeine Zeitung, 15.2.2007, https://www.faz.net/aktuell/feuilleton/medien/sabine-christiansen-wie-eine-unpolitische-politik-machte-1410151.html.

258 *als Folge sinkender Auflagen* – Vgl. Burkhard Schmidt et al., Arbeitsdruck – Anpassung – Ausstieg. Wie Journalist:innen die Transformation der Medien erleben, Frankfurt am Main, 2022, S. 8f., https://www.otto-brenner-stiftung.de/fileadmin/user_data/stiftung/02_Wissenschaftsportal/03_Publikationen/AP55_Medienmacher_innen.pdf.

Im Osten Deutschlands – Vgl. Bernard Junginger/Michael Kerler, So verändert sich ein Ort, wenn die Heimatzeitung nicht mehr gedruckt wird, in: Allgäuer Zeitung, 30.11.2023, https://www.allgaeuer-zeitung.de/bayern/erste-zeitungen-in-deutschland-stellen-druck-ein-das-sind-die-auswirkungen_arid-666686.

260 *Kern der Problematik* – Vgl. Björn Staschen, In der Social Media Falle. Wie wir unsere digitale Freiheit retten, Stuttgart, 2023; Martin Andree, »Big Tech muss weg!«, Frankfurt am Main, 2023.

261 *ein ähnliches technisches Problem* – Frances Haugen, »Kaum jemand hat unserer Online-Welt so sehr geschadet wie Elon Musk«, in: Süddeutsche Zeitung, 13./14.4.2024, S. 26.

15 Prozent weniger Desinformation – Ebd.

262 *die drei größten Tech-Konzerne* – Martin Andree/Karl-Nikolaus Peifer, Befreit das Netz, in: Süddeutsche Zeitung, 9. 2. 2024, S. 11.
nahtlos über Plattformgrenzen – Vgl. ebd.
Die ersten Medien, die – Z. B. Deutschlandfunk Kultur mit dem Format »Offenes Studio« oder *Die Zeit* mit ihren Leserparlamenten.
264 *die Nutzung von Social Media* – Vgl. Richard Gutjahr, Das Zeitalter von Synthetic Social Media hat begonnen, in: journalist, 4. 3. 2024, https://www.journalist.de/werkstatt/werkstatt-detail/das-zeitalter-von-synthetic-social-media-hat-begonnen/#:~:text=%E2%80%9EWas%20wir%20gerade%20erleben%2C%20ist,Media%20sehen%2C%20k%C3%BCnstlich%20erzeugt%20sein.
Deep-Fake-Welt – Zitiert nach ebd.
erste Maßstäbe gesetzt – Vgl. Sebastian Meineck, Kennzeichnung für KI-Bilder: Buschmann »fordert«, was längst beschlossen wurde, in: netzpolitik.org, 3. 4. 2024, https://netzpolitik.org/2024/kennzeichnung-fuer-ki-bilder-buschmann-fordert-was-laengst-beschlossen-wurde/.
265 *Jeder dritte junge Mann* – Vgl. O.V., Drittel findet Gewalt an Frauen »akzeptabel«, in: zdf heute, 12. 6. 2023, https://amp.zdf.de/nachrichten/panorama/studie-plan-rollenbild-gewalt-frauen-maenner-100.html; O.V., Jeder dritte junge Mann findet Gewalt gegen Frauen »okay«, in: Zeit Online, 11. 6. 2023, https://www.zeit.de/gesellschaft/2023-06/umfrage-frauen-maenner-gewalt-homosexualitaet-plan-international-deutschland; Alexandra Schrader, Jeder dritte junge Mann findet Gewalt an Frauen »akzeptabel«, in: Berliner Morgenpost, 116.2023, https://www.morgenpost.de/politik/article238654237/deutschland-maenner-gewalt-frauen-akzeptabel-studie-umfrage.html.
266 *Online-Umfrage zu Gewalt* – Vgl. Jochen Gaugele/Christiane Rebhan, Befragung zu Gewalt an Frauen schockiert – Faeser reagiert, in: Berliner Morgenpost, 12. 6. 2023, https://www.morgenpost.de/politik/article238670765/gewalt-frauen-schockiert-faeser.html.
viel Medienecho – Vgl. Annika Schneider, Viel Medienecho für eine kleine Umfrage, in: Deutschlandfunk, 12. 6. 2023, https://www.deutschlandfunk.de/umfrage-maennlichkeit-kritik-100.html.
war nur eine Umfrage – Vgl. Franz Becchi, Männer sollen Gewalt gegen Frauen gutheißen: Doch die »Studie« war nur eine Umfrage, in: Berliner Zeitung, 12. 6. 2023, https://www.berliner-zeitung.de/politik-gesellschaft/medien-plan-international-maenner-sollen-gewalt-gegen-frauen-gutheissen-doch-die-studie-war-nur-eine-umfrage-li.358314.
Das sagen Experten – O.V., Kritik an Studie zur Männer-Gewalt: Das sagen Experten, in: Berliner Morgenpost, 12. 6. 2023, https://www.morgenpost.de/politik/article238673685/studie-maennergewalt-kritik-experten.html.
Zweifel an der Belastbarkeit – O.V., Diskussionen um Umfrage zu Männlichkeit, in: WDR, 20. 6. 2023, https://www1.wdr.de/nachrichten/studie-maenner-gewalt-frauen-plan-international-100.html; Sina Horsthemke, Jeder dritte Mann findet Gewalt gegen Frauen akzeptabel – oder doch nicht?, in: Spiegel Online, 12. 6. 2023, https://www.spiegel.de/wissenschaft/plan-international-studie-jeder-dritte-mann-findet-gewalt-gegen-frauen-ok-oder-a-4932ee44-0056-4446-9465-796bfb86fb54.

267 *die, die etwas zu sagen haben* – Vgl. Annika Schneider, Viel Medienecho für eine kleine Umfrage.
ein wunder Punkt – Vgl. Alexander Wallasch, Die »Studie« über gewalttätige Männer sagt mehr über Medien aus als über Männer, in: Tichys Einblick, 13.6.2023, https://www.tichyseinblick.de/kolumnen/alexander-wallasch-heute/umfrage-plan-international-maennlichkeit/.
Validität der Daten – Vgl. Annika Schneider, Viel Medienecho für eine kleine Umfrage.
spärlich besetzten Redaktionen – Vgl. ebd.
268 *Data-Science-Teams* – Vgl. u.a. https://www.zeit-verlagsgruppe.de/pressemitteilung/julius-troeger-leitet-neues-ressort-daten-und-visualisierung-bei-zeit-online/.
Wieder berichteten Medien online – Vgl. Karin Christmann, Studie sieht deutlichen Rechtsruck: 22 Prozent der jungen Menschen würden AfD wählen, in: Der Tagesspiegel, 23.4.2024, https://www.tagesspiegel.de/politik/studie-sieht-deutlichen-rechtsruck-22-prozent-der-jungen-menschen-wurden-afd-wahlen-11558117.html; O.V., Studie zeigt »deutlichen Rechtsruck« und Unzufriedenheit bei junger Generation, in: rnd, 24.3.20234, https://www.rnd.de/politik/junge-menschen-wenden-sich-afd-zu-studie-zeigt-deutlichen-rechtsruck-B4FORILNAVOJFP2LZUMHA3YOZA.html; O.V., AfD-Beliebtheit bei jungen Menschen – »Eine Tragödie, denn sie werden noch sehr lange wählen«, in: Welt, 25.4.2024, https://www.welt.de/politik/deutschland/video251207584/AfD-Studie-sieht-AfD-unter-Jugendlichen-als-Spitzenpartei-Tragoedie.html.
Verwirrung um AfD-Wahlbereitschaft – Vgl. Pascal Siggelkow, Wie viele wollen wirklich die AfD wählen?, in: Tagesschau, 16.5.2024, https://www.tagesschau.de/faktenfinder/jugend-afd-100.html.
269 *verlässliches Stimmungsbarometer* – Vgl. Julian Schmelmer, Junge Menschen wählen leider nicht nur aus Protest rechts, in: Stern, 26.4.2024, https://www.stern.de/gesellschaft/junge-menschen-waehlen-afd---das-ist-leider-nicht-nur-protest--meinung--34660808.html.
Potenzial zur Verzerrung – Vgl. Pascal Siggelkow, Wie viele wollen wirklich die AfD wählen?.
einen erheblichen Unterschied – Vgl. ebd.
Von 2042 Befragten – Vgl. ebd.
270 *doch nicht rechts?* – Mark Schieritz, Junge Wähler – ist die Jugend doch nicht rechts?, in: Zeit online, 13.5.2024, https://www.zeit.de/gesellschaft/2024-05/junge-waehler-afd-rechtsruck.
Kritik des Forsa-Chefs – Vgl. O.V., Jugendliche doch nicht so rechts wie befürchtet?, in: t-online, 9.5.2024, https://www.t-online.de/nachrichten/deutschland/gesellschaft/id_100403102/afd-ist-die-partei-bei-der-jugend-doch-nicht-so-beliebt-wie-befuerchtet-.html.
Experte enthüllt Riesen-Fehler – Vgl. Josef Forster, Wichtige AfD-Umfrage komplett »falsch«, in: Bild, 9.5.2024, https://www.bild.de/politik/inland/studie-erschuetterte-deutschland-experte-enthuellt-riesen-fehler-wichtige-afd-umfrage-komplett-falsch-663c915939b60c3b98a67b14.
271 *Erstwählerinnen und -wähler* – Vgl. Sophie Menner, Kritik an Jugendstudie:

Sind junge Menschen wirklich so rechts?, in: BR 24, 16. 5. 2024, https://www.br.de/nachrichten/deutschland-welt/kritik-an-jugendstudie-sind-junge-menschen-wirklich-so-rechts,UCfTuJ5.

Idee von Wissenschaft – Vgl. zu den Bezahlmodellen die Informationen unter https://simon-schnetzer.com/trendstudie-jugend-in-deutschland-2024/#pakete.

272 *Die Sozialpsychologin Pia Lamberty* – Vgl. Pia Lamberty, Post bei X, 18. 5. 2024, https://x.com/pia_lamberty/status/1791919613309022443.

seit dem 19. Jahrhundert – Kari Palonen, Politik der Debatte. Zum parlamentarischen Denk- und Handlungsstil, in: indes, Zeitschrift für Politik und Gesellschaft, H. 1, 2023, S. 29.

273 *durch das Bundesverfassungsgericht* – Vgl. Helmut Stoltenberg, Mandat mit Spagat, in: Das Parlament, 21. 3. 2022, https://www.das-parlament.de/inland/bundestag/mandat-mit-spagat.

274 *fürs Aushandeln erdacht* – Vgl. u. a. Jörg Wimalasena, Wider den Fraktionszwang, in: die tageszeitung, 3. 7. 2017, https://taz.de/Debatte-Parlamentarismus/!5422630/; Jürgen Dittberner, Freies Mandat und politische Geschlossenheit. Widerspruch oder Ergänzung zweier Prinzipien des Parlamentarismus?, in: Zeitschrift für Parlamentsfragen, Vol. 34, (3), 2003, S. 550-564.

Raum für das Für und Wider – Vgl. Helmar Schöne, Alltag im Parlament. Parlamentskultur in Theorie und Empirie, Baden-Baden, 2010.

275 *Bundestag als Mischform* – Vgl. Kari Palonen, Politik der Debatte, S. 30.

276 *die höhere Bedeutung beigemessen* – Ebd., S. 29.

Wechselnde Mehrheiten – Koalitionsvertrag zwischen SPD, Bündnis 90/Die Grünen und FDP, Mehr Fortschritt wagen. Bündnis für Freiheit, Gerechtigkeit und Nachhaltigkeit, 2021, S. 138, https://www.spd.de/fileadmin/Dokumente/Koalitionsvertrag/Koalitionsvertrag_2021-2025.pdf.

277 *unter Umständen in Frage stehen* – Vgl. Helmut Stoltenberg, Mandat mit Spagat, in: Das Parlament, 21. 3. 2022.

ohne derartige Inszenierungen – Vgl. Niklas Kleinwächter, Kommentar: Wechselnde Mehrheiten machen die Politik sachlicher und ehrlicher, in: Rundblick Niedersachsen, 23. 1. 2024, https://www.rundblick-niedersachsen.de/kommentar-wechselnde-mehrheiten-machen-die-politik-sachlicher-und-ehrlicher/.

weniger holzschnittartig – Vgl. Thereß Matthies/Christian Stecker, Was denken Wähler:innen über eine Minderheitsregierung nach der Bundestagswahl?, 28. 9. 2021, https://www.mzes.uni-mannheim.de/publications/misc/report_minreg.html

278 *Der rigide Einigungszwang* – Vgl. Christian Stecker, Regierungsfindung. Die »stabile Mehrheit« ist völlig überschätzt, in: Der Tagesspiegel, 6. 12. 2017, https://www.tagesspiegel.de/politik/die-stabile-mehrheit-ist-vollig-uberschatzt-3904120.html.

unauflösbaren Dissens – Christian Stecker/Robert Vehrkamp, Modernes Regieren. Wie die Ampelkoalition auch das gemeinsame Regieren modernisieren könnte – drei Vorschläge, Einwurf, 4.2021, S. 4, https://www.bertelsmann-stiftung.de/fileadmin/files/BSt/Publikationen/GrauePublikationen/ZD_EINWURF_4_2021.pdf.

Agree-to-disagree-Klauseln – Vgl. ebd., S. 4-5.

279 *Albert Deß* – Vgl. Thomas Otto, Offen für politische Kooperationen. Wie das EU-Parlament mit wechselnden Mehrheiten regiert, in: Deutschlandfunk, 13.12.2017, https://www.deutschlandfunk.de/offen-fuer-politische-kooperationen-wie-das-eu-parlament-100.html.

Vorschläge zum Kopfnicken und Kopfschütteln

283 *Wie würden Sie entscheiden?* – Die langlebige Reihe, die im ZDF dem Ressort »Politik« angegliedert war, trug maßgeblich zum Rechtsverständnis in Deutschland bei, vgl. https://www.fernsehserien.de/wie-wuerden-sie-entscheiden.

Palastrevolution – Vgl. Thilo Jung/Friedrich Küppersbusch, Palastrevolution, Mitschnitt 2023, https://www.youtube.com/watch?v=u-RDaOdmIEo.

284 *Dein Fuck you!* – Vgl. Kiss-FM, Facebook Post, 25.8.2015, https://www.facebook.com/988KISSFM/posts/die-kiss-fm-fck-you-hotlinestimme-erheben-und-fck-you-schicken-per-whatsapp-spra/10153160077323284/?_rdr.

285 *eine geladene Waffe* – Zitiert nach Björn Staschen, In der Social Media Falle, S. 23.